CARL R. ROGERS

Partnerschule

Carl R. Rogers

Partnerschule

Zusammenleben
will gelernt sein —
das offene Gespräch mit
Paaren und Ehepaaren

verlegt bei Kindler

Die Originalausgabe dieses Buches ist unter dem Titel
»Becoming Partners: Marriage and its Alternatives« im Verlag Delacorte
Press, New York, erschienen.
Die Übersetzung aus dem Amerikanischen besorgte Erika Nosbüsch.

Redaktion: R. Rotter
Korrekturen: M. Flach
Gesamtherstellung: Richterdruck Würzburg
Umschlaggestaltung: H. Numberger
Printed in Germany
ISBN 3 463 00609 X

Inhaltsverzeichnis

Einleitung

Warum schreibe ich dieses Buch?

Das ist eine Frage, die ich mir bei der Arbeit an den folgenden Kapiteln des öfteren gestellt habe, und überraschenderweise kam ich immer wieder zu der Antwort: »Weil mir die jungen Leute gefallen.« Das ist seit vielen Jahren so, und für die Gegenwart trifft es ganz besonders zu. Vieles von dem, was ich über die moderne Welt zu wissen bekam, erfuhr ich von jungen Leuten, Kollegen, Freunden und Enkelkindern, weil ich versuchte, mit ihnen den Dingen des Lebens nachzugehen, die sie aufregen, ärgern und verwirren. Ich betrachte es als einen Vorzug, daß die meisten meiner Bekannten und Freunde dreißig bis fünfzig Jahre jünger sind als ich. Manche dieser jungen Leute sind für mich die große Hoffnung, die »diesem blauweißen Planeten« bei seinem Lauf durch ein sehr dunkles All geblieben ist.

Aus meinen Kontakten mit jungen Leuten kenne ich all die Unsicherheiten und Ängste, die Freuden und die Enttäuschungen, die sie bei ihren Versuchen erleben, eine Partnerschaft zwischen Mann und Frau zu entwickeln, die von Dauer – wenn auch nicht unbedingt von lebenslänglicher Dauer – sein könnte, die aber wesentlich mehr Bedeutung hat als eine flüchtige Beziehung.

Irgendwann kam mir der Gedanke, daß ich ihnen vielleicht bei der Suche nach neuen Formen der Ehe helfen könnte, natürlich nicht mit irgendwelchen Ratschlägen, sondern unter Umständen mit etwas ganz Neuem.

Allmählich entwickelte sich in mir eine vage Vorstellung von dem, was dieses Neue sein könnte. Ich weiß, daß man über die äußeren Erscheinungen von Ehe und Partnerschaft alles in Erfahrung bringen kann, was man wissen möchte. Man kann die Unterschiede der sexuellen Bedürfnisse von Männern und Frauen feststellen, anhand von Büchern erfahren, wie sich der Geschlechtsakt verbessern läßt, die Geschichte der Ehe studieren, den Prozentsatz junger Leute, die im College-Alter unverheiratet zusammenleben, ermitteln, aus Fragebögen die wichtigsten Quellen für die Zufriedenheit und Unzufriedenheit verheirateter Paare erfahren und so weiter und so fort. Wir werden von Daten überschwemmt. Aber nur selten stoßen wir auf ein wahres Bild dessen, was Partnerschaft ist, so wie sie von innen wahrgenommen wird, wie sie gelebt und erfahren wird. Das aber könnte das neue Element sein, das ich alldem bereits Bekannten hinzuzufügen hätte.

Ich begann darüber nachzudenken, wie man den Reichtum an Erfahrung einiger mir bekannter Ehen und Beziehungen weitergeben könnte und ob es überhaupt eine Möglichkeit gab, all das zu schildern, was zu einer Partnerschaft gehört: die Kämpfe, die lähmenden Stunden und Monate der Verwirrung, der Eifersucht und Verzweiflung, ebenso wie die Augenblicke des »Zusammenwachsens«.

Ich führte mit einigen Paaren Gespräche, die ich auf Tonband aufnahm. Andere Paare bat ich, mir über ihre gemeinsamen Erfahrungen zu schreiben. Die Reaktionen erstaunten mich; ich bekam nicht eine einzige Absage. Im Gegenteil, Einzelpersonen und Paare schilderten mir von sich aus ihre Ehe (oder deren Alternative), so wie sie die Beziehung von innen wahrgenommen hatten. Ihre Erkenntnisse und Einsichten sind für mich – und für dieses Buch – die Unterlagen, aus denen sich etwas lernen läßt. Eine Betrachtung aller Wechselfälle, solcher Verbindungen aus der Perspektive der Person, die sie selbst erlebt hat, scheint mir mehrere wichtige Vorteile zu bieten. Material dieser Art drängt sich dem Leser nicht auf als ein »So mußt du sein«, es spricht nicht warnend: »Meide diesen Weg«, es führt auch nicht zu klaren Schlußfolgerungen; die Person oder das Paar sagt dem Leser ganz einfach: »So ist es oder war es für *mich* oder für *uns* – und vielleicht können Sie daraus etwas lernen, das Ihnen hilft, Ihre eigenen Entscheidungen zu treffen.«

In meinen Augen ist eine solche, höchst persönliche »Sicht von innen« nicht nur die beste Lernquelle, sie ist vielleicht auch der Weg zu einer neuen und menschlicheren Wissenschaft vom Menschen. Dieser Möglichkeit nachzugehen, würde uns jedoch vom Zweck dieses Buchs allzuweit wegführen.

Aus den Interviews und dem schriftlich vorliegenden, persönlichen Material habe ich ein ziemlich breites Spektrum von Leuten und Situationen ausgesucht, die meiner Ansicht nach von großem Interesse und Nutzen sein könnten. Ich habe aus dem Material Namen, Orte und alle anderen identifizierenden Hinweise gestrichen, aber am persönlichen psychologischen Inhalt des Materials wurde nichts geändert. Da ich jedoch ausgewählt hatte, was ich in dieses Buch aufnahm, möchte ich kurz darlegen, nach welchen Kriterien ich dabei vorgegangen bin.

Erstens: Äußern sich die Interviewten (einzeln oder gemeinsam) frei, spontan und ehrlich über die Partnerschaften, in denen sie gelebt haben? Schreiben oder sprechen sie über Eheleben, Zusammenleben und sexuelle Erfahrungen außerhalb der Partnerschaft offen und ehrlich? Das »objektive« äußerliche Bild einer Beziehung dient meiner Ansicht nach keinem sinnvollen Zweck, gleichgültig wie richtig es sein mag; ein flüchtiger Blick ins Innere könnte jedoch Probleme ansprechen, die auch den Leser beschäftigen. Sie werden selbst beurteilen müssen, ob ich dieses Kriterium erfüllt habe.

Zweitens: Ich versuchte, Personen auszuwählen, die aufgrund länger dauernder Erfahrung dazu befähigt waren, einige Perspektiven zu einer Verbindung oder ihrer Auflösung darzustellen. Das Buch enthält weder Beiträge von Paaren in den Flitterwochen noch von Paaren, die ihre Scheidung betreiben. Ich habe Personen ausgewählt, die sich mitten im Auf und Ab einer Partnerschaft befanden und die imstande waren, die Vorgänge deutlich zu sehen und sie in Erinnerung zu bringen, deren Wahrnehmung aber nicht allzusehr durch ein derzeitiges beglückendes oder traumatisches Moment eingeschränkt wurde. Viele der hier beschriebenen Partnerschaften dauerten drei bis fünfzehn Jahre, und die meisten Personen, die zu Wort kommen, sind im Alter zwischen zwanzig und dreiundsechzig. Die einzige Ausnahme bildet mein Versuch, meine eigene Ehe zu beschreiben: Meine Frau und ich sind siebzig.

Drittens: Ich wollte in dieses Buch Partnerschaften aufnehmen, die möglichst weitreichende positive oder negative Erfahrungen oder Erfahrungen in beiden Richtungen gemacht haben. Die Darstellungen der Personen in diesem Buch lassen erkennen, daß die geschilderten Verbindungen nach soziologischen Maßstäben von »erfolgreich« über viele Zwischenstufen, die sich in unserer Kultur kaum einordnen lassen, bis hin zum »Fehlschlag« reichen. In meiner Sprache ausgedrückt, finden sich in den Darstellungen einige ungemein befriedigende Elemente, manche tragisch unbefriedigende und solche mit vermischten Zügen.

Viertens: Ich wollte die Erfahrungen aus erster Hand weitergeben und alles, was ich selbst aus den Kontakten gelernt habe, von dem abtrennen, was die betreffenden Personen für sich gelernt haben. Eine Ausnahme bildet das Kapitel über kommunale Experimente, bei dem ich mich in der Beschaffung der persönlichen Daten aus erster Hand weitgehend auf andere verlassen mußte.

Diese Kriterien waren mir nicht von Anfang an klar; sie entwickelten sich vielmehr nach und nach während des Entstehens dieses Buches, das sehr bald eine Art nicht mit dem Lineal gezogenen, natürlichen Pfad einschlug, dem ich zu folgen versuchte. Vielleicht wäre es gut, diese hinlänglich klare Darlegung dessen, was ausgewählt wurde, durch einige Feststellungen bezüglich dessen zu ergänzen, was dieses Buch *nicht* ist.

Es handelt sich nicht um eine Untersuchung der Partnerschaften oder Ehen in allen Kulturen. Es ist lediglich ein Bericht über das Suchen und Streben nach Beziehungen von Männern und Frauen in den USA der siebziger Jahre. Es setzt sich nicht mit der europäischen oder asiatischen Strukturierung dieses Bereichs auseinander, obwohl ich glaube, daß wir uns alle – ob zum Guten oder zum Schlechten – auf ähnliche Lebensstile zu bewegen.

Es behandelt nicht in gleichem Maße alle Schichten oder kulturellen Ebenen dieses Landes. Aufgrund der Kontakte, die ich pflege, enthält es keine Darstellung einer Ehe unter Reichen oder einer Partnerschaft zwischen Armen. Einige Personen kommen aus niederen Einkommensschichten, ein Farbiger lebt im Ghetto, aber die meisten Individuen können, wirtschaftlich gesehen, nicht als depriviert bezeichnet werden. Mir scheint dies kein Nachteil zu sein, da der Großteil aller Leser vermutlich der gleichen Kategorie angehört.

Wie bereits erwähnt, ist dieses Buch weder ein Ratgeber, noch eine Sammlung von statistischem Material – obwohl das erste Kapitel einige Zahlen enthält –, noch eine tiefschürfende Analyse soziologischer Tendenzen.

Es beinhaltet vielmehr eine Reihe von Teilerfahrungen, Wahrnehmungen und Bildern einer Vielzahl von Partnerschaften. Die »Ansichten von innen« sind wertfrei dargestellt. Ob die Verbindungen »gut« sind oder »schlecht« oder ob sie einer anderen Kategorie angehören, weiß ich nicht. Sie *bestehen*. Ich bin der Ansicht, daß dieses Buch sehr private und sehr wichtige Berichte über die Beziehung zwischen Mann und Frau enthält, so wie diese Beziehung tatsächlich gelebt wird, mit all ihren Tragödien, ihren Phasen der Langeweile, ihren ekstatischen Augenblicken oder Perioden und den immer wieder erregenden Vorgängen des persönlichen Wachsens.

Meine größte Dankbarkeit gilt den notwendigerweise anonymen Paaren und Individuen, deren Berichte einen sehr großen Teil dieses Buches ausmachen. Ihnen danke ich, daß sie mir den Einblick in ihr Leben eröffnet und vor allem, daß sie mir gestattet haben, dem Leser ihr Leben vorzuführen.

Zum Schluß möchte ich noch kurz auf meine Beziehung zu dieser Arbeit eingehen. Ich bin seit vierzig Jahren Therapeut und habe viele Encountergruppen geleitet; dadurch boten sich mir ungewöhnlich reichhaltige Möglichkeiten zu Freundschaften mit jungen Menschen. Als ich jedoch mit dem Buch begann, merkte ich, daß ich außerstande war, diese zurückliegenden Erfahrungen in irgendeiner Weise für meine Arbeit zu nutzen. Ich konnte nur berichten und beschreiben, was für mich Frische und Unmittelbarkeit besaß; anderenfalls hätte ich das Gefühl gehabt, ein Buch über »Fälle« zu schreiben. In meinen Anmerkungen greife ich natürlich auf das Reservoir an alten und neuen

Erfahrungen zurück, aber das eigentliche Material dieses Buches ist neu und mit wenigen Ausnahmen in den letzten zwölf Monaten zusammengestellt worden.

Falls es dem Leser in diesem gefahrvollen Prozeß, den wir Leben nennen, und bei dem besonderen Wagnis einer Partnerschaft mit einem anderen Menschen Beistand und Hilfe bietet, dann hat dieses Buch seinen Zweck voll erfüllt.

1.

Sollen wir heiraten?

Um mich in diese für fast jeden jungen und viele ältere Menschen schwierige Frage einzufühlen, möchte ich an dem Punkt beginnen, an dem das Buch seinen Anfang nahm. Vor einiger Zeit wurde ich um eine Darstellung der menschlichen Beziehungen im Jahre 2000 gebeten. Was ich damals über die zukünftigen Beziehungen zwischen Mann und Frau schrieb, kann uns vielleicht als Hintergrund dienen, um Ehen von heute zu betrachten, Ehen, die von Dauer sind, die wiederhergestellt wurden oder auseinandergingen. Zunächst also eine kurze Darstellung der, wie ich dachte (und immer noch denke), mutmaßlichen Tendenzen der Ehe und ihrer verschiedenen Alternativen.

Was werden uns die kommenden Jahrzehnte auf dem Gebiet der Intimität zwischen Jungen und Mädchen, Männern und Frauen bringen? Gewaltige Kräfte sind in diesem wie in anderen Bereichen am Werk, und Entscheidungen fallen, die auch im Jahre 2000 nicht rückgängig gemacht werden.

Wahrscheinlich wird in erster Linie die Tendenz zu größerer Freiheit der sexuellen Beziehungen bei Jugendlichen und Erwachsenen anhalten, ob diese Entwicklung uns nun erschreckt oder nicht. Viele Elemente kamen zusammen, um eine Veränderung dieses Verhaltens herbeizuführen – die »Pille« ist nur eines davon. Es steht zu vermuten, daß sexuelle Intimität ein Teil der »festen Freundschaft« oder einer anderen Form des anhaltenden Interesses an einem Angehörigen des anderen Geschlechts sein wird. Die Lüsternheit stirbt rasch aus, und sexuelle Betätigung wird in zunehmendem Maße als potentiell erfreulicher und bereichernder Teil einer Beziehung gesehen. Die possessive Einstellung – eine Person besitzen zu wollen –, die in der Vergangenheit die sexuellen Beziehungen beherrschte, wird wahrscheinlich weitgehend verschwinden.

Zweifellos wird es enorme qualitative Unterschiede in den sexuellen Beziehungen geben, angefangen vom Geschlechtsakt als rein physischem Kontakt, der der Masturbation fast gleichkommt, bis hin zum sexuellen Aspekt als Ausdruck für verstärktes Teilhaben an Gefühlen und Erfahrungen des anderen.

Im Jahre 2000 wird es realisierbar sein, sicherzustellen, daß aus einer Verbindung keine Kinder hervorgehen. Jedes Individuum wird sich mit Hilfe eines der verschiedenen, derzeit in der Entwicklung befindlichen Mittel anhaltender Unfruchtbarkeit in der frühen Jugend versichern können. Zur Wiederherstellung der Fruchtbarkeit wird es positiver Schritte bedürfen, die erst nach wohlüberlegter Entscheidung statthaft sind. Das wird die derzeitige Situation umkehren, in der die Empfängnis nur durch positive Schritte *verhütet* werden kann. Bis dahin wird auch das Computersystem für Partnerwahl besser entwickelt sein als heute und dem Individuum bei der Suche nach dem passenden Partner eine große Hilfe sein.

Einige der auf diese Weise zustande gekommenen Verbindungen werden vielleicht als eine Art Ehe legalisiert werden – ohne dauernde Verpflichtung, ohne Kinder (bei beiderseitigem Einverständnis) und – wenn die Beziehung zerbricht – ohne gegenseitige Beschuldigungen, ohne die Notwendigkeit eines gesetzlichen Scheidungsgrundes und ohne Unterhaltsverpflichtungen.

Den Menschen wird in zunehmendem Maße klar, daß eine Beziehung zwischen Mann und Frau nur insoweit von Dauer sein kann, als sie die emotionalen, psychologischen, intellektuellen und physischen Bedürfnisse der Partner befriedigt. Das heißt, die *dauerhafte* Ehe der Zukunft wird noch besser sein als die heutige Ehe, da ihre Ziele und Ideale von einer höheren Ordnung sein werden. Die Partner werden von einer Beziehung mehr verlangen, als sie es heute tun.

Wenn ein Paar sich tief verbunden fühlt, und beide Seiten den Wunsch haben, zusammenzubleiben und eine Familie zu gründen, dann wird dies eine neue und verbindlichere Art von Ehe sein. Beide Partner werden die Pflichten akzeptieren, die mit dem Aufziehen von Kindern verbunden sind. Man wird sich darüber einigen, ob die Ehe sexuelle Treue gegenüber dem Partner beinhaltet oder nicht. Im Jahre 2000 sind wir vielleicht soweit, daß ein Paar aufgrund von Erziehung und sozialem Druck erst dann beschließt, Kinder zu bekommen, wenn es eine reife gegenseitige Bindung bewiesen hat, die aller Voraussicht nach von Dauer sein wird.[1]

Die Beziehungen zwischen Mann und Frau, von denen ich hier spreche, reichen von der rein zufälligen Begegnung und der zufälligen sexuellen Beziehung bis zu jener reichen und erfüllenden Partnerschaft, in der offen und ehrlich kommuniziert wird, in der jeder bemüht ist, das persönliche Wachsen seines Partners zu fördern, und in der eine weitreichende gegenseitige Bindung das Aufwachsen der Kinder in einer liebevollen Umgebung ermöglicht. Manche dieser Partnerschaften werden innerhalb eines legalen Rahmens existieren, andere nicht.

[1] Ein Vorschlag, der die lizenzmäßig zu beantragende Geburt und »beachtliche« Zahlungen an Frauen, die während des normalen Gebäralters von 15 bis 44 Jahren keine Kinder haben, beinhaltet, wurde den gesetzgebenden Behörden von Massachusetts vorgelegt. Zeichen der Zeit?

Zweifellos gibt es bereits heute Beziehungen und Partnerschaften dieser Art. Wenn sich die Gesellschaft dessen voll bewußt wäre und offen akzeptieren würde, daß einige »Ehen« nichts anderes sind als unzulängliche und vorübergehende Verbindungen, dann würde sie es nicht mehr als Tragödie betrachten, daß, wie derzeit in Kalifornien, jede zweite Ehe vor dem Scheidungsrichter endet. Die Auflösung einer Verbindung mag auch dann noch schmerzlich sein, sie ist aber keine soziale Katastrophe mehr; die Erfahrung ist vielmehr ein unter Umständen notwendiger Schritt in der persönlichen Entwicklung der beiden Individuen zu größerer Reife.[2]

Einigen Lesern ist vermutlich die Annahme, daß die konventionelle Ehe, wie wir sie in diesem Lande kennen, entweder ihrem Ende entgegengeht oder weitgehend modifiziert werden wird, zu wenig fundiert. Sehen wir uns deshalb ein paar Zahlen an. In Kalifornien wurden 1970 173000 Ehen geschlossen und ungefähr 114000 »eheliche Gemeinschaften« aufgelöst. In anderen Worten, auf hundert Eheschließungen kamen 66 Trennungen. Ich gebe zu, daß dieses Bild etwas verzerrt ist, da 1970 ein neues Gesetz in Kraft trat, das die »Auflösung« der Ehe aufgrund beiderseitiger Übereinstimmung erlaubt, ohne daß der »schuldige Teil« benannt werden muß. Die Trennung wird seither nach sechs Monaten, statt wie bisher nach einem Jahr, gültig. Betrachten wir uns also die Zahlen von 1969. In diesem Jahr kamen auf hundert Eheschließungen 49 Scheidungen. Vermutlich wäre die Scheidungsziffer höher gewesen, wenn nicht viele Paare auf das Inkrafttreten des neuen Gesetzes gewartet hätten.

In Los Angeles (insbesondere in der Stadt Los Angeles) stieg die Zahl der Scheidungen auf 61 pro hundert geschlossene Ehen. Im Jahre 1970 betrug die Scheidungsrate 74 Prozent der gleichzeitigen Eheschließungen. Drei Paare ließen sich scheiden, während vier Paare heirateten. Und in Los Angeles County wurden 1971 61560 Ehen geschlossen und 48221 Scheidungen ausgesprochen, also 79 Prozent der Eheschließungen. 1971 kamen auf fünf Paare, die heiraten wollten, vier Paare, die die Scheidung einreichten. Im Verlauf von drei Jahren stieg die Scheidungsrate in einer der größten Städte des Landes von 61 Prozent über 74 Prozent auf 79 Prozent. Ich glaube, diese Paare und diese Zahlen versuchen uns etwas zu sagen.

Mancher Leser wird einwenden: »Ja, aber das ist Kalifornien!« Ich habe diesen Staat absichtlich ausgesucht, weil das soziale und kulturelle Verhalten der Kalifornier von heute das soziale und kulturelle Verhalten der übrigen Nation von morgen sein wird, wie sich bereits häufig und

[2] C. R. Rogers »Interpersonal Relationships: USA 2000«.

in vielem gezeigt hat. Ich habe Los Angeles County ausgesucht, weil die Auffassung, die heute in städtischen Gebieten vertreten wird, aller Wahrscheinlichkeit nach die Norm für das Land von morgen sein wird. Mit aller gebotenen Vorsicht läßt sich also sagen, daß in Kalifornien mehr als eine von zwei Ehen mit der Auflösung der Partnerschaft endet. In städtischen Gebieten, in denen die Erziehung besser und der Mensch dem Modernen gegenüber aufgeschlossener ist, werden drei von vier oder sogar vier von fünf Ehen wieder geschieden.

Bei meinen Kontakten mit jungen Leuten ist mir über jeden Zweifel hinaus klargeworden, daß der zeitgenössische junge Mensch in der Regel der Ehe als Institution mißtraut. Er hat in ihr zu viele Risse und Brüche entdeckt und ihr Scheitern häufig in der eigenen Familie erlebt. Eine Beziehung zwischen Mann und Frau ist nur dann von Bedeutung und den Versuch, sie zu erhalten, wert, wenn sie für beide Partner eine erhöhende und wachsende Erfahrung ist. Es gibt kaum Gründe, weshalb eine Ehe den ökonomischen Wohlstand fördern sollte. Früher war das in diesem Land der Fall, als Ehemann und Ehefrau eine höchst notwendige Arbeitsgemeinschaft bildeten. Der junge Mensch von heute läßt sich nicht mehr davon beeindrucken, daß eine Ehe vom religiösen Standpunkt aus dauern sollte, »bis der Tod euch scheidet«. Er neigt eher dazu, das Versprechen absoluter Dauerhaftigkeit als scheinheilig zu betrachten. Das Verhalten von Eheleuten zeigt deutlich, daß die Beteiligten, wären sie ehrlich, schwören würden, »in Gesundheit und Krankheit« beieinanderzubleiben, aber nur solange die Ehe für jeden eine bereichernde und befriedigende Erfahrung darstellt.

Es gibt viele Leute, die den gegenwärtigen Stand der Ehe »voller Bestürzung« betrachten. Ihnen ist sie ein Beweis dafür, daß unsere Kultur ihre moralischen Maßstäbe verloren hat, daß wir in einer dekadenten Periode leben und daß es nur eine Frage der Zeit ist, bis ein zorniger Gott uns straft für diesen Abgrund an Unmoral, in dem wir ratlos umherirren.

Ich bin zwar auch der Auffassung, daß vieles dafür spricht, daß unsere Kultur sich in einer Krise befindet und auseinanderzubrechen droht, aber ich sehe das eher unter einem anderen Blickwinkel. Für viele Menschen und für viele Ehepaare sind diese Zeiten qualvoll. Vielleicht leben wir gemäß der alten chinesischen Verwünschung: »Ich verfluche dich; mögest du in einem bedeutenden Zeitalter leben!«

Mir scheint, wir leben tatsächlich in einem bedeutenden und unsicheren Zeitalter, und die Institution der Ehe befindet sich zweifellos in einem besonders unsicheren Zustand. Wenn 50 bis 75 Prozent aller

Autos von Ford oder General Motors im ersten Teil ihres Automobillebens auseinanderfielen, würde man drastische Schritte unternehmen. Wir verfügen über keine derart gut organisierten Mittel und Wege für den Umgang mit unseren sozialen Institutionen, deshalb suchen die Menschen mehr oder weniger blind nach Alternativen zur Ehe, welche mit Sicherheit in weniger als 50 Prozent der Fälle erfolgreich sind. Diese Suche nach neuen Formen der Beziehung zwischen Mann und Frau findet vielfältigen Niederschlag: im Zusammenleben ohne Ehe, im Leben in Kommunen, in Kinderversorgungszentren, in periodischer Monogamie (mit einer Scheidung nach der anderen), in der Women's-Liberation-Bewegung und in neuen Scheidungsgesetzen, die das Konzept der Schuld abschaffen. Um vorherzusagen, was aus alldem werden wird, bedarf es eines kühneren Mannes, als ich es bin.

Ich möchte statt dessen in diesem Kapitel eine Reihe tatsächlicher Ehen skizzieren, die allesamt eine andere Form haben und von denen jede wichtige Fragen der Moral und der Praktizierbarkeit anschneidet. Selbst wenn diese Fragen unbeantwortet bleiben, hoffe ich, daß sie genügend Stoff zum Nachdenken und Anhaltspunkte für persönliche Entscheidungen liefern.

Warum Joan heiratete

Joan, eine junge, mittlerweile geschiedene Frau, schilderte einer Encountergruppe einige Hintergründe ihrer Ehe. Ihr Bericht hat in meinen Augen viele wichtige Bedeutungen; auf einige möchte ich später näher eingehen, aber zunächst wollen wir Joan zuhören:

> Ich glaube, ich habe aus lauter falschen Gründen geheiratet. Damals war es einfach das, was alle taten. »Alle meine Freundinnen heirateten, und was wird aus mir? Ich bin im letzten Jahr am College, also schon ziemlich alt. Es wird Zeit, daß ich ans Heiraten denke. Ich weiß nicht, was ich sonst tun soll. Ich kann zwar Lehrerin werden, aber das ist nicht genug.«
>
> Der Mann, den ich schließlich heiratete, war allgemein beliebt, und ich selbst war unsicher, sehr unsicher. Ich dachte, jetzt bin ich mit diesem Menschen befreundet, den alle gern haben; wenn ich ihn heirate, dann hat man mich vielleicht auch gern. Ich glaube, er hörte mir nie richtig zu, aber ich fühlte mich mit ihm sicher. Das und die Frage, was ich eigentlich nach Beendigung des Colleges tun sollte, waren die Gründe, weshalb ich heiratete.

Ein wenig später geht sie näher auf das ein, was sie gedacht hatte, bevor es zur Heirat kam.

Ich verlobte mich, weil eine gute Freundin von mir zu ihrer Verlobung einen wunderschönen Ring bekommen hatte und nur noch von ihren Hochzeitsplänen sprach. Meine Freundinnen sagten: »Wann heiratet ihr endlich? Du bist jetzt schon seit drei Jahren mit Max zusammen. Paß auf, daß er dir nicht wegläuft. Wenn du ihn laufenläßt, bist du dumm.« Meine Mutter sagte: »Joan, einen Mann wie Max wirst du so schnell nicht wieder finden. Er ist erwachsen und selbstsicher und verantwortungsbewußt.« Ich selbst dachte: »Diesen Mann sollte ich heiraten, denn meine Freundinnen, meine Mutter und alle sagen es.« Obwohl ich innerlich große Zweifel hatte, dachte ich: »Du bist so unsicher und so dumm, daß du nicht einmal deine eigenen Gefühle kennst. Die anderen wissen, was gut für dich ist, du selbst weißt es nicht, also tu lieber, was man dir rät.« Ich war so mutig, Max zu sagen, warum ich ihn heiratete, und ich erklärte ihm, daß ich Angst vor dem Heiraten hatte. Ich sagte: »Ich weiß nicht, ob es wirklich das Richtige für mich ist.« Aber er meinte: »Mach dir keine Sorgen. Du wirst es lernen, mich zu lieben.« Ich lernte tatsächlich, ihn wie einen Bruder zu lieben, aber mehr wurde es nicht.

Als die Hochzeitsgeschenke ausgepackt waren und das Eheleben zum Alltag wurde und als schließlich das Kind auf der Welt war, da dachte ich: »Was war ich doch für ein Idiot, warum habe ich nicht auf *mich* gehört!« Ich hatte es von Anfang an gewußt, aber ich wollte mir selbst nicht glauben; ich dachte, ich sei einfach zu dumm, um zu wissen, was gut für mich ist. Jetzt zeigte sich, daß ich doch recht gehabt hatte.

Joans Erfahrung scheint mir einige wichtige Faktoren zu enthalten. Zunächst einmal zeigt sie, wie sehr wir dazu neigen, uns dem sozialen Druck anzupassen. Ein Mädchen, das im letzten Jahr auf das College geht, muß ans Heiraten denken, die Gesellschaft will es so.

Welche Gefahren Ratschläge in sich bergen, zeigt sich hier ebenfalls in aller Deutlichkeit. Die Mutter und die guten Freundinnen wissen in ihrer Liebe und Besorgtheit genau, was richtig für Joan ist. Wie leicht ist es doch, das Leben anderer zu lenken, und wie schwer ist es, das eigene Leben zu leben!

Joan hatte Angst, sich offen mit ihren Problemen auseinanderzusetzen. Sie wußte, daß sie unsicher war und Angst vor der Zukunft hatte. Ihr war klar, daß sie nicht zu ihren eigenen Gefühlen gelangen konnte. Aber statt sich diesen inneren Problemen direkt und eindeutig zu stellen, tat sie, was viele von uns tun: Sie gab sich der Illusion hin, die Lösung außerhalb von sich selbst finden zu können – in einem anderen Menschen.

Was mir am stärksten auffällt ist, daß Joan, wie viele andere Menschen, kein Vertrauen in ihre eigenen Gefühle, in ihre eigenen inneren Reaktionen hat. Sie ist sich vage der Tatsache bewußt, daß sie Zweifel in bezug auf die Beziehung hegt, daß ihr die tiefe Liebe zu diesem Mann fehlt und daß sie nicht bereit ist, sich wirklich an ihn zu binden. Aber das sind nur Gefühle. Nichts als Gefühle! Erst nach der Heirat und der Geburt des Kindes merkt sie, wie richtig und zuverlässig ihre Gefühle sie geleitet hätten, wenn sie ihnen nur gefolgt wäre.

Der Verlust des Selbst – und seine Auswirkung auf eine Ehe

Als nächstes möchte ich von einer guten Ehe berichten, die auseinanderging. Ich glaube, daß sich einige der Faktoren, die das Scheitern dieser Ehe verursachten, deutlich erkennen lassen. Ich kenne Jay, einen vielversprechenden jungen Journalisten, und seine Frau Jennifer, die Soziologie studiert hat und an internationalen Problemen ebenso wie an künstlerischen Dingen interessiert ist, seit vielen Jahren, und ihre Eltern sind Freunde von mir. Als sich die beiden kennenlernten, waren sie über zwanzig. Heute sind sie über vierzig. Beide stammen aus gebildeten Familien; sie wuchsen zwar in verschiedenem Glauben auf, aber weder er noch sie vertraten ihre religiösen Standpunkte in orthodoxer Weise, und ihre Anschauung ließe sich eher als eine humanistische bezeichnen. Ihre Ehe schien sehr glücklich; im Laufe der Jahre bekamen sie einen Sohn und eine Tochter. Mit den Kindern stellten sich die ersten Verstimmungen ein. Jays familiärer und kultureller Hintergrund war die Ursache für seine Auffassung, daß für seine Kinder nichts gut genug war und daß man jeder Laune eines Kindes nachzugeben hatte. Jennifer machte sich diese Auffassung bis zu einem gewissen Grade zu eigen, aber eigentlich entsprach sie ihr nicht, und sie ließ Jay darüber nicht im Zweifel. Jay schien ein wunderbarer Vater zu sein. Im Gegensatz zu anderen Männern gab es für ihn nichts Schöneres, als einen ganzen Tag mit seinen Kindern zu spielen, und bei diesen Spielen konnte er selbst fast wieder ein Kind werden.

Jay war in seinem Beruf sehr erfolgreich und reiste häufig ins Ausland, nach Europa, Lateinamerika und Asien. Auf einer dieser Reisen begleitete ihn die ganze Familie. Sie lernten interessante Leute kennen und neue Kulturen, und an einigen Projekten arbeiteten Jay und Jennifer sogar gemeinsam. Ihre Ehe wirkte geradezu idyllisch, obwohl sich in der Persönlichkeit und im Verhalten beider winzige Risse und Brüche bemerkbar machten – Unzulänglichkeiten, die sich von den Unzulänglichkeiten des anderen zu nähren schienen, die nie offen eingestanden und nie besprochen wurden, bis sie diese idyllische Ehe nach und nach unerträglich gemacht hatten.

Jennifer war vor der Ehe eine ungemein kreative und unabhängige Person gewesen, die immer wieder Projekte begann und durchführte, zu denen anderen der Mut fehlte. In der Ehe tat sie, was ihr Mann wollte, und sie tat es so, wie er es wünschte. Sie hatte das Gefühl, daß sich eine Ehefrau so und nicht anders zu verhalten habe. Sie erzählte mir, sie habe ihrem Mann vor der Ehe sogar einmal geschrieben, sie sei sich ihrer selbst nicht sehr sicher und wolle ihr Leben durch seines leben.

Jay ist sehr charmant und hochbegabt, er hat einen brillanten Verstand und ist ein vorzüglicher Gesprächspartner. Es überrascht nicht, daß in erster Linie seine Freunde zu den Gästen des Ehepaares zählten. Er war der Mittelpunkt des Abends, während Jennifer sich um das Essen, die Drinks und die ästhetischen Dinge kümmerte. Manchmal versuchte sie sich an der Unterhaltung zu beteiligen oder selbst ein Thema anzuschneiden, aber kaum jemals mit Erfolg. Irgendwo setzte sich in ihr der Ärger über diese Situation fest, aber er drang erst an die Oberfläche, als sie zwölf oder vierzehn Jahre verheiratet waren. Bis dahin waren ihr ihre Verstimmungen gar nicht bewußt gewesen, was vielleicht auf das Leben in ihrer eigenen Familie zurückzuführen war, in der negative Gefühle so gut wie nie ausgedrückt wurden.

Jedenfalls kehrte sie ihren Groll nach innen, ohne sich bewußt zu sein, was geschah. Wie konnte sie so unzulänglich, so nichtswürdig sein und sich nicht an ihrem Mann erfreuen, wie andere es taten? Sie gab einfach ihr eigenes Selbst auf und versuchte, die Frau zu sein, die Jay wollte und brauchte. Es dauerte Jahre, bis sie diesen Selbstverlust bemerkte.

Ein weiterer wichtiger Faktor dieser Beziehung war Jays Abhängigkeit von ihr, die sich auf vielfältige Weise zeigte, besonders aber, wenn er wichtige Entschlüsse fassen mußte. Obwohl er nach außen hin ungemein tüchtig war, schien er große Schwierigkeiten zu haben, zu einem Entschluß zu kommen, und richtete es immer wieder so ein, daß Jennifer aussprach, wie er sich ihrer Meinung nach entscheiden sollte. Diese Entscheidung traf er; wenn es nicht die richtige war, dann war sie daran natürlich teilweise mitschuldig, was er sie auch spüren ließ.

Seine Abhängigkeit und seine Unfähigkeit, ein starker und entschiedener Vater zu sein, vergrößerten Jennifers unterdrückten Groll immer mehr, bis sie zu ihrem Entsetzen feststellte, daß sie ihn haßte. Wenn er abends von der Arbeit nach Hause kam, war ihre Reaktion: »So, da kommt mein drittes Kind«, und ein Gefühl der Verzweiflung und Mutlosigkeit legte sich wie eine Wolke über sie.

Dieses unbewußte Nach-innen-Kehren all ihrer negativen Gefühle in bezug auf ihre Beziehung zueinander war die Ursache für Jennifers zunehmende Depressionen, und immer häufiger kamen ihr Selbstmordgedanken. Eines Tages war es soweit, und sie unternahm Schritte, ihr Leben zu beenden. Sie war überzeugt, daß sie nichts wert war, daß weder Jay noch ihre Eltern sie vermissen würden, daß niemand sie brauchte und daß sie ebensogut ihrem Leben ein Ende machen könnte. Dann rebellierte etwas in ihr. Sie hatte das vage Gefühl, daß sie zumindest ein *Recht* hatte zu *leben.* Sie setzte sich augenblicklich hin und schrieb an einen Psychiater, den sie kannte und dem sie vertraute, und bat um einen Termin.

Die Therapie zog sich über längere Zeit hin. Für Jennifer bedeutete sie eine Wende zum Guten, nicht aber für die Ehe. Ein Teil ihres lang angestauten Grolls ergoß sich nun, da sie in der Beziehung zu Jay offener wurde, über ihren Mann, der darüber nicht wenig verblüfft war. Er hatte ihr doch alles gegeben, was sie wollte. Er war ein Vater gewesen, der sein Heim, seine Frau und seine Kinder liebte. Wer war diese zornige neue Frau, die ihn abhängig nannte, die ihn im sexuellen Bereich für unzulänglich hielt und die sich ärgerte, wenn er in Gesellschaft brillierte? Ihre Eltern waren in ähnlicher Weise verwirrt, denn Jennifer ließ nun den im Laufe der Jahre angehäuften Zorn an ihnen aus, der häufig kaum noch etwas mit der derzeitigen Beziehung zu tun hatte.

Jay war überzeugt, daß er an der Situation nicht schuld war, daß er sich immer wie ein guter Ehemann verhalten hatte und daß Jennifer offensichtlich »krank« war. Er war großzügig, hilfsbereit und ihr immer treu gewesen. Er war nicht in der Lage, die Situation zu begreifen und hatte das Gefühl, daß er ganz sicher nicht derjenige war, der sich ändern mußte. Die beiden versuchten mehrfach, ihre Probleme mit Hilfe eines Eheberaters zu lösen, aber ohne Erfolg; in gewisser Weise verschlimmerten diese Versuche die Situation sogar. Jay konnte sich jederzeit so vorteilhaft und überzeugend artikulieren, daß er sogar den Eheberater in gewissem Umfang für sich einnahm, was Jennifer nur noch wütender machte.

Jennifer begann von Jay zu fordern, ein Ehemann zu werden, wie sie ihn sich wünschte und erhoffte. Jay wollte seinerseits nur, daß

Jennifer wieder so wurde, wie er sie seit fast fünfzehn Jahren gekannt hatte. Er würde weiterhin der liebende Ehemann sein, der er gewesen war, wenn sie wieder die liebende Frau würde, die sie gewesen war. Mit der Zeit wurde die Ehe immer schlechter, das Verhältnis immer feindseliger, und schließlich gab es nur noch einen Weg, die Scheidung.

Ich möchte zu dieser Ehe nur zwei Dinge sagen. Jay und Jennifer paßten zwar nicht hundertprozentig zusammen, aber alles spricht dafür, daß es dennoch eine befriedigende Ehe hätte sein können. Im nachhinein läßt sich leicht sagen, daß es in dieser Ehe mehr Streit *und* zugleich mehr Hoffnung gegeben hätte, wenn Jennifer von Anfang an darauf bestanden hätte, sie selbst zu sein. Wenn sie ihren Ärger über sein dominierendes Verhalten in Gesellschaft gleich beim erstenmal zum Ausdruck gebracht hätte, wäre aller Wahrscheinlichkeit nach irgendeine, für beide Seiten befriedigende Lösung gefunden worden. Das gleiche gilt für ihre Verstimmung darüber, daß sie gezwungen war diejenige zu sein, die die Kinder zu erziehen hatte, für ihren Groll über seine Abhängigkeit und seine Schwäche sowie für ihre Enttäuschung über seinen Mangel an sexueller Aggressivität. Wenn sie diese Einstellungen hätte ausdrücken können, bevor sie zu einem starken Druck wurden, wenn sie sie als Gefühle, die in ihr vorhanden waren, hätte ausdrücken können und nicht so lange gewartet hätte, bis aus diesen Gefühlen Anklagen wurden, dann hätte er wahrscheinlich auch seinen Gefühlen Ausdruck verleihen können, und die Möglichkeit, zu einem tieferen gegenseitigen Verständnis und zu einer Behebung der Schwierigkeiten zu gelangen, wäre weitaus größer gewesen. Es hat etwas Tragisches, daß eine Ehe wie diese – mit großartigem und aufregendem Potential – zerbrechen mußte. Aus diesem Zusammenbruch ging jedoch eine starke und schöpferische Jennifer hervor, die sich, wie ich glaube, nie wieder den Bedürfnissen und Forderungen eines anderen opfern wird.

Und Jay – wäre er mit diesen Gefühlen bei ihrem ersten Auftreten konfrontiert worden – hätte zwangsläufig erkennen müssen, daß er nicht immer der hervorragende Vater und Ehemann war, für den er sich hielt, daß er nicht immer im Recht war und daß er in dieser Ehe nicht nur der liebende und sorgende Mann war (der er war), sondern bei seiner Frau auch Verstimmung und Groll und Gefühle der Unzulänglichkeit wachrief. Dann hätte er ganz offen eine menschlichere, kindliche und fehlbare Person werden können. So aber fühlte er sich in seiner Ansicht bestätigt, daß er ein ausgezeichneter Ehemann und Vater war, daß die Ehe, soweit er sehen konnte, durch nichts belastet wurde, bis Jennifer aus unerfindlichen Gründen »den richtigen Weg verließ«. Er hält den Zusammenbruch der Ehe für falsch und überflüssig. Jennifers Denken über die Beziehung wurde für ihn nach und nach eine häßliche Karikatur dessen, was einmal wirklich schön gewesen war. Er versteht das alles einfach nicht, er weiß nur mit Sicherheit, daß es nicht seine Schuld war. Ein solcher Mangel an Einsicht bei einem derart brillanten Menschen ist sehr traurig.

Die Rettung einer Ehe

Bei der Beratung einer jungen Frau namens Peg Moore lernte ich sehr viel. Die Beratung fand vor einigen Jahren statt, aber ihre Problematik und das, was ich daraus lernte, haben nichts von ihrer Frische verloren. Ich kannte Peg aus meinen Vorlesungen als spontane, übermütige und stets gut gelaunte junge Frau mit dem ansprechenden Äußeren des unkomplizierten amerikanischen Mädchens. Aber kurze Zeit später kam sie zur Beratung zu mir und beklagte sich, daß Bill, ihr Ehemann, ihr gegenüber sehr formell und zurückhaltend sei, daß er kaum mit ihr spreche, keine Rücksicht auf sie nehme, daß sie sexuell nicht zueinander paßten und sich immer schneller voneinander entfernten. Ich hatte das Gefühl: »Wie schade, daß dieses lebhafte und vitale junge Mädchen mit einem Holzklotz von Mann verheiratet ist.« Aber als sie fortfuhr, über ihre Einstellungen zu sprechen, fiel die Maske von ihr, und das Bild veränderte sich sehr drastisch. Sie sprach von Schuldgefühlen in bezug auf ihr Leben vor der Ehe; sie hatte mehrere Affären mit Männern gehabt, die größtenteils verheiratet gewesen waren. Sie gab zu, daß sie in Gesellschaft anderer Leute fröhlich und lustig sei, ihrem Mann gegenüber jedoch steif und zurückhaltend und ohne jede Spontaneität. Sie erkannte auch, daß sie von ihm verlangte, so zu sein, wie sie ihn haben wollte.

An diesem Punkt wurde die Beratung unterbrochen, weil ich eine Reise machen mußte. Sie schrieb mir laufend, und einmal stand in ihrem Brief: »Wenn ich ihm (ihrem Mann) das alles sagen könnte, wäre mir viel wohler. Aber was würde dann aus seinem Vertrauen zu den Menschen? Würden Sie mich widerwärtig finden, wenn Sie mein Mann wären und die Wahrheit erführen? Ich wollte, das wäre alles nie geschehen. Ich habe mir alles verdorben.«

Aus dem nächsten Brief möchte ich einiges zitieren. Peg berichtete, wie gereizt und wie unfreundlich sie reagierte, als sie eines Abends unverhofft Besuch bekamen. Als die Gäste gegangen waren,

> fühlte ich mich richtig gemein, daß ich mich so schlecht benommen hatte ... Ich war immer noch mürrisch und ärgerlich über mich

und über Bill – und ich fühlte mich noch ebenso bedrückt wie vorher. Ich beschloß endlich zu tun, was ich die ganze Zeit zu tun vorhatte und immer wieder beiseite schob, weil ich das Gefühl hatte, es sei mehr, als ich von einem Mann erwarten konnte. Ich erzählte Bill, was der Grund war und weshalb ich mich so schrecklich aufführte. Es war noch schwerer, als es Ihnen zu sagen – und das war schon schwer genug. Ich konnte es nicht in allen Einzelheiten erklären, aber es gelang mir, über die gemeinen Gefühle zu meinen Eltern und sogar über diese »verdammten« Männer zu sprechen. Als wir über meine Eltern sprachen, sagte er das Netteste, was ich je von ihm gehört habe: »Vielleicht kann ich dir da helfen«, sagte er. Und gegenüber den Dingen, die ich getan hatte, zeigte er sich sehr verständnisvoll. Ich erzählte ihm, daß ich mich in vielen Situationen unzulänglich fühle – einfach, weil ich viele Dinge nie hatte tun dürfen, nicht einmal lernen, wie man Karten spielt. Wir redeten und diskutierten und sprachen beide über unsere Gefühle. Ich erzählte ihm nicht alles über diese Männer, ich nannte zum Beispiel keine Namen, aber ich gab ihm eine Vorstellung davon, wie viele es gewesen waren. Er zeigte so viel Verständnis, und die Dinge haben sich so weit geklärt, daß ich ihm *vertraue*. Ich habe keine Angst mehr davor, ihm von all den dummen und unlogischen Gefühlen zu erzählen, die immer wieder in mir aufsteigen. Und wenn ich keine Angst mehr habe, dann kommen mir diese albernen Gedanken vielleicht bald gar nicht mehr. Als ich Ihnen neulich schrieb, war ich fast soweit, mich von ihm zu trennen – ich wollte einfach die Stadt verlassen und vor der ganzen Geschichte davonlaufen. Aber mir wurde sehr schnell klar, daß ich immer weiter davonlaufen und nie glücklich werden würde, solange ich mich nicht damit auseinandersetzte. Wir sprachen über Kinder, und ich war damit einverstanden, daß wir damit warten, bis Bill mit seiner Ausbildung fertig ist. Bill denkt genau wie ich über die Dinge, die wir für unsere Kinder tun wollen und – noch wichtiger – was wir ihnen nicht antun wollen. Wenn Sie also in Zukunft keine verzweifelten Briefe mehr von mir bekommen, dann wissen Sie, daß alles gutgegangen ist.

Eine Frage habe ich noch – wußten Sie die ganze Zeit über, daß das das einzige war, was ich tun konnte, um unsere Beziehung zu retten? Ich habe mir immer wieder gesagt, daß ich Bill das nicht antun kann. Ich dachte, es würde sein Vertrauen zu mir und zu den Menschen restlos zerstören. Ich hatte zwischen Bill und mir eine derartige Barriere aufgebaut, daß er mir fast wie ein Fremder vorkam. Schließlich tat ich es doch, weil mir klarwurde, daß ich zumindest versuchen mußte, wie er auf die Dinge reagierte, die mich quälten, denn es wäre nicht fair gewesen, wenn ich ihm nicht wenigstens die Chance gegeben hätte, zu beweisen, daß man ihm vertrauen kann. Er bewies mir sogar noch mehr – er hat selbst unter seinen Gefühlen zu seinen Eltern und einigen anderen Leuten gelitten. (Rogers, 1961, S. 316–317.)

Es ist erstaunlich, wieviel psychologische Energie manche Eheleute aufwenden, wenn sie versuchen, in der Ehe hinter einer Maske zu leben. Peg hatte das Gefühl gehabt, sie sei für ihren Mann nur akzeptabel, wenn sie die Fassade der Anständigkeit aufrechterhielt. Im Gegensatz zu Jennifer war sie sich ihrer Gefühle in etwa bewußt, glaubte aber, wenn sie sie zeigte, würde sie zurückgewiesen werden.

Für mich liegt die Bedeutung dieser Geschichte nicht in der Tatsache, daß sie ihrem Mann ihre früheren sexuellen Erlebnisse erzählte. Ich kenne glückliche Ehen, in denen der eine Partner bestimmte Erfahrungen vor dem anderen verschwieg, ohne darunter zu leiden. Im Fall von Peg hatte dieses Verschweigen eine ungeheure Barriere aufgebaut, die es ihr unmöglich machte, in der Beziehung zu ihrem Mann sie selbst zu sein.

Ich persönlich bin der Auffassung, daß es für jede anhaltende Beziehung besser ist, wenn nachhaltige Gefühle auch ausgedrückt werden. Sie zu unterdrücken, kann in einer Beziehung großen Schaden anrichten. Notwendig ist diese Äußerung eines Gefühls nur in einer wichtigen und anhaltenden Beziehung und nur, wenn es sich um ein nachhaltiges oder immer wiederkehrendes Gefühl handelt. Wird es nicht ausgedrückt, dann vergiftet es die Beziehung allmählich, so wie es in Pegs Ehe der Fall war. Als sie mich fragte, ob ich die ganze Zeit über gewußt hätte, daß dies das einzige war, was sie tun konnte, um die Beziehung zu retten, hing meine Antwort davon ab, was sie meinte. Ich bin überzeugt, daß ihre Ehe gerettet wurde, weil sie ihre wahren Gefühle aussprach, aber ob es notwendig war, Bill die Einzelheiten ihrer Vergangenheit zu erzählen, konnte nur sie selbst entscheiden.

Einige Jahre später erfuhr ich durch eine Geburtsanzeige und einen kurzen Brief, daß sowohl die Ehe als auch ihr Kind gesund zu sein schienen.

Meine eigene Ehe

Ich möchte gern etwas über meine eigene Ehe berichten, die inzwischen über siebenundvierzig Jahre alt ist. Manch einem mag das unglaublich altmodisch vorkommen, aber dem kann ich nicht beistimmen. Helen und ich wundern uns häufig, wie fruchtbar unser Zusammenleben immer noch ist und warum ausgerechnet wir so viel Glück gehabt haben. Ich kann diese Fragen nicht beantworten, aber ich möchte Ihnen einiges über die Geschichte unserer Ehe erzählen, und zwar so objektiv wie möglich. Vielleicht läßt sich aus dem Dargestellten etwas lernen.

Wir wohnten während unserer Schul- und ersten Gymnasialzeit in der gleichen Straße in einem Vorort von Chicago. Zu unserem Kreis gehörten noch andere Kinder, aber Helen hatte mehr Freunde als ich. Als ich dreizehn war, zogen wir fort, und ich kann mich nicht erinnern, daß mich die Trennung von ihr geschmerzt hätte. Wir schrieben uns auch nicht.

Als ich auf das College ging, stellte ich zu meiner Überraschung fest, daß sie die gleiche Universität gewählt hatte, obwohl sie ganz andere Interessen hatte als ich. Sie war das erste Mädchen, mit dem ich ausging, hauptsächlich weil ich zu schüchtern war, um andere einzuladen. Aber nachdem ich mehrere andere Mädchen kennengelernt hatte, fing ich an, ihre vielen Qualitäten zu schätzen – ihre Güte, ihre Offenheit und ihre Bereitschaft, über Probleme zu sprechen, während ich vor allem von dem Wunsch besessen war, möglichst gelehrt zu wirken. Ich erinnere mich, daß ich mich ihrer in Gesellschaft anderer bisweilen schämte, weil sie in allgemeinen wie akademischen Dingen so wenig zu wissen schien.

Unsere Freundschaft vertiefte sich. Wir machten zusammen Ausflüge und Picknicks, bei denen ich ihr die Welt der Natur, die ich liebte, zeigen und erklären konnte. Sie brachte mir das Tanzen bei, und in ihrer Gesellschaft machten mir sogar gesellige Veranstaltungen Spaß. Meine Gefühle für sie wurden zunehmend ernsthafter. Sie hatte mich gern, war sich aber nicht sicher, ob sie mich heiraten wollte. Dann verließ ich das College aus verschiedenen Gründen für ein Jahr und schrieb ihr immer leidenschaftlichere Briefe. Als ich zurückkam, hatte sie das College verlassen und in Chikago einen Job als Zeichnerin angetreten, so daß wir weiterhin die meiste Zeit über getrennt waren. Aber schließlich sagte sie ja. Den Rest der Nacht, in der sie mir sagte, sie sei jetzt sicher, daß sie mich liebe, und sie wolle mich heiraten, verbrachte ich in einem schmutzigen, holpernden Zug, der mich zum College zurückbrachte, aber nichts hätte mich weniger stören können. Ich war im siebten Himmel und wandelte auf Wolken. »Sie *liebt* mich! Sie liebt *mich!*« Ich werde das nie vergessen.

Es lagen immer noch zweiundzwanzig Monate der Trennung vor uns, ehe wir heirateten, und wir schrieben uns fast täglich. (Heute würden wir telefonieren.) Ich hatte das Glück, in den letzten beiden Collegejahren neben dem Studium so viel Geld zu verdienen, daß wir heiraten konnten, bevor meine Ausbildung abgeschlossen war.

Unsere Eltern waren mit unserer Beziehung einverstanden, nicht aber damit, daß wir heiraten wollten. Heiraten, bevor man seine Ausbildung abgeschlossen hatte, wo hatte man so was schon gehört! Wie wollte ich sie ernähren? Wir heirateten trotzdem (im Alter von zweiundzwanzig) und studierten gemeinsam weiter. Rückblickend erkennen wir, daß dies eine der weisesten Entscheidungen war, die wir je trafen.

Wir waren beide sexuell unerfahren und außerordentlich naiv, obwohl wir uns für sehr gescheit hielten; dennoch lebten wir monatelang in romantischer Verzückung, mehr als tausend Kilometer von unseren Familien entfernt (eine großartige Idee!) im kleinsten Appartement der Welt in New York und liebten einander sehr.

Da wir beschlossen hatten, zusammen nach New York zu gehen, konnten wir zusammen *wachsen*. Helen besuchte einige meiner Vorlesungen, und ich lernte durch sie die Kunst kennen. Wir diskutierten über Bücher und Filme, und unser beider Einstellungen zur Religion, zur Politik und allen Fragen des Alltags änderten sich gewaltig. Helen arbeitete halbtags, und ich hatte einen regelmäßigen Job am Wochenende, aber trotzdem waren wir viel zusammen und lernten unsere Vorstellungen, Interessen und Gefühle miteinander zu teilen – bis auf einen Punkt.

Ich begann, mir sehr vage bewußt zu werden, daß unsere sexuelle Beziehung für mich zwar herrlich war, für Helen aber offenbar nicht. Mir ist klar, wie wenig ich dennoch die tiefere Bedeutung dessen, was sie sagte, erkannte, wenn sie mich mit Sätzen wie: »Nein, heute bitte nicht«, »Ich bin so müde« oder »Laß es uns verschieben« abwies. Diese Situation hätte zweifellos zu einer Krise führen können.

Aber wir hatten Glück, nur mußte dieses Glück genutzt werden. Ich erfuhr, daß ein Psychiater, Dr. G. V. Hamilton, für ein Forschungsprojekt noch einige junge verheiratete Männer suchte. Wahrscheinlich gab es für die Teilnahme Geld, und ich stellte mich deshalb sofort zur Verfügung. Ich ging zwei- oder dreimal zu längeren Interviews in Dr. Hamiltons Praxis. Er befragte mich so gelassen und ungezwungen über alle Aspekte meiner sexuellen Entwicklung und meines Lebens, daß ich nach und nach ganz entspannt antwortete. Ich erkannte, daß ich überhaupt nicht *wußte*, ob meine Frau jemals einen Orgasmus erlebt hatte. Häufig schien es, als fände sie Gefallen an unserer Beziehung, deshalb *nahm ich an*, die Antwort zu wissen. Aber das Wichtigste, was ich lernte, war, daß man über die Dinge in seinem

Privatleben, über die man glaubt, unmöglich reden zu können, dennoch reden kann, und zwar frei und ungezwungen.

Dann kam das Problem, ob und wie ich diese Einsicht in mein persönliches Leben übertragen sollte. Ich begann über den beschwerlichen und beängstigenden Prozeß zu reden – offen und ehrlich mit Helen über unsere sexuelle Beziehung zu reden. Beängstigend war es, weil jede Frage und jede Antwort den einen oder anderen so verwundbar machten – für Angriffe, Kritik oder Zurückweisung. Aber wir überstanden es. Jeder lernte, die Wünsche, Tabus, die befriedigenden und unbefriedigenden Dinge im sexuellen Leben des anderen weitaus besser zu verstehen. Das führte zunächst zu größerer Zärtlichkeit auf beiden Seiten, nach und nach aber auch zu Orgasmen für Helen und zu einer vollen, anhaltenden, befriedigenden und bereichernden sexuellen Beziehung, in der wir über neu auftauchende Schwierigkeiten miteinander reden konnten.

Das war sehr wichtig für uns, und es bewahrte uns zweifellos vor einer tiefen Entfremdung, die uns unter Umständen auseinandergebracht hätte. Aber noch wichtiger war, daß wir offenbar erkannten, daß die Dinge, die man vor dem anderen *unmöglich* enthüllen kann, dennoch ausgesprochen werden können, daß man die Probleme, die man für sich *behalten muß*, mit dem anderen teilen kann. Wir haben dieses Wissen zwar zeitweise verloren, aber in kritischen Perioden kehrte es immer wieder zurück.

Ich will sicherlich nicht über alle unsere Eheerfahrungen eingehend berichten. Es hat Zeiten gegeben, in denen wir uns sehr nahe waren, und Zeiten, in denen wir uns voneinander entfernten. Es gab Perioden der Belastung, voller Ärger und Leiden – obwohl wir nicht zu den Leuten gehören, die streiten – und dann wieder Perioden tiefer Liebe und gegenseitiger Unterstützung. Wir haben nie aufgehört, alles miteinander zu teilen. Keiner von uns war mit seinem eigenen Leben jemals so beschäftigt, daß er keine Zeit hatte, es mit dem anderen zu teilen.

Eine störende Verhaltensweise haben wir beide in gewissen Zeiten an den Tag gelegt, obwohl ich glaube, daß ich das häufiger tat als Helen. Wenn ein Ehegatte den anderen in einer gesellschaftlichen oder sonstwie öffentlichen Situation lächerlich macht oder demütigt oder herabsetzt, und sei es auch nur »im Scherz«, dann droht Unheil. Es muß ein Zeichen für meine Abwehrhaltung sein, daß mir kein Beispiel für mein diesbezügliches Verhalten einfällt, deshalb will ich von einem Paar sprechen, das uns neulich besuchte. Wir sprachen über das Trinken, als er »scherzhaft« meinte: »Meine Frau trinkt natürlich viel zuviel.« Sie brauste sofort auf, weil das ihrer Meinung nach nicht stimmte und es sie ärgerte, daß sie öffentlich kritisiert wurde. Seine Antwort war: »Ich habe doch nur Spaß gemacht.« Dieses Verhalten habe ich selbst gelegentlich an den Tag gelegt, aber Helen hat mich auf dem Weg nach Hause immer wieder deswegen zur Rede gestellt, und mit der Zeit habe ich erkannt, um was es sich dabei eigentlich handelt – um feiges Anbiedern. Wenn ich negative Gefühle in bezug auf etwas habe, was sie getan hat, dann wäre es viel besser und mutiger, es ihr gegenüber auszudrücken, wenn wir allein sind, statt sie »spaßeshalber« öffentlich herabzusetzen. Auf ähnliche Weise lernte ich zu Beginn unserer Ehe, daß der Sarkasmus, der ein wichtiger Teil des Familienlebens in meinem Elternhaus gewesen war, auf Helen verletzend wirkte und für sie unerträglich war. Ich habe vieles von ihr gelernt (und sie von mir).

In einem Punkt stimmten wir nie ganz überein, und das war die Frage, ob eine gute Ehe ein possessives Element enthält. Meine Antwort ist nein. Sie sagt ja. Ich entwickelte eine Zuneigung zu einer anderen Frau, eine Zuneigung, die meiner Ansicht nach Helen nicht ausschloß, sondern außerhalb meiner Liebe zu ihr lag. Sie sah das ganz und gar nicht so und war völlig aus der Fassung gebracht. Es war weniger Eifersucht als ein tiefsitzender Zorn auf mich, den sie nach innen kehrte, weil sie das Gefühl hatte, sie sei »sitzengelassen worden« und unzulänglich. Ich bin froh, daß unsere erwachsene Tochter Helen half, ihre wahren Gefühle zu erkennen und die Kommunikation zwischen uns wieder in Gang zu bringen. Als wir unsere wirklichen Gefühle mitteilen konnten, ergab sich die Lösung fast von selbst, und seither sind Helen und ich mit dieser Frau befreundet, die einst eine Bedrohung für sie gewesen war. Übrigens wurde uns beiden bei einer Reihe von wichtigen Gelegenheiten von unserem Sohn oder von unserer Tochter geholfen, und das ist eine unbezahlbare Erfahrung.

Ich glaube, jeder von uns hat dem anderen in kummer- oder qualvollen Zeiten zur Seite gestanden. Ich möchte zwei Beispiele nennen, wie sie mir beigestanden hat, und von einer Angelegenheit berichten, in der ich ihr weitergeholfen habe.

Als ich Anfang Vierzig war, hatte ich fast ein Jahr lang kein sexuelles Verlangen – nach niemandem. Medizinische Gründe wurden nicht gefunden. Helen war überzeugt, daß meine normalen Impulse zurückkehren würden und stand mir in meiner mißlichen Lage bei. Es ist leicht, sich irgendwelche psychologischen Ursachen auszudenken, aber soweit es mich betrifft, leuchten mir keine ein; das Ganze ist mir immer noch ein Rätsel. Helens ruhige, dauerhafte Liebe bedeutete mir sehr viel, und sie war wohl die beste Therapie, die ich bekommen konnte. Nach und nach wurde ich jedenfalls sexuell wieder normal.

Eine ernsthaftere Krise entstand aufgrund einer unglaublich langen und schlecht gehandhabten therapeutischen Beziehung mit einem schwer schizophrenen Mädchen. Es ist eine lange Geschichte; ich war so fest entschlossen, dem Mädchen zu helfen, daß ich an den Punkt kam, wo ich mein »Selbst« nicht mehr von dem ihren trennen konnte. Ich verlor mein »Selbst« im wahrsten Sinne des Wortes. Die Bemühungen meiner Kollegen, mir zu helfen, blieben ohne Erfolg, und ich kam zu der Überzeugung (vermutlich nicht ganz ohne Grund), daß ich wahnsinnig wurde.

Eines Morgens geriet ich nach der ersten Morgenstunde im Büro in Panik. Ich ging nach Hause und sagte zu Helen: »Ich muß hier raus! Ich muß weg, weit weg!« Sie wußte natürlich in etwa, was ich durchgemacht hatte, aber ihre Antwort war Balsam für meine Seele. Sie sagte: »Gut, dann laß uns sofort fahren.« Nach einigen Telefongesprächen mit meinen Kollegen, die sich bereit erklärten, meine Aufgaben zu übernehmen, und hastigem Packen der notwendigsten Sachen waren wir unterwegs und kehrten erst sechs Wochen später zurück. Mir ging es mal besser und mal schlechter, und als ich zurück war, ging ich zu einem Kollegen in Therapie, was mir sehr half. Aber eigentlich will ich darauf hinaus, daß Helen während dieser ganzen Periode überzeugt war, ich sei nicht wahnsinnig und der Zustand würde vorübergehen, und daß sie in jeder Weise zeigte, wie sehr sie mich liebte. Das war es, was ich meinte, als ich sagte, sie habe mir in kritischen Perioden beigestanden. Ich habe versucht, das gleiche zu tun, wenn sie unter dem einen oder anderen Schmerz litt.

Helens Mutter erlitt im Alter mehrere Schlaganfälle, deren unangenehme (aber keineswegs seltene) Folge eine auffallende Veränderung ihrer Persönlichkeit war. Aus der warmherzigen und liebenswürdigen Dame mit stark ausgeprägten intellektuellen Interessen wurde eine nörglerische, mißtrauische und bisweilen bösartig verletzende Frau. Für ihre Töchter war das schrecklich schwer, insbesondere für Helen, die ihrer Mutter sehr nahegestanden hatte. Mit der Zeit wurde es unmöglich, mit ihr zusammenzuleben, und allein leben konnte sie auch nicht. Dann kamen schwere Entscheidungen – sie mußte ihre Wohnung aufgeben und in ein Pflegeheim gebracht werden (das auch im besten Fall ein hoffnungsloser Ort ist), und man mußte sich mit der Tatsache abfinden, daß sie nicht mehr der Mensch war, der sie einmal gewesen war. Helen hatte durch das, was sie ihrer Mutter antun mußte, schwere Schuldgefühle bekommen, und ihre Mutter besaß noch genügend Scharfsinn, um diese Schuldgefühle verstärken zu können. Sechs lange und sehr unangenehme Jahre hindurch stand ich Helen, so glaube ich, bei. Nach den vierzehntägigen Besuchen

Ein letztes Wort noch zu unserem derzeitigen Zustand, da wir die biblischen »Sechzig plus zehn« erreicht haben. Wir haben so viel Leben und Leiden, Kampf und Freude miteinander geteilt, daß auf uns auch die Definition Truman Capotes von der Liebe zutrifft: »Liebe ist, wenn man den Satz nicht beenden muß«. Mitten in irgendeinem Geschehen oder einer Szene sagt Helen bisweilen zu mir: »Erinnerst du dich, als wir ...?«, und ich sage: »Aber natürlich!« Wir lachen dann beide, weil wir wissen, daß jeder an das gleiche Erlebnis denkt. Unser sexuelles Leben ist zwar nicht mehr das, was es war, als wir zwanzig oder dreißig waren, aber unsere physische Nähe, unser »Kuscheln« und unsere sexuelle Beziehung sind wie ein Ton, der nicht nur in sich schön ist, sondern auch in seinen vielen Obertönen, die ihn weit über sich selbst hinaus bereichern. Kurz gesagt, wir sind unwahrscheinlich glücklich, obwohl wir zuzeiten hart arbeiten mußten, um uns dieses Glück zu bewahren.

Damit Sie nicht denken, daß hier alles in rosarotes Licht getaucht werden soll, möchte ich hinzufügen, daß unsere beiden Kinder ihren vollen Anteil an den ehelichen Schwierigkeiten hatten. Unser Zusammenwachsen zu einer für uns selbst befriedigenden Beziehung bedeutete keinerlei Gewähr für unsere Kinder.

Einige abschließende Bemerkungen

Was läßt sich nun aus den Erfahrungen von Joan, von Jay und Jennifer, Peg und Bill sowie von Carl und Helen entnehmen? Ich glaube, diese Schlußfolgerungen müssen Sie selbst ziehen.

Ich habe versucht, darauf hinzuweisen, daß die Ehe in Zukunft fast mit Sicherheit etwas anderes ist als heute.

Ich habe versucht, anhand von Beispielen einige der Elemente aufzuzeigen, die den Erfolg oder Mißerfolg einer Ehe ausmachen können, die eine Ehe erneuern oder der Grund dafür sein können, daß sie »funktioniert«.

Ich hoffe, es ist deutlich klargeworden, daß der Traum von einer Ehe, die »im Himmel geschlossen wurde«, völlig unrealistisch ist und daß in jeder dauernden Beziehung zwischen Mann und Frau gearbeitet und aufgebaut werden und jede derartige Beziehung immer wieder durch das Wachsen beider Partner aufgefrischt werden muß.

Im nächsten Kapitel werden wir zahlreiche weitere Facetten dieses Mann-Frau-Phänomens betrachten, das im Mittelpunkt des Lebens fast aller Menschen steht.

2.

Ein »unverheiratet-verheiratetes« Paar

Ich kenne ein junges Paar, das sich begegnete, als sie achtzehn war und er neunzehn. Ich wußte, daß sie mehrere Jahre zusammengelebt hatten, und war überrascht, als ich hörte, daß sie ganz konventionell geheiratet hatten – weißes Kleid für die Braut, und der Bräutigam im Smoking. Ich dachte, wenn sie sich bereit zeigen würden, über die unterschiedlichen Phasen ihrer Beziehung frei zu sprechen, könnte das vielen jungen Leuten etwas sagen. Sie sprachen in der Tat sehr frei über ihre vergangene und derzeitige Beziehung sechs Monate nach der Heirat, und ich möchte hier einige Auszüge aus der Tonbandaufzeichnung dieses Gesprächs mit Dick und Gail wiedergeben.

Die anfängliche Beziehung

Sie erzählten mir, wie sie sich kennengelernt hatten, und dann kam es zu einem amüsanten Fall von gestörter Erinnerung:

Dick: Ich erinnere mich, wie ich dachte, daß Gail mir sehr gefällt. Ich strengte mich bei ihr etwas mehr an, als bei anderen Mädchen. Ich glaube, das ist der einzige überwältigende Eindruck, an den ich mich erinnern kann. Zu einer sexuellen Beziehung kam es erst später. Ich glaube, das war wichtig. Es dauerte ungefähr ...
Gail: ... eine Woche.
Dick: Eine Woche? Nein, es war mehr als eine Woche, Gail ...
Gail: Eine Woche und zwei Tage, nachdem wir uns kennengelernt hatten!
Dick: Wirklich?
Gail: Ja. *Ich* fand das nicht sehr lang. Erinnerst du dich nicht mehr an das erstemal, als wir ...
Dick: Das war schön. Es war am Strand, aber ich dachte, es hätte länger gedauert als eine Woche.

Es war eine ziemlich stürmische Zeit, die Gail so beschreibt:
Gail: Dick gefiel mir gleich, als ich ihn das erstemal sah. Es war am ersten Schultag. Ich fand, er sah gut aus, obwohl ich ihn für einen Angeber hielt. Er trug seine Sonnenbrille auch drinnen. Später

erfuhr ich, daß er seine richtige Brille zerbrochen hatte und ohne Gläser nichts sah, aber er machte den Eindruck, als sei er sehr hochnäsig... Ich konnte ihn nicht ausstehen. Sein Zimmerkollege erzählte mir, er sei überhaupt kein Angeber, und wir begannen uns zu treffen. Ich mochte ihn fast von Anfang an, unmittelbar nachdem ich gedacht hatte, er sei arrogant. Ich war vom ersten Tag an ziemlich aufgeregt. Irgendwann fing er, glaube ich, an, mir einzureden, ich sollte meinen Gefühlen freien Lauf lassen und mich einfach verlieben. Ich erinnere mich, daß ich mir schließlich sagte: »Nun, warum nicht? Was kann schon passieren?« Und dann kamen manchmal wirklich harte Zeiten, weil, na ja, ich war bereit, dabeizubleiben, bei Dick und unserer Beziehung, aber bei ihm war es anders – er zog sich immer wieder zurück, und das verletzte mich.
Ich: Die schwierigen Zeiten kamen bereits, bevor ihr zusammenlebtet, als eure Beziehung noch schwankte, oder?
Dick: Ja, das stimmt. Einmal fuhr ich in den Weihnachtsferien nach San Franzisko; ich nahm damals ziemlich viel Drogen und habe dort Schreckliches erlebt, dann aber beschlossen, daß das nichts für mich war. Die ganze Zeit, die ich in San Franzisko war, nicht ganz zwei Monate – aber mir kam es vor wie Jahrzehnte –, die lange Trennung von Gail verstärkte jedenfalls meine Gefühle für sie, und irgendwie fiel es mir ohne sie leichter, dahinterzukommen, was ich für sie empfand.

Kommentar: Warum verzerren wir die Dinge in unserer Erinnerung? Weil das eine oder andere Bedürfnis uns dazu zwingt. Dick hat jetzt das Bedürfnis nach dem Gefühl, daß er sich langsam und allmählich in die Beziehung einließ. Damals hatte er wahrscheinlich den Eindruck, daß es sehr lange dauerte, bis sie eine sexuelle Beziehung hatten, weil seine Bedürfnisse stärker waren als die Gails, obwohl sich das später änderte, wie wir sehen werden.

Aus Gails Bericht ist deutlich zu entnehmen, wie unzulänglich erste Eindrücke sind. Aufgrund von ein paar nichtssagenden Anhaltspunkten kommt sie zu dem Schluß, daß Dick unmöglich sei. Bald darauf stellt sie genau das Gegenteil fest.

Fast jede Beziehung leidet unter ähnlichen »Gleichgewichtsstörungen« wie die zwischen Dick und Gail. Gail merkt sehr schnell, daß sie bereit ist, sich ganz in diese Beziehung einzulassen. Dick ist dazu nicht bereit. Er nimmt die Beziehung auf, zieht sich dann aber zurück, nimmt sie wieder auf und zieht sich erneut zurück (im weiteren Verlauf des Interviews wird ein Grund für dieses Verhalten erkennbar).

Einige der Faktoren, die in einer Beziehung die Entscheidung beeinflussen, werden deutlich sichtbar. Als Dick von Gail getrennt war, gelangte er zu einer bedeutungsvolleren Perspektive von ihr und ihrem Verhalten, und seine Einstellungen wurden positiver. »Trennung läßt die Liebe wachsen!« Es ist anzunehmen, daß seine höchst unbefriedigenden Erfahrungen mit Drogen mit ein Grund waren, daß er eine zwischenmenschliche Beziehung dem Versuch vorzog, in Chemikalien Befriedigung zu finden.

Das Zusammenleben

Die beiden erzählen, wie sie nach Boston und in eine gemeinsame Wohnung zogen.

Ich: Brachte das Zusammenleben irgendwelche Veränderungen, sei es zum Guten oder zum Schlechten?
Gail: Wir konnten nicht mehr so einfach aussteigen. Dick konnte nicht aufstehen und weggehen und sich einen Monat lang nicht mehr sehen lassen, weil ... in der ersten Zeit unserer Beziehung hat er das gemacht, aber wenn er es in Boston getan hätte, dann hätte er sich jemand suchen müssen, der ihn versorgt. Und es zwang mich, etwas ausführlicher die Dinge zu besprechen, was auch heute noch so ist. Das Zusammenleben stellte uns wohl oder übel mit dem Rücken an die Wand, sozusagen, und die große Veränderung lag, glaube ich, darin, daß wir die Theorie in die Praxis umsetzten. In der ersten Zeit kann man sich sagen: »Ich will so oder so sein, und dies oder das wird geschehen, wenn wir zusammenleben«, aber wenn man dann zusammenlebt, *geschieht* es, und man kann nicht mehr theoretisieren.
Dick: Wir haben in unserer Beziehung nie von Liebe gesprochen, und das für mindestens drei Jahre. Wir haben einander nie zugegeben, daß wir uns lieben – erst im vierten Jahr, obwohl ich immer noch nicht weiß, *warum*. Wir haben uns gefragt, ob wir uns mögen, und dem sehr viel Bedeutung beigemessen, aber genauso wichtig war es, daß wir das Wort »Liebe« vermieden. Wenn ich versuche, mich daran zu erinnern, wie es war, als wir zum erstenmal von Liebe sprachen, dann fällt mir nur ein, daß es für mich eine Art Trauma war.
Gail: Ich kann mich an alles erinnern. Ich glaube, wir stritten uns, und Dick versuchte mir klarzumachen, daß er mich verlassen wolle, ohne daß er es aussprach. Er sagte, da ist dieses Problem und jenes, und dies geht mir auf die Nerven und das – und so fort. Und ich

bin bereit, mich zu ändern und alles zu tun, und dann ist er einfach frustriert und sagt: »Aber ich liebe dich und mache mir Sorgen um dich« und steht auf und geht. Das konnte ich überhaupt nicht begreifen. Du sagst zu mir, du liebst mich und gehst fort und läßt mich allein. Ich dachte: »Das ist einfach Wahnsinn«. Es war für mich das Idiotischste, was mir jemals begegnet war. Ich dachte: »Fühlt er sich schuldig, weil er mich verletzt hat, und sagt es deshalb?« Und wenn er mich wirklich wollte, dann würde er nicht zu einer anderen gehen. Er sagte mir nie, daß er ein anderes Mädchen hatte, und das ärgerte mich sehr, weil ich fand, daß er es zumindest sagen sollte. Jemand erzählte mir, er habe Dick mit dieser kleinen Blonden gesehen, und ich dachte: »Nun, wenn das stimmt, dann ist er wahrscheinlich in ihrer Wohnung.« Ich ging hin, und da waren sie, und Dick war tief gekränkt. Ich benahm mich ziemlich gemein; ich setzte mich einfach hin und machte Konversation. Ich weiß, daß ich jede Minute voll genoß. Und deshalb glaubte ich es ihm einfach nicht.

Dick: Du meinst, du hast mir nicht geglaubt, als ich sagte, daß ich dich liebe...

Gail: Ja. Aber ich glaube, irgendwo wußte ich offenbar doch, daß wir wieder zusammenkommen würden.

Dick: Ich war von diesem anderen Mädchen schon nach sehr kurzer Zeit ziemlich enttäuscht, und das ist interessant, denn nach außen hin schien sie alles zu besitzen. Ich konnte mir gewissermaßen aufzählen, was ich alles wollte – sie hatte es, aber es war nicht genug. Was mich sehr beeindruckte, war, glaube ich, daß dieses Mädchen, wenn ich die beiden miteinander verglich, kein unabhängiges, eigenes Leben zu haben schien. Irgendwie war sie sofort von jedem abhängig, mit dem sie zusammen war. Wenn wir mit anderen sprachen, vertrat sie *meine* Ansicht, was Gail so gut wie nie tut. Sie bildet sich ihre eigene Meinung und spricht sie auch aus. Und ich habe festgestellt, daß mich das in einer Beziehung sehr entlastet, weil ich dann nicht für zwei denken und fühlen muß. Es ist wirklich so, als sei einem eine große Last von den Schultern genommen, wenn man nicht mit einem Spiegelbild von sich selbst, sondern tatsächlich mit einem anderen Menschen zusammenlebt. An diesem Punkt wurde mir klar, daß Gail für mich ein eigenständiges Individuum war, an dem mir wirklich etwas lag.

Später spricht Dick über ein weiteres Problem.

Dick: Eine andere Sache beschäftigt uns immer noch, und ich glaube, das liegt in erster Linie an mir. Im Grunde weiß ich aber nicht, wie es zu diesen Dingen kommt. Aber ich glaube, daß ich immer noch schwanke zwischen dem, was sein sollte, und dem, was ist. Es scheint, daß ich manchmal an einen Punkt anlange, an dem mir Gails Verhalten einfach unerträglich wird. Sie sollte anders sein, denke ich dann und werde wütend. Ich glaube, ich liebe sie, weil sie eine eigene Persönlichkeit hat, aber gerade weil sie eine eigene Persönlichkeit hat, gibt es Dinge, die ich an ihr nicht verändern kann.

Gail: Ich kann nicht so wütend werden wie Dick. Ich habe Angst davor. Ich habe Angst, daß er mich zusammenschlägt oder mich umbringt oder irgend so was, er kann wirklich furchtbar wütend werden. Dann bekomme ich es mit der Angst zu tun und will nichts tun, was ihn noch mehr in Rage bringen könnte.

Kommentar. Manche Leser werden Dick und Gail aufgrund der Aussagen dieses Abschnitts ziemlich unreif finden. Diese Beurteilung trifft objektiv wahrscheinlich zu, aber sie hilft uns wenig, ihre Situation zu verstehen, da jeder von uns sich nach und nach von unreifem zu reiferem Verhalten ändern muß und nur der Grad ein anderer ist. Lassen Sie mich auf einige Dinge näher eingehen, die auf eine langsame und schwierige Entwicklung der Beziehung zu größerer Reife hinweisen.

Die beiden waren gezwungen, einander als Personen zu begegnen und die Probleme aufzuarbeiten, statt vor ihnen davonzulaufen.

Sie waren gezwungen, mit dem Problem fertig zu werden, daß das Verhalten in einer realen, gelebten Beziehung ein anderes ist.

Sie wurden sich zumindest teilweise ihrer tiefen Angst vor einer wirklichen Bindung bewußt, die in einem Satz wie »Ich liebe dich« enthalten sein kann. Wenn sie einander sagten, daß sie sich gern hatten oder bei manchen Gelegenheiten auch nicht, dann war das nicht annähernd so gefährlich.

Dicks echte Verwirrung in bezug auf Bindung kommt ganz deutlich zum Ausdruck, als er sagt: »Ich liebe dich« und im nächsten Augenblick das Haus verläßt und zu einem anderen Mädchen geht.

Es ist offenkundig, daß Dick nicht auf intellektuelle, sondern auf andere Weise lernt, was interpersonelle Beziehungen sind. Er erkennt, daß seine neue blonde Freundin für ihn nicht annähernd so befriedigend ist wie Gail, obwohl sie seinen intellektuellen Ansprüchen weit mehr gerecht wird. Er respektiert Gails unabhängiges Denken und Handeln.

Oder ist das eine tiefe Achtung vor Gail? Zum Teil ist es sicherlich Dicks tiefe (und natürliche) Angst davor, für eine andere Person verantwortlich sein zu müssen, die dann von ihm abhängig wäre.

Dicks größtes Problem liegt in dem »Sie sollte«. Gail sollte eigentlich »so« und nicht anders sein; wenn sie aber eindeutig und offenkundig nicht so ist, dann findet er das unerträglich und wird wütend. Seine Wutausbrüche sind so heftig, daß Gail echte Angst bekommt. Diese Diskrepanz zwischen seinen Erwartungen von dem, was Gail sein sollte, und dem, wie sie wirklich ist, bringt Dick in Konflikt, denn er erkennt, daß diese ihre Unabhängigkeit und die Tatsache, daß sie nicht das tun wird, was er von ihr erwartet, der Grund ist, warum sie für ihn begehrenswert ist. All dies scheint mir ein Teil des Erwachsenwerdens zu sein, gleichgültig, ob es früher oder später einsetzt.

Die Veränderungen, die die Ehe bewirkte

Gail: Als wir heirateten, war das eine gewaltige Veränderung im Vergleich zu dem vorherigen Zusammenleben. Jedenfalls für mich.
Ich: Inwiefern? Und warum?
Gail: Ich weiß nicht, woher ich diese Vorstellungen hatte, aber als ich verheiratet war, hatte ich plötzlich das Gefühl, mein Leben sei vorüber. Das war das Ende. Ich hatte nichts zu tun. Ich könnte mich genausogut hinlegen und sterben. Es gab nichts, wohin ich hätte gehen, nichts was ich hätte tun können. Ich hatte aufgehört, eine Person zu sein. Ich konnte nicht länger ein unabhängiges Individuum sein oder tun, was ich wollte, obwohl ich, wenn ich darüber nachdachte, gar nicht sagen konnte, worin der Unterschied zwischen dem verheirateten und dem unverheirateten Zusammenleben bestand...
Ich: Nachdem Sie geheiratet hatten, fühlten Sie sich viel weniger wie eine Person?
Gail: Ja. Ich war richtig deprimiert und mußte mich ständig am Riemen reißen...
Dick: Ich habe auch keine Ahnung, woher ich meine Vorstellungen nahm. Sie waren einfach da. Ich dachte natürlich, daß mir die Ehe überhaupt keinen Spaß machen würde, daß ich festgenagelt war und nie mehr richtig leben konnte. Meine Gefühle waren denen von Gail ähnlich. Aber dann kam alles ganz anders. Ich habe das Gefühl, als finge alles erst richtig an, und das war eine echte Überraschung für mich, ich kann das nicht erklären. Ich glaube, daß mein Interesse an anderen Frauen stark nachgelassen hat. Ich habe mich entschieden. Ich glaube, die Bindung hat mich von manchem Druck befreit und mir ein freieres Gefühl in bezug auf das tatsächliche Leben gegeben.
Ich (zu Gail): Wie sahen denn Ihre Erwartungen *vor* der Ehe aus?

Gail: Ich habe mir eingeredet, alles sei dann noch viel romantischer und schöner, und dann wieder wollte ich nicht an jemand gebunden sein, oder ich sagte mir: »Es gibt doch überhaupt keinen Unterschied zwischen dem Zusammenleben und der Ehe – das einzige, was sich ändert, ist dein Name, und die Gesellschaft wird dich akzeptieren«, aber es bedeutet doch mehr Stabilität.
Ich: Aus welchen Gründen haben Sie geheiratet?
Gail: Ich hatte Dick immer mal wieder gefragt, was er vom Heiraten hält. Ich sagte dann Sachen wie »Du wirst mich ja doch nie heiraten, und nie werde ich Kinder bekommen« und so weiter, aber ich meinte es eigentlich nie ganz ernst. Dann gingen wir eines Abends zu irgendwelchen Freunden, und ich war richtig widerlich. Dick wurde hinterher sehr wütend. Wir stritten uns den ganzen Weg nach Hause, und es war ein langer Weg; zu Hause zankten wir weiter, bis Dick schließlich sagte, ich solle verschwinden. Er sagte: »Du kannst deine Sachen packen und abhauen.« Ich wollte aber nicht und sagte: »Nein, ich gehe nicht. Ich wohne hier, und ich bleibe hier. Ich gehe nicht.« Nach kurzem Schweigen sagte er: »Okay. Willst du mich dann heiraten?« Und ich sagte: »Okay«. Es klang fast so, als hätte er gesagt: »Entweder wir heiraten, oder du verschwindest von hier.« Und weggehen wollte ich nicht. Deshalb sagte ich okay. Und dann war ich froh darüber.
Dick: Danach schien die Luft rein. Irgendein kritischer Punkt war offenbar überwunden. Was auch immer zu diesem Zwischenfall geführt haben mochte, die Ehe schien die Sache zu klären. Auf jeden Fall schien der Heiratsantrag zu diesem Zeitpunkt eine Lösung in der einen oder der anderen Richtung – entweder wurde die Beziehung gelöst oder gefestigt. Ein wichtiger Faktor war wohl auch, daß durch eine Heirat die Spannungen zwischen uns und unseren Eltern aufgehoben würden. Unser Zusammenleben würde legalisiert und damit gewissermaßen öffentlich bestätigt werden, und ich hatte immer gedacht, daß es das sei und nicht mehr. Aber es hat sich doch vieles mehr geändert.
Ich (zu Gail): Fallen Ihnen noch andere Dinge in bezug auf Ihr Leben seit der Ehe ein?
Gail: Ich habe gemerkt, daß ich noch eine ganze Menge seltsamer Vorstellungen von der Ehe gehabt hatte. Eine davon – ich weiß nicht woher ich sie habe – war, daß ich dachte, wenn man erst einmal verheiratet ist, muß man den anderen nicht mehr lieben. Dann brauchte ich mich um Dick nicht mehr zu bemühen und konnte die ganze Sache ignorieren und mich mit meinen Dingen befassen. Aber all das stimmte nicht. Ich kann Dick nicht die ganze

Zeit ignorieren, und ich hänge noch immer an ihm, was ein weiterer Schock ist. Wenn man damit rechnet, daß einen der andere nicht mehr angeht, und er geht einen doch noch was an, dann bedeutet das eine Menge Arbeit.

Kommentar: Dieser Abschnitt zeigt meiner Ansicht nach nur zu deutlich, daß Leben und Verhalten einer Person einem gewaltigen Druck ausgesetzt sind, wenn die Person einen Wertinhalt oder eine soziale Rolle übernimmt, ohne sie anhand eigener Erfahrung getestet zu haben. Gail hatte offenkundig (und ohne sich dessen bewußt zu sein) die Vorstellung übernommen, daß eine Ehefrau ein Nichts ist, eine abhängige Person und unfähig, das zu tun, was sie will – eine Person ohne Zukunft. Es ist nur natürlich, daß sie sich in dieser übernommenen Rolle – die ihr nicht von Dick auferlegt worden war – eingesperrt fühlte und glaubte, ihr Leben sei so gut wie vorüber. Im letzten Teil dieses Abschnitts treten einige weitere, höchst merkwürdige und von außen übernommene Vorstellungen zutage. Es wäre interessant zu wissen, wie Gail beispielsweise auf die Idee kam, daß Liebe in der Ehe überflüssig sei oder daß sich eine Ehefrau nicht mehr so um den Mann kümmern müsse. Gail schenkt ihrer eigenen Erfahrung jetzt etwas mehr Aufmerksamkeit als den übernommenen Vorstellungen und sie merkt, daß sie immer noch an Dick hängt, daß er sie immer noch etwas angeht und daß die Aufrechterhaltung der Beziehung Arbeit erfordert.

Irgendwie macht mich diese Enthüllung wirklich sehr wütend auf unser Erziehungssystem. Selbst unter den zugegebenermaßen in den meisten Fällen unangemessenen Lehr- und Lernbedingungen an unseren Schulen hätte auch die unzulänglichste Art von Erziehung im Bereich der interpersonellen Beziehungen Gail diese Erfahrungen ersparen können; sie hätte lernen können, daß das Leben einer Frau, auch in der Ehe, weitestgehend das ist, was sie aus ihm macht. Sie hätte erfahren müssen, daß die Liebe ein Teil der Ehe ist und daß man nicht heiratet und danach für immer glücklich ist. Um zu einer auf die Dauer befriedigenden Beziehung zu gelangen, muß man arbeiten und kämpfen. Es ist fast unglaublich, daß Gail in den einundzwanzig Jahren ihres Lebens keinerlei Gelegenheit fand, dies zu erlernen.

Dicks Vorstellungen von der Ehe sind ebenso übernommen; er glaubt, daß sie ihn für immer »festnagelt« und daß sie ihn unglücklich macht. Auch er lernt aus seiner *Erfahrung*, daß das nicht der Fall ist. Er ist erleichtert, daß er nicht mehr nach einer zukünftigen Ehefrau Ausschau halten muß, und das gibt ihm ein größeres Maß an Freiheit.

Dieser Abschnitt enthält noch zwei höchst fragwürdige Gründe für eine Eheschließung. Der erste ist das Motiv, zu heiraten, um den Eltern eine Freude zu machen. Zweifellos waren die betreffenden Väter und Mütter über die Heirat erfreut, aber das ist ein absolut unwichtiger Faktor, wenn zwei Leute sich fragen, ob sie sich zu einer dauerhaften Bindung bereit finden. Der zweite Grund ist weder stichhaltig noch ungefährlich, nämlich zu heiraten, um eine Krise innerhalb der Beziehung beizulegen. Die beiden sagten zueinander: »Entweder heiraten wir, oder wir gehen auseinander!« Mir erscheint das als eine höchst zweifelhafte Lösung, da sich beide nicht offen mit den sehr realen Problemen der Ehe oder mit den schwierigen Fragen ihrer Beziehung auseinandersetzten. Statt dessen hofften sie, die Ehe würde alle Schwierigkeiten wie durch ein Wunder beheben. Ihre Kommunikation war sehr begrenzt.

Ein anderer Modus operandi

Gail: Wenn er mir sagt, ich müsse mich ändern oder so und so sein, dann glaube ich das. Ich glaube, er will, daß ich ganz anders bin, und dann stehe ich da mit einem unglücklichen Ehemann oder mit einem unglücklichen Selbst. Wissen Sie, ich will nämlich auch, daß er sich ändert, aber ich mache es anders. Ich warte nicht, bis sich alles mögliche angestaut hat, um dann zu explodieren. Wenn er irgend was macht, das mir nicht paßt, dann sage ich es ihm meistens sofort. Ich sage es sofort, Dick, und dann schmolle ich.

Ich (zu Dick): Wie zeigt sie Ihnen, daß sie sich ärgert oder unglücklich ist über das, was Sie tun?

Dick: Bei mir fällt der Groschen erst, wenn ich sehe, daß sie schmollt. Wenn du es mir sagst, geht es offenbar zum einen Ohr hinein und zum anderen wieder hinaus, denn ich kann mich wirklich nicht erinnern, daß du es mir jemals zuerst sagst und dann anfängst zu schmollen. Mir kommt es eher so vor, als geschähe beides gleichzeitig. Ich behaupte nicht, daß es so ist, aber so kommt es bei mir an. Mich macht das natürlich wütend. Ich weiß nicht, warum, vielleicht ist es bloß ein anderer Modus operandi. Ich behalte solche Sachen zunächst mal für mich, nicht aus irgendeinem moralischen Grund, sondern weil es einfach meine Art ist. Und ich denke, jetzt ist sie schon wieder verstimmt, und dann kommt es mir vor, als sei sie es ständig, weil ich die Zeiten, in denen sie es nicht ist, vergesse. Mir kommt es vor, als sei das ein Dauerzustand, und ich sage mir: »Warum muß ich damit leben?«, und denke mir, das ist Grund genug, sie zu bitten, daß sie sich ändert. (Zu *Gail*) Von meinem Standpunkt aus sind deine Verstimmungen wie eine Mauer – ich komme nicht durch. Einmal sagst du mir, was du fühlst, und dann dieses Schmollen. Ich komme damit nicht zurecht. Ich weiß, daß meine Mutter ähnlich ist, und mit ihr hatte ich die gleichen Schwierigkeiten, und deshalb versuche ich einfach, die Mauer zu durchbrechen, irgendwie durchzustoßen...

Kommentar: Sicherlich haben Sie diese Art von Beziehung schon einmal bei fünf- oder sechsjährigen Kindern beobachtet. Das eine verlangt vom anderen, sich anders zu verhalten, und gerät in Wut, wenn das nicht geschieht. Das andere Kind schmollt. Unterschiedliche Modi vivendi sind nichts Überraschendes, aber auf dieser Ebene bedeutet es, daß für eine solide Beziehung noch eine Menge Wachsen und interpersonelle Kommunikation notwendig sind.

Einige Probleme innerhalb der Beziehung

Dick: Was wir gesagt haben, bezieht sich auf die Ehe und nicht bloß auf das Zusammenleben. Das Zusammenleben war zunächst einfacher. Gail kam zu mir nach Boston, und wir mußten uns zunächst einmal darum kümmern, daß wir überhaupt leben konnten. Wir hatten natürlich auch unsere Kräche und Konflikte... zum Beispiel fiel es Gail manchmal unheimlich schwer, mir zu erlauben, ihre Hand zu halten.
Ich: Das interessiert mich. Fiel es Ihnen schwer, Gail, weil Sie den physischen Aspekt nicht mochten, oder wollten Sie ihm mit dieser ablehnenden Haltung nur sagen: »Im Augenblick bin ich nicht sonderlich an dir interessiert?«
Gail: Es war mehr. Ich glaube, mir kam das Händehalten irgendwie persönlicher vor als irgend etwas anderes. Viel persönlicher noch als miteinander zu schlafen. Ich war nie imstande, eine Bindung einzugehen, ohne nicht sofort zu versuchen, mich wieder davon zu distanzieren. Das ist wahrscheinlich zum Teil auch der Grund, weshalb mich die Tatsache, daß wir verheiratet sind, so beunruhigt.
Dick: Heiraten war für mich entweder eine Lösung oder nicht... Ich möchte, daß sich Probleme sofort lösen, meinetwegen durch eine ganz simple Entscheidung ... (nachdenkliche Pause) vielleicht drückt die Ehe nur die *Absicht* aus, diese Dinge zu lösen, vielleicht ist sie selbst gar nicht die Lösung. Ich meine die Absicht oder den Wunsch, zu sagen, es lohnt sich, wenn wir zwei auf diese Weise dahin kommen werden, daß wir uns verstehen und miteinander leben. Ich glaube, das wäre eine realistischere Art, die Sache zu sehen. Mir scheint im Augenblick, daß ich mit dieser Einstellung

wahrscheinlich etwas besser leben könnte. Eine Absicht ist etwas, sie ist kein Nichts, und sie gibt zu, daß das, was man sucht, nicht einfach und umgehend gefunden werden kann, sondern das Ergebnis von wiederum etwas anderem ist, von Arbeit vielleicht und Zeit...

Ich: Wenn Sie zurückblicken, haben Sie dann den Eindruck, daß Sie heute die Ihre Partnerschaft betreffenden Probleme besser verarbeiten als in der ersten Zeit, oder ist es ungefähr gleichgeblieben?

Gail: Ich würde sagen, daß es in mancher Hinsicht besser geworden ist, aber ... ich glaube, es dauert eine Weile, bis man erkennt, daß der andere eine Person ist. Man muß es richtig eingetrichtert bekommen, wie beim Lernen oder so ähnlich. Denn es besteht kein Grund anzunehmen, daß jemand anders ebenso ein Mensch ist, wie man selbst, es sei denn, man fängt an, sich darüber Gedanken zu machen... Nachdem ich eingesehen hatte, daß Dick wirklich eine andere Person war und Gefühle hatte, die genauso gültig waren wie meine eigenen, fiel es mir leichter, wirklich über sie nachzudenken und ihn mir nicht als Ideal vorzustellen, sondern in Betracht zu ziehen, daß er selbst eine Person ist.

Kommentar: In diesem Abschnitt scheinen mir mehrere Dinge der Betrachtung wert. Zunächst einmal Gails Feststellung, daß Händehalten für sie etwas Persönlicheres ist als miteinander zu schlafen. Das zeigt, wie sehr jeder von uns in seiner eigenen Welt der wahrnehmungsmäßigen Bedeutungen lebt, die für ihn eine Realität ist. Ihre Feststellung mag den meisten Leuten unvernünftig erscheinen, aber für *sie* ist es die Wahrheit, und die einzige Möglichkeit, sie zu verstehen, besteht darin, die Welt, in der *sie* lebt, zu verstehen, und nicht nur die Welt zu sehen, in der ich lebe.

Gails Eingeständnis, daß sie bei jeder Bindung sofort versucht, sich wieder zu distanzieren, ist wichtig. Eine Person, die das Glück hatte, psychisch erwachsen zu werden, wird nie eine Bindung oder Verpflichtung eingehen, ohne sich vorher die Konsequenzen zu überlegen. Es ist unwahrscheinlich, daß sie sich in irgendeiner Weise für ihr ganzes Leben bindet, weil sie weiß, daß sie ihre eigene Entwicklung so genau nicht vorhersagen kann. Aber wenn sie eine bestimmte Situation eingehend überdacht hat, ist sie imstande, eine reale Bindung einzugehen und an ihr festzuhalten. Gail ist dazu nicht imstande. Hoffnung gibt jedoch der Umstand, daß sie genügend Einsicht hat, um ihre Neigung, Bindungen zu fliehen, zu erkennen, und einsieht, daß die Ehe sie deprimiert hat, weil sie vor ihr nicht ganz so einfach davonlaufen kann.

Einen faszinierenden Augenblick der Erkenntnis erleben wir bei Dick, dem plötzlich dämmert, daß ein Konflikt sich nicht unverzüglich und durch ein Wunder lösen läßt. Er beginnt einzusehen, daß es »Zeit und Arbeit« erfordert, um zu einer besseren Beziehung und einem harmonischeren Zusammenleben zu gelangen. Hier haben wir einen vierundzwanzigjährigen jungen Mann, der Mathematik, Geschichte und Sprachen studiert hat und der dennoch kaum etwas über interpersonelle Beziehungen weiß, und man fragt sich, wie irrelevant kann unsere Erziehung überhaupt noch werden?

Das gleiche trifft für Gails Erkenntnis zu, daß es jemand wie »den anderen« gibt. Es war für sie ein großer Fortschritt, als sie erkannte, daß »Dick wirklich eine andere Person war und Gefühle hatte, die genauso gültig waren wie meine eigenen«; aber es ist schon traurig, daß sie zu dieser Erkenntnis nicht schon mit zehn oder zwölf kam, sondern erst mit dreiundzwanzig.

Gesellschaftlicher Druck

Dick: Kann ich einmal kurz abschweifen und noch etwas über die Auswirkung des Verheiratetseins sagen? ... Mir wurde plötzlich klar, daß für den sozialen Aspekt der Sache, dafür daß jetzt alle glücklich waren, ein Preis gezahlt werden mußte, und der bestand darin, daß mir mit einemmal meine Rolle als Mann klar wurde; weder meine Eltern noch meine Schwiegereltern ließen mich darüber im unklaren, wie diese Rolle aussah ... Als Gail und ich nur zusammenlebten, waren wir irgendwie gleichwertige Partner, und wenn wir einmal pleite waren, dann traf nicht nur einen von uns die Schuld; aber als wir wieder zurückgingen und in der Nähe unserer jeweiligen Eltern lebten, wurde es plötzlich *meine* Schuld, daß wir kein Geld verdienten, und ich war der Trottel, der sich nicht um Arbeit bemühte oder zuwenig verdiente ...

Gail: Ich weiß, wovon Dick spricht. Ich hatte ähnliche Vorstellungen wie er; ich dachte, man muß diese Rolle übernehmen, auch wenn man es nicht will, und das ist entsetzlich – daß ein Mann so zu sein hat und eine Frau so. Deshalb hatte ich auch das Gefühl, mein Leben sei so gut wie vorüber ... Dick hat keine Lust, nur ans Geldverdienen zu denken, und ich will nicht nur zu Hause sein und putzen. Das führte aber zu einem gewaltigen Konflikt, denn ich dachte: »Ich bin jetzt verheiratet, also *muß* ich so sein und muß das und das tun ...«

Ein *Kommentar* ist wohl überflüssig, denn es ist eindeutig klar, daß das Rollenverhalten, das die Gesellschaft von einem Mann oder von einer Frau erwartet, für das Individuum eine schwere Belastung ist. Das Phänomen ist hier besonders interessant, weil offensichtlich ist, daß die beiden sich die Rolle nicht gegenseitig auferlegen. Unsere Kultur bürdet sie ihnen auf.

Eine Auseinandersetzung

Die beiden hatten über den Druck diskutiert, der von beiden Elternseiten auf Dick und von Dicks Schwester auf Gail ausgeübt wurde. Das Folgende ist ein klassisches Beispiel für eine eheliche Auseinandersetzung.

Dick: Aber du weißt doch, meine Schwester kann soviel Druck auf dich ausüben, wie sie will, *das* ...
Gail: Du akzeptierst nicht die Tatsache, daß ich unter Druck gesetzt werden kann ...
Dick: Doch, das akzeptiere ich ...
Gail: Oder daß das für mich unerträglich ist ...
Dick: Das hast du nie gesagt. Und ich habe dich immer gegenüber meiner Schwester verteidigt ...
Gail: Nicht in meinem Beisein.
Dick: Doch. Hinter deinem Rücken und auch in deinem Beisein ...
Gail: Gut, aber *ich* habe es hinter deinem Rücken getan, und *darüber* hast du dich beschwert ...
Dick: Ich habe dich danach gefragt, und du hast gesagt, du hättest es nicht getan.
Gail: Was nicht getan – dich verteidigt?
Dick: Jawohl.
Gail: Nicht zu fassen – doch! Natürlich habe ich es getan. Und gar nicht zu selten.
Dick: Das ist mir neu.
Gail: Das ist nicht neu. Ich habe es dir erzählt.
Dick: Für mich ist das was völlig Neues. Jedenfalls, wenn ich kein Geld verdiene, wenn ich nichts auf die Beine stelle, wenn ich keine Arbeit finde, dann ...
Gail: Vergiß nicht, daß ich ebenfalls nach einem Job suche, Dick. Ich will genauso arbeiten wie vorher ...
Dick: Ja, aber von dir erwartet das niemand außer mir, während ich von allen Seiten unter Druck gesetzt werde, mir einen Job zu

beschaffen und unser Geld zu verdienen. Du weißt selbst, daß sich manche scheiden lassen, weil es heißt: »Er ist ein miserabler Ehemann; er treibt sich bloß herum und tut nichts ...«
Ich: Ich hatte zuletzt das Gefühl, daß ihr beide sagt: »Ich stehe mehr unter Druck als du.« »Nein, der Druck, der auf mich ausgeübt wird, ist stärker.«
Gail: Ich glaube, das stimmt. Das ist auch der Grund, weshalb wir nie darüber reden können, weil es sofort heißt: »Meine Lage ist schlimmer als die deine!« und »Nein, meine ist bedeutend schlimmer als deine!«, und dann ist es natürlich schon ziemlich egal, was man sagt ...
Ich: Ich glaube, die Spannung wächst, wenn jeder dem anderen zu erklären versucht, was für ihn zutrifft. Wenn man sagt, daß man sich unter Druck gesetzt *fühlt*, dann weiß ich nicht, wie jemand das bezweifeln sollte, denn so *fühlt* der andere. Aber wenn Dick sagt, er stünde unter einem stärkeren Druck als Gail – wer will das entscheiden? Sie fühlt sich ebenfalls unter Druck, nur auf eine andere Weise. Ich glaube, je mehr jeder die Sache im Hinblick auf seine Gefühle sieht, desto größer ist die Möglichkeit, zu einer Art von gegenseitigem Verstehen zu gelangen.
Gail: Das macht mich an Dick so wütend. Wenn wir reden, dann erklärt er mir, was und wie ich fühle, und dann sage ich, nein, mein Gefühl ist anders, nämlich so oder so, und das glaubt er mir nicht. Ich kann nicht mit ihm darüber reden ... Wenn du mich anschreist und sagst, ich sei dies und das und jenes, dann sage ich: »Vielleicht, vielleicht«. Aber in dem, was *ich* sage, könnte auch ein Körnchen Wahrheit liegen, Dick, nur bist du nicht bereit, mir zuzuhören.
Dick: Ich glaube, daß es mich andererseits frustriert, daß es mir schwerfällt, mit dir zu reden. Erstens ist es sehr schwierig, von dir eine Reaktion zu bekommen, und selbst wenn man endlich eine Reaktion bekommen hat, dann ist damit immer noch nichts erreicht. Ich würde nichts lieber tun, als mich hinsetzen und sagen: »Ich empfinde es so, und wie empfindest du es? Sag es mir«, und dann gemeinsam überlegen, was sich tun läßt. Aber deine Verstimmungen machen das irgendwie unmöglich, und dann ist plötzlich eine Mauer zwischen uns.
Ich: Sehen Sie, Sie erklären ihr schon wieder, was die Mauer ist, nämlich etwas in ihr. Wenn Sie, wie Sie es vorhin taten, sagen könnten: »Ich habe wirklich versucht, dir zuzuhören, aber das ist schwer, weil ich nicht höre, was du fühlst«, dann ist das, glaube ich, weniger verletzend.
Dick: Sie haben recht. Ja, das stimmt.

Kommentar: Es gibt mehrere Arten der unfruchtbaren Auseinandersetzung, aber dies ist die gewöhnlichste. Am meisten fällt auf, daß keiner von beiden – bis zu dem Punkt, wo ich mich einschaltete – bereit ist, dem anderen zuzuhören. In einer solchen Beziehung ist es, wie Gail meinte, »völlig egal, was man sagt«. Die Kommunikation bricht fast vollständig zusammen.

Es wäre interessant gewesen, hätte man die Auseinandersetzung an einer Stelle unterbrochen und Dick und Gail getrennt voneinander gebeten, die Meinungen und Gefühle, die der andere ausgedrückt hatte, rasch noch einmal zu formulieren. Es ist fast mit Sicherheit anzunehmen, daß beide dazu außerstande gewesen wären. Jeder wartete nur auf eine Gelegenheit, den anderen zu unterbrechen und dann zu sticheln, so daß beide häufig nicht einmal ihre Sätze vollenden konnten. Dabei sind ihre Mitteilungen ganz simpel. Dick sagt: »Der Druck, der auf mich ausgeübt wird, damit ich Geld verdiene, ist stärker als der Druck, den meine Schwester auf dich ausübt.« Und Gail sagt: »Du glaubst mir nicht, daß ich unter Druck gesetzt werden kann. Ich übe keinen Druck auf dich aus. Ich versuche auch einen Job zu finden.« Lediglich die letzte Feststellung ist kein Angriff, sondern zielt auf Zusammenarbeit ab.

Ich glaube, es lohnt sich, die oben erwähnten Mitteilungen und den Dialog selbst eingehend zu analysieren. Wie begann die Auseinandersetzung? Sie begann, als Gail in kritischem Tonfall Dick erklärte, was er glaube oder fühle (»Du akzeptierst nicht die Tatsache...«). Diese Art Feststellung, bei der der Sprecher auf eine ganz äußerliche Weise versucht, dem anderen klarzumachen, was dessen wahre innere Haltung sei, und sich dabei sehr urteilsfähig, verständig und klug vorkommt, führt fast unausweichlich zu Schwierigkeiten. Sie sagt: »Du akzeptierst nicht«, und Dick sagt: »Ich akzeptiere«. Wer kann beurteilen, wie Dicks wahre Einstellung aussieht? Offensichtlich nur Dick, aber es ist unwahrscheinlich, daß er eine ehrliche Antwort gibt, wenn er sich angegriffen fühlt. Dies ist nämlich das andere Merkmal dieser Art von Meinungsaustausch – sie führt gewöhnlich Anschuldigungen mit im Kielwasser und gibt deshalb leicht ein verzerrtes Bild.

Man beachte nun, wie bereits eine geringfügige Variation einer solchen Reaktion zu etwas ganz anderem führt. Ich bin an der Auseinandersetzung nicht emotionell beteiligt und möchte verstehen, was bei dieser Interaktion vorgeht, deshalb mache ich eine Bemerkung in bezug auf das, was die beiden meiner Ansicht nach fühlen. Aber meine Feststellung ist einfühlend, nicht anklagend, mutmaßend, nicht beurteilend, und hinter ihr steht der echte Wunsch, zu verstehen. Das unterscheidet sich scheinbar nur geringfügig von dem, was die beiden taten, aber die Einstellung, die ausgedrückt wird, ist eine ganz andere. Wenn einer der beiden gesagt hätte: »Nein, das war nicht das, was ich gesagt habe«, dann hätte ich jede gewünschte Richtigstellung sofort akzeptiert.

Dadurch verändert sich der Ton des Gesprächs, denn als sie merken, daß jemand sie versteht, auch wenn es nur ein außenstehender Dritter ist, sind beide imstande, tiefer und klarer in das Wesen ihrer Schwierigkeiten und Uneinigkeiten einzudringen. Ob meine zweite, ziemlich didaktische Reaktion von Nutzen war, ist schwer zu sagen, aber ich konnte das unfruchtbare Argumentieren der beiden einfach nicht mehr ertragen.

In jeder der folgenden zwei Feststellungen entdeckt man bereits die Saat für weitere Auseinandersetzungen, obwohl ihre Stimmen wesentlich weniger beschuldigend klingen. Gail sagt: »Du bist nicht bereit, mir zuzuhören«, aber die einzig zutreffende, wahrhaftige Feststellung hätte gelautet: »Ich habe das Gefühl, daß du mir nie wirklich zuhörst.« Dieser Satz wäre eine Basis für einen Dialog, aber nicht für einen Streit. Dicks Feststellung ist viel versöhnlicher als vorher, aber seine eigentliche Mitteilung lautet: »Deine Verstimmungen sind es, die eine Mauer zwischen uns errichten«, und damit versucht er erneut, sie über ihre eigene Person aufzuklären.

Die sexuelle Beziehung

Ich: Eine andere Frage: Welche Rolle hat sexuelle Zufriedenheit oder Unzufriedenheit bei alldem gespielt? War das Sexuelle ein sehr befriedigender Teil Ihres Zusammenlebens, oder gab es da auch Höhen und Tiefen?

Dick: Ich will versuchen, das zu beantworten. Ich glaube, das ist doch sehr wichtig. Ich denke, daß wir sehr wenig ... jedenfalls nicht so oft, wie Gail es möchte ..., und irgendwo liegt da eine Enttäuschung, an der keiner von uns die Schuld trägt. Ich habe Krampfadern, die bei zu häufigem oder zu heftigem Geschlechtsverkehr außerordentlich schmerzen, und irgendwie steht das immer dahinter. Als wir anfingen, miteinander zu schlafen, war ich ein paarmal ... impotent, ich ... hm ... ich konnte nicht, und das wirkte sich aus. Ich weiß nicht, was es war ... ich glaube, es waren viele verschiedene Zweifel und Ängste, sicherlich auch homosexuelle Ängste, ich war ja noch sehr jung, und ... hm ... vielleicht hatten auch die Drogen was damit zu tun. Es ist schwer zu sagen, aber fest steht, daß dies nach einer Weile kein Problem mehr war.

Gail: Ich weiß nicht genau, was es ist. Es gibt Zeiten, da habe ich überhaupt keinen Orgasmus mehr. Es ist sowieso schwierig, und wenn ich keine Befriedigung finde, dann liegt das nicht daran, daß Dick etwas tut oder nicht tut; es liegt an mir, aber ich bin noch nicht dahintergekommen, was es ist. Oft hab ich auch Angst vor einer Schwangerschaft. Ich darf die Pille nicht nehmen, aus medizinischen Gründen, und deshalb muß ich ein Pessar benutzen, aber das ist nicht hundertprozentig sicher, und Kinder will ich jetzt noch nicht. Es ist ein Problem.
Dick: Ich glaube, daß Gail mehr Sex braucht und sich wünscht als ich. Würdest du zugeben, daß das in etwa so ist? (Sie nickt) Wenn Gail sich nicht befriedigt fühlt, dann habe ich großes Mitgefühl, weil ich mich erinnere, wie mir zumute war, als ich nicht konnte ...
Gail: Ich spreche nicht gern für Dick, aber einige Male hatte ich das Gefühl, daß Dick sich von Frauen sexuell ausgenutzt vorkommt, und daß er ausgenutzt und übervorteilt worden ist. Und das macht mich auch etwas unsicher, weil ich nicht möchte, daß er denkt, ich sei eine von diesen Frauen, die ihn seiner Kraft berauben oder so ähnlich. Früher hat es mich verletzt, wenn ich zu ihm kam und er nichts von mir wissen wollte, aber heute ist das nicht mehr so schlimm.
Dick: Jetzt wird mir einiges klar. Ich glaube, du hast ganz recht.
Ich: Das sexuelle Zusammenleben ist offenbar nicht ganz das Ideale, aber mich beeindruckt, daß keiner von Ihnen dem anderen deshalb Vorwürfe macht. Was Sie beide sagen, zeigt, daß Sie sehr viel Verständnis und Mitgefühl füreinander haben.
Dick: Ich habe das Gefühl ... ich versuche wirklich, mich da einzufühlen. Ich glaube, daß sexuelle Schwierigkeiten ... ich habe sie einmal gehabt ... ich wünsche das wirklich niemand.
Ich: Daraus hätte leicht ein »Du verlangst zuviel« oder so ähnlich werden können, aber dazu ist es offenbar nie gekommen.
Gail: Doch, einmal. Erinnerst du dich noch, wie du furchtbar wütend auf mich wurdest und sagtest, ich sei nicht normal?
Dick: Hab ich das gesagt?
Gail: Ja, und das hat mich wirklich aus der Fassung gebracht.

Kommentar: Es ist interessant, diesen Dialog mit der vorigen Auseinandersetzung zu vergleichen. Hier übernimmt jeder der beiden die volle Verantwortung für seine Gefühle in bezug auf das Sexualleben, und keiner zeigt irgendeine Neigung, den anderen zu verurteilen. Dick und Gail haben Schwierigkeiten, aber sie verstehen einander in diesen Schwierigkeiten. Dick beschreibt seine Schmerzen und seine frühere Impotenz und das immer noch vorhandene vage Frustrationsgefühl als Elemente, die in ihm selbst liegen. Und Gail sagt: »Das liegt nicht daran, daß Dick etwas tut oder nicht tut; es liegt an mir.«

Dann spricht Gail erneut davon, wie Dick empfindet, aber diesmal ist das Resultat ein ganz anderes. Sie versucht sehr behutsam zu zeigen, daß sie Dicks tiefere Gefühle, sexuell ausgenutzt zu werden, versteht; Dick akzeptiert diese Feststellung und lernt gleichzeitig aus ihr.

Warum sind die beiden vorher voller Vorwürfe gewesen und jetzt mitfühlend und kommunikativ? Offengestanden, ich weiß es nicht, obwohl man verschiedene Hypothesen aufstellen könnte. Aber die völlig andere Einstellung, mit der sie sich im sexuellen Bereich begegnen, geben ihrer Beziehung eine Wendung zum Besseren. Ich kann ihnen nur wünschen, daß sich diese verständnisvolle Einstellung auch auf die anderen Bereiche überträgt.

Man kann sich leicht vorstellen, wie auch dieser Teil ihres Lebens zu einer Art Schlachtfeld hätte werden können, denn die möglichen Elemente einer Auseinandersetzung in diesem Bereich sind bereits unschwer auszumachen. Hier ein imaginärer Dialog, der leicht hätte Wirklichkeit werden können.

Dick: Du willst einfach zuviel Sex.
Gail: Das stimmt nicht. Aber du bist nicht besonders männlich.
Dick: Ich bin männlich genug. Das Problem ist, daß du nicht ganz normal bist.
Gail: Das ist nicht wahr, du bist lediglich ein Schwächling. (Und so weiter und so fort, ad infinitum.)

Die Zerstörung, die durch derartige Angriffe hätte bewirkt werden können, zeigt sich deutlich in Gails Feststellung, daß Dicks einmaliger Versuch, sie zu diagnostizieren und ihr sexuelles Verhalten anzuklagen, sie dann auch *wirklich* aus der Fassung brachte. Man stelle sich vor, was aus der Beziehung geworden wäre, wenn diese Auseinandersetzung ein bleibender Teil ihres Lebens geworden wäre.

Ein kurzer Blick in die Zukunft

Dick (zu Gail): Seit wir verheiratet sind, merke ich, daß du dich anders ausdrückst. Statt dich nur auf die eine Weise zu geben, nämlich deprimiert, bist du jetzt feindselig oder glücklich, wenn du glücklicher bist, dann bist du es auch wirklich. Ich bin in dieser Hinsicht optimistisch geworden, obwohl, mein Gott, es könnte in alle Richtungen weitergehen, aber in bezug auf dich und deine Gefühle bin ich optimistisch ...

Gail: Es strengt einen ziemlich an, nicht einfach bloß deprimiert zu sein, sondern das, was man fühlt, auch wirklich auszudrücken. Es ist sehr anstrengend. Mir kommt es vor wie das Training von Muskeln, die man bislang noch nie benutzt hat.

Kommentar: »Es könnte in alle Richtungen weitergehen.« Das könnte es sicher. Hier haben wir eine Ehe mit so vielen Schwierigkeiten, daß nur die entschlossenen und intelligenten Anstrengungen beider Partner eine dauerhafte Beziehung schaffen können. Ich glaube, das Gewicht der negativen Faktoren – die Unfähigkeit zur Kommunikation in den meisten Bereichen, die doch sehr unreifen Entscheidungsprozesse, die übernommenen Erwartungen in bezug auf die Rolle von Mann und Frau und ihre bisherige recht stürmische Beziehung – würde eher auf ein mögliches Scheitern der Beziehung schließen lassen.

Aber gleichzeitig sehe ich in drei positiven Elementen einen deutlichen Funken Hoffnung. Ihre Einstellung zum Sexualleben, einem der wichtigsten Aspekte der Ehe, ist voller Verständnis füreinander. Wenn sie diese Einstellungen nicht nur beibehalten, sondern ausbauen würden, dann würde das der Ehe zweifellos helfen.

Das zweite Element, das Anlaß zur Hoffnung gibt, liegt in den vorhin zitierten Feststellungen. Wenn Gail und Dick lernen, ihre Gefühle, so wie sie sie im Augenblick empfinden, noch genauer auszudrücken, dann besteht einiger Grund zum Optimismus. Zum Teil ist dieses Element in Gails Feststellung enthalten, daß eine wahre Beziehung überlegte und gezielte Anstrengungen erfordert. Ihre Chancen für ein Zusammenleben und ein gemeinsames Wachsen steigen in dem Maße, in dem sie zu einer sinnvollen Kommunikation ihrer komplexen Gefühle – der zärtlichen und liebenden wie der feindseligen und verletzten – gelangen.

Von dem dritten Element erfuhr ich nur durch Zufall. Nach dem Interview gingen die beiden zu einem unserer gemeinsamen Bekannten, der mir später erzählte, daß sie von diesem Erlebnis hellauf begeistert waren. Jemand hatte ihnen wirklich zugehört, und davon hatten sie eine Menge profitiert. Leider beweist dies in erster Linie, daß nur sehr wenige Menschen das Gefühl haben, jemals angehört worden zu sein, denn das Interview diente ausschließlich dem Sammeln von Informationen und keinem therapeutischen Zweck (obwohl ich gelegentlich dem Wunsch, zu helfen, nicht widerstehen konnte). Es zeigt aber auch, wie stark die beiden auf eine Eheberatung reagieren würden, wenn diese unentgeltlich wäre (denn sie haben kein Geld), wenn der Berater verständnisvoll, einfühlungsfähig und vorurteilsfrei vorginge – und wenn sie die Erfahrung *jetzt* machen könnten, bevor ihre Beziehung zerstört ist. Ich bedauere es sehr, daß unsere Kultur diese Art Hilfe nicht zu bieten hat und daß nur eine geringe Anzahl von Beratern die Einstellung haben, die Dick und Gail helfen würde. So bleibt uns nichts anderes, als ihnen für ihre höchst unsichere Ehe Glück zu wünschen, die, so seltsam es klingt, möglicherweise weniger dauerhaft sein wird als ihr früheres ungebundenes Zusammenleben.

3.

Eine Ehe von heute

Roy und Sylvia, ein junges Paar Anfang Dreißig, kenne ich seit zehn Jahren, und vor etwa sieben Jahren hatten wir eine Zeitlang engere Kontakte miteinander. Ich fand es erstaunlich, wie die beiden versuchten, aus allen interpersonellen Beziehungen, einschließlich ihrer Ehe, eine kreative und wachsende Erfahrung zu machen. In jener Zeit verliebte sich Roy in Emily, die junge und sehr kindliche Frau eines anderen Mannes, was Sylvia verständlicherweise ziemlich aus der Fassung brachte. Aber statt sich Eifersuchtsszenen zu machen oder sich scheiden zu lassen, waren die beiden imstande, offen über ihre Gefühle zu sprechen und zu einer Art neuem gegenseitigem Verständnis zu gelangen. Der Ehemann »der anderen Frau« hatte von der Affäre Wind bekommen und war *sehr* wütend – auf seine Frau, aber vor allem auf Roy. Roy strebte sogar an, daß sich alle vier zusammensetzen und über ihre Gefühle sprechen sollten, aber leider wurde aus diesem Versuch einer Vierer-Kommunikation nichts.

Bei den Gesprächen zwischen Roy und Sylvia und Emily wurde allen dreien klar, daß Roy eine tiefe Zuneigung zu Emily hegte, daß es aber keinen Grund gab, weshalb dies die beiden Ehen zerstören sollte. Es schien völlig natürlich, daß ein Mann oder eine Frau gelegentlich für mehr als nur eine Person Liebe oder Zuneigung empfand. Kurze Zeit später zogen Roy und Sylvia in eine andere Stadt, und deshalb läßt sich nicht sagen, ob diese komplexe Beziehung von Dauer hätte sein können.

Ich glaube, Sie werden verstehen, warum ich an Roy und Sylvia auf der anderen Seite des Kontinents schrieb: in der Hoffnung, sie würden aus ihren Erfahrungen etwas zu meinen Überlegungen über die Beziehungen zwischen Mann und Frau beitragen. Die beiden berichteten mir lediglich über ihre derzeitige Beziehung, aber mir scheint ihr Bericht deshalb nicht weniger wertvoll.

Ein Grund für die Wiedergabe dieses Materials ist, daß Roy und Sylvia im dritten Jahr ihrer Ehe dahin gelangt waren, ihre Gefühle und Gedanken in einem Maße offen auszudrücken und mitzuteilen, wie man es sonst kaum findet. Roy hatte Erfahrungen mit Encountergruppen gesammelt und war ein Jahr lang bei einem fähigen Psychologen in Therapie gewesen. Vielleicht erklären diese Faktoren zum Teil die ungewöhnliche Offenheit ihrer Beziehung. Ich weiß es nicht.

Ich weiß auch nicht, ob ihre Ehe letztlich »erfolgreich« sein wird. Aber ganz sicher ist ihre Ehe von einem Reichtum, wie er vor fünfzig Jahren noch unfaßbar gewesen wäre. Sie versuchen offen zu sein, ihre Gefühle zu erkennen und zu teilen, und sie arbeiten an ihrer Beziehung, anstatt sich gegenseitig zu attackieren oder über Probleme hinwegzugehen. Sie sind in meinen Augen Pioniere auf dem Gebiet der Ehe, einem Lebensbereich, der für uns alle von größter Bedeutung ist. Ich bin mir nicht schlüssig, ob Sie diese Beziehung ideal finden oder sich von ihr abgestoßen fühlen werden, ich meine jedoch, daß Sie in jedem Fall aus ihr etwas lernen können. Von hier an lasse ich die beiden für sich selbst sprechen und werde nur gelegentlich einen Kommentar dazu geben.

Die Beziehung

Ich möchte mit einigen von Roys Notizen beginnen, die häufig sehr knapp gehalten, aber ungemein aufschlußreich sind.

> In unserer Ehe hat es immer Bewegung und Entwicklung gegeben, aber nie so stark wie in den letzten beiden Jahren – Umzug von einer Kleinstadt in eine Großstadt, beide Kinder in der Schule, Frauenrechtsbewegung, sexuelle Befreiung innerhalb der Jugend – all das hatte ungeheure Bedeutung. Mit zunehmendem Alter der Kinder begann Sylvia immer mehr ihre Identität zu suchen. Ich habe das sehr unterstützt. Ich wollte eine anregende Beziehung zwischen Gleichen. Wir sprachen immer häufiger miteinander, erforschten unsere gegenseitigen Wünsche – ich erfuhr, was und wie sie über sich dachte und was sie werden wollte. Das war gut. Jetzt macht sie das gleiche mit mir. Es ist wunderbar, jemand zu haben, der einem hilft, über sich selbst klarzuwerden.
>
> Wir benutzen Worte, um uns näherzukommen. Wir sind übereingekommen, daß jeder von uns sich bemüht, dem anderen gegenüber völlig offen zu sein – ich versuche besonders die Dinge mitzuteilen, die ich eigentlich für mich behalten möchte, weil sie uns gewöhnlich daran hindern, einander wirklich nah zu sein und zusammen zu wachsen. Wenn ich zum Beispiel zornig bin oder eifersüchtig oder mich von einer anderen Frau angezogen fühle und das vor ihr verberge, aber immer mit mir herumtrage, dann entfremdet uns das mit der Zeit. Ich finde, wenn ich etwas verberge, dann errichte ich mit der Zeit eine Mauer zwischen uns.
>
> Höhen und Tiefen liegen in Zeiten der Veränderung unserer Beziehung dicht beieinander. Die Tiefen, das sind Ängste – die Angst,

sich lächerlich zu machen, als kindisch, impotent oder langweilig bezeichnet zu werden, sei es von ihr oder von Freunden. Diese Angst ist besonders stark, wenn ich mich von ihr abgeschnitten fühle – ihre spontane Zuneigung vermisse – und weiß, daß sie ihre Welt erweitert, durch Kontakte mit anderen Männern. Diese Ängste können eine Stunde oder einen Tag lang sehr intensiv sein und am nächsten verschwinden, wenn wir die Mauer durchbrechen und uns einander nähern – meine Ängste teilen – alles aussprechen, jede Nuance – wie sehen ihre anderen Beziehungen wirklich aus? Bin ich etwas Besonderes? Inwiefern? Sind andere etwas Besonderes? Warum? Den intimsten Winkel meines Denkens zu zeigen – alles zu riskieren –, das war bedenklich für mich. Besonders meine Ängste mitzuteilen, so »kindisch« oder »unreif« sie mir auch erscheinen mochten. Immer wieder sagen – erst zu mir selbst, dann zu ihr: »Das bin ich!« Und diese Gefühle ändern sich vielleicht nie. Wenn du mich willst, mußt du diese Ängste wollen. Ich bin verwundbar. Deine engen Beziehungen zu anderen Männern sind eine Bedrohung für mich. Ich würde sagen, es dauerte fast ein Jahr, bis ich mich frei genug fühlte, um diese Ängste auszusprechen, wenn sie mich überkamen. Zuerst mußte ich mich bewußt dazu zwingen, diese Ängste mitzuteilen – offen zu sein, so verwundbar und ängstlich ich mich auch fühlte.

Sylvia beginnt ihre Mitteilung mit einer kurzen, aber signifikanten Feststellung:

> Ich glaube, ich habe darauf gewartet, daß ich schreiben kann: »Und seither leben wir glücklich und zufrieden«. Das wird nie der Fall sein. Ich habe etwas gelernt. Es hat lange gedauert, bis ich die Worte fand. Aber es hat mir gutgetan.

Und hier etwas über die Art der Beziehung, wie Sylvia sie bei einem bestimmten Anlaß sah:

> Wir verbrachten ein Wochenende zusammen am Strand, bevor Roy für eine Woche wegging. Die Reise hing mit einer großen Verantwortung zusammen, und Roy hatte das Wochenende über alles mögliche im Kopf. Das Folgende schrieb ich ihm am Montagmorgen, nachdem er abgefahren war:
>
> Du fehlst mir
>
> Ich denke an unser Wochenende am Strand
> Einiges war schön

Der herrliche Platz – wir gehen einmal hin
Irgendwann

Aber meist waren wir allein
Ich war einsam
Du warst einsam
Und wir waren allein

Du hast auf mich gewartet
Ich wartete auf dich

Und

Ich wartete, daß ich Lust bekam, zu dir zu kommen
Und die Zeit verrann
Die Zeit verrann

Jetzt bist du fort
Ich hätte dich stark machen können
Ich hätte dich lieben können
Herrlich, so die Woche zu beginnen

Aber ich wartete, daß ich Lust bekam
Und die Zeit verrann ...

Später sagte sie zu ihm:

Ich war eifersüchtig auf deine Reise, auf deinen aufregenden Job. Ich wünschte mir auch einen Blitzausflug, irgendwohin, ich wollte auch etwas Aufregendes für mich. Kann ich zu dir kommen, um dir etwas zu geben – wenn ich so wütend bin? Ich konnte es nicht.
Du fühltest dich schuldig, weil du die kommende Woche nicht vergessen konntest – du warst nicht wirklich frei. So viel Verantwortung lastete auf dir. Und wie kann ein Mensch einem anderen etwas geben, wenn er belastet ist mit Schuldgefühlen und Sorgen um bevorstehende Verantwortung?
Wir hätten gleich darüber reden können, aber wir merkten damals nicht, was los war. Dennoch lohnte es sich, auch später noch darüber zu sprechen.

Reaktionen auf sexuelle Befreiung

Sie experimentieren damit, einander im sexuellen Bereich völlige Freiheit zu lassen. Es überrascht nicht, daß dies zu Spannungen führte. Sylvia erzählt, wie es begann:

Roy und ich waren seit zehn Jahren verheiratet – wir dachten, wir kennen einander. Ich hatte nie einen Orgasmus – und ich nahm an, daran sei nichts zu ändern. Roy dachte das gleiche, aber wir sprachen nie viel darüber. Wir konnten über alles sprechen, nur nicht über sexuelle Dinge. Dann verliebte ich mich ernsthaft in einen anderen Mann und hatte Lust, mit ihm zu schlafen – obwohl ich nicht sehr oft Lust habe, mit Roy zu schlafen. Ich konnte mir nicht vorstellen, daß ich mit Roy darüber wirklich reden könnte. Ich hatte Angst, ihn zu sehr zu verletzen – Angst, daß er nur das eine hörte: »Du befriedigst mich nicht«. Aber schließlich sprachen wir doch darüber. Zuerst war es schrecklich – er war verletzt und fühlte sich elend. Das war schmerzlich – ich meine, zu wissen, daß man selbst die Ursache war. Aber das neue Leben, das sich in mir entfaltete, gefiel ihm. Das muß etwas Gutes sein! Ich wollte dieses neue Leben für mich und für uns beide. Er auch. Für mich war es wichtig, zu wissen, daß »daran *doch* etwas zu ändern war«, und für Roy war es aufregend, seine Frau ganz anders zu sehen. Roy sagte: »Wenn du wirklich mit ihm schläfst, dann mußt du es mir sagen – wir beide müssen wissen, wo der andere steht.«
Eines Tages geschah es – und ich erzählte es ihm. Es war riskant. Es bestand die Gefahr, daß ich bei Roy nie etwas anderes empfinden würde – daß ich mit ihm immer unbefriedigt bleiben würde, und das konnte das Ende unserer Ehe sein. Das wäre tragisch gewesen. Roy und ich führen im Grunde eine gute Ehe – wir haben zwei Kinder, wir leben gerne zusammen, wir lieben uns. Aber irgendwie schien mir, als müßte ich es tun. Ich mußte diesen Teil meiner selbst zum Leben erwecken – zumal seit ich wußte, daß es ihn gab. Ich dachte, wenn dieser Teil tief in mir frei war und geöffnet, dann könnte ich auch dies mit Roy teilen, mit dem Mann, der mir immer noch am meisten bedeutet. Manchmal geschieht das jetzt auch. Manchmal erleben Roy und ich mit unseren Körpern Dinge, die wir nie für möglich gehalten hätten. Ich hatte immer angenommen, daß es zwischen zwei Menschen »einfach geschehen« sollte. Wenn nicht, dann konnte ich selbst nichts weiter dafür tun – das leuchtete mir jetzt nicht mehr ein. Und außerdem war ich in letzter Zeit verärgert. Warum sollte ich Anstrengungen unternehmen, um gegenüber Roy sexuell frei zu werden, wenn ich das alles bei einem anderen ganz einfach *fühlte?* Das war eine gute Frage, und die Antwort wurde mir sehr bald klar: »Weil ich mit meinem Mann verheiratet bleiben will – und weil ich das mit ihm und bei ihm empfinden will.« Damit war ein Wendepunkt erreicht.

Hier nun einige Bemerkungen, die Roy zu dem gleichen Problem machte.

> Die wahrscheinlich einzig wirklich schwierige Veränderung bestand für mich darin, mich mit Sylvias Freunden abzufinden – ständig verglich ich mich mit ihnen und bangte darum, Sylvia zu verlieren. Ich sah sie physisch geweckt und bestätigt durch andere – ich selbst fühlte mich immer weniger imstande, sie zu erregen. Ich hatte Angst, war verletzt, und sie ärgerte sich, daß sie die ganzen Jahre mit den Kindern eingesperrt, von den Eltern sexuell unterdrückt und von mir nur sporadisch befriedigt worden war. Es sind jetzt anderthalb Jahre her, seit sie eine neue Freiheit gefordert und sie sich auch genommen hat – und was sie mir vor ungefähr sechs Monaten sagte, leuchtet mir ein. Sie sagte, sie fühle sich von anderen Männern wirklich bestätigt, weil diese Männer sie nicht bestätigen *mußten* – sie hatten freie Wahl, bei ihr zu sein oder nicht. Ich dagegen hatte ein Interesse daran, daß unsere Ehe funktionierte, und deshalb war es für sie schwieriger, an ihre Bestätigung durch mich zu glauben. Ich stellte fest, daß ich genauso empfand. Ihre Freundschaften mit anderen Männern und ihre Feststellungen, was sie an ihnen mochte oder nicht mochte, führten sie zur Erkenntnis dessen, was sie an mir mochte, und erst damit begann sie mich zu bestätigen, zu entdecken, was an mir einmalig war, und nach und nach konnte ich ihr das auch glauben, weil ihr Urteil auf Erfahrung beruhte.
>
> Meine Hemmungen in bezug auf andere Frauen – wenn ich das genau verarbeiten will – brauchte ich, um ihr die volle Freiheit erlauben zu können – um ihr Bedürfnis nach anderen Beziehungen zu verstehen, indem ich mein eigenes Verlangen nach anderen Beziehungen erlebte. Und meine Einmaligkeit für sie verstehe, indem ich ihre Einmaligkeit für mich erprobe – durch das Anknüpfen von Beziehungen zu anderen Frauen. Meine Angst, daß die Liebe zu einem anderen Mann sie verzehren könnte (eine Angst, die besonders groß ist, wenn wir einander nicht ganz offen und frei begegnen), in Beziehung zu meiner Angst sehen, daß ich selbst von einer anderen Frau verzehrt werden könnte, was unsere Ehe bedrohen würde.
>
> Ich kann ihr nicht zugestehen, bei anderen Männern das zu sein, was sie fühlt, um festzustellen, wo unsere Grenzen liegen, ohne mich selbst bei anderen Frauen mit Freiheit aufzuladen und die Bedeutung unserer Ehe neu zu überprüfen, indem ich mich für sie nicht aufgrund einer hemmenden Einschränkung, sondern für sie als eine unter mehreren Beziehungen entscheide.

Es stört mich nicht mehr, daß sie enge Beziehungen zu anderen Männern hat – vor einem Jahr machte es mich halb verrückt. Heute habe ich das Gefühl, daß es mich freigemacht hat. Ich bin nicht mehr alles für sie. Ich kann andere Dinge tun und andere Beziehungen eingehen, ohne Schuldgefühle zu haben, daß ich sie allein lasse. Ich bin in der Tat überzeugt, daß wir irgendwann den Punkt erreichen, an dem wir mit anderen schlafen können, ohne einander zu bedrohen. Es wird ganz davon abhängen, wie stark wir einander gegenüber sind. Wenn sie von einem anderen kam, reichten meine Reaktionen von extremer Angst und Unsicherheit bis zu kurzer Wut. Wenn es uns gelingt, die Stunden in Erinnerung zu bewahren, in denen wir miteinander glücklich waren, dann werden wir auch, glaube ich, mit sexueller Freiheit außerhalb unserer Beziehung fertig.

Neulich sagte ich zu ihr: »Ich habe es einfach satt, Angst zu haben und eifersüchtig zu sein und daran zu denken, was du mit ihm machst – heute möchte ich diese Gefühle einfach ausspucken, sie loswerden und sagen: »Wenn wir zusammen sind – großartig! Wir teilen alles, und wir wachsen. Und wenn wir nicht zusammen sind, dann sind wir frei und können uns an anderen erfreuen, wer auch immer das sein mag.«

Ihre sexuelle Beziehung

Natur und Eigenart ihrer sexuellen Beziehung geht, glaube ich, deutlich aus einigen kurzen Bemerkungen der beiden hervor.

Roy berichtet:

Wir sind seit etwas mehr als zehn Jahren verheiratet, und unsere sexuelle Beziehung fängt gerade erst an, wirklich gut zu werden. Unsere gegenseitige Offenheit war mehr verbal als physisch. Wir kamen beide aus Familien, in denen das Sexuelle mehr oder weniger tabu war. In den vergangenen Jahren gab es immer mal Zeiten, in denen es gutging, aber erst in letzter Zeit empfinden wir echte Freude an unseren Körpern. Seit kurzem führen wir herrlich aufregende Gespräche, wenn wir abends essen gehen – in schummrigen Lokalen – und darüber reden, wie es war, als wir in der Nacht davor miteinander schliefen – das ist wirklich sehr gut.

Sich mit Worten näherkommen, ist nicht schlecht, aber Worte stellen sich einem auch in den Weg. Neulich unterhielten wir uns morgens – wir hatten seit einiger Zeit keine sinnlichen Gefühle füreinander empfunden –, wir sprachen also, und dann brach ich ab, ging zu ihr und blickte in ihre Augen, erforschte ihr Gesicht mit meinen Augen. Zuerst war es schwer – keine Worte, einfach nur sehen und berühren. Wir begannen uns einfach zu berühren und die Berührung des anderen zu fühlen und uns in einer Weise zu öffnen, wie es Worte nie zustande bringen.

Körperlich einander nah sein – berühren, riechen, sich streicheln, den anderen mit Augen und Händen von Kopf bis Fuß erforschen, ohne darauf zu warten, daß irgend etwas geschieht – ich glaube, Masters und Johnson haben recht, das ist die Voraussetzung für sexuelle Empfänglichkeit.

Sylvia berichtet über den gleichen Morgen:

Eines Morgens ging Roy nicht zur Arbeit, und wir frühstückten im Wohnzimmer. Die Kinder waren in der Schule. Er blickte mir in die Augen. Er sagte nichts. Er sah mich einfach bloß an. Es war ungemein wirkungsvoll. Und neu. Ich fühlte mich sogar ein wenig unbehaglich – aber es gefiel mir. Dann berührte er meine Hand ganz leicht mit einem einzelnen Finger und streichelte sie. Ich spürte den Finger. Es war fast, als berührte er mich zum erstenmal.

Sylvia berichtet weiter:

Wir begannen alles mögliche über Sex zu lesen. Das zweite Buch von Masters und Johnson gefiel uns sehr. Ich kaufte sogar die *Sensuous Woman.* Das war für mich etwas ganz Neues. Ich weiß nicht, wer das Buch mit größerem Genuß las – Roy oder ich –, aber er freute sich, daß ich es überhaupt gekauft hatte. Es war ein neues Leben, eine neue Sylvia, ein neues *Wir.* Wir gingen in einen Sexfilm und fanden es herrlich – wir freuten uns gemeinsam.

Ich begann mehr über meine Familie und meine Jugend zu Hause zu erzählen – besonders über meinen Vater –, und ich stellte fest, wie wütend ich war, daß dieser liebenswürdige, grauhaarige alte Mann mir nie und in keiner Weise gezeigt hatte, was es heißt, eine Frau zu werden. Meine Eltern waren in sexuellen Dingen verklemmt, und das hatte ich assimiliert – ich glaube, darüber ärgerte ich mich immer noch. (Ich weiß natürlich, daß die Menschen nur Dinge lehren und zeigen können, über die sie selbst Bescheid wissen.)

Jedenfalls geschah in der Nacht, nachdem ich all das einmal ausgesprochen hatte, etwas Phantastisches. Roy und ich schliefen miteinander, und plötzlich überfluteten Wellen meinen Körper – zum erstenmal. Der Orgasmus schien ohne Ende. Ich wußte nicht, was mit mir geschah, und ich ließ es einfach geschehen. Ich bin seither ein anderer Mensch. Ich wollte, ich könnte es jeden Tag geschehen lassen, aber das kann ich nicht. Ich glaube, es dauert eine Weile, bis ich mich an diese neuen Möglichkeiten des Seins angeglichen habe. Aber ich weiß, daß es mit Roy und mir geschehen kann, und das will ich fördern – ich will alles tun, was ich kann, damit es wieder geschieht.

Hier ein Brief von Sylvia an Roy über eine schwierige Periode:

Ich denke darüber nach, wie es war, als ich nicht mit dir schlafen wollte – meistens ergaben sich daraus ungute Szenen. Ich bin zu verkrampft und habe Schuldgefühle. Aber wie kann ich etwas geben, wenn ich mich so fühle? Dann kam mir eines Tages eine vage Idee – ich hatte keine Lust, aber ich wollte etwas für dich tun, wollte, daß du dich wohl fühlst. Ich zündete ein paar Kerzen an und legte eine Platte auf, die wir beide lieben. Ich sagte: »Dreh dich um« und massierte dir den Rücken, streichelte dich und ließ mein langes Haar über deinen nackten Körper gleiten. Ich legte meine Backe auf deinen Rücken – meine Nase, mein Ohr, meine Lippen. Ich massierte deine verkrampften Nackenmuskeln, und keine Schuldgefühle hemmten mich. Dir war eine freiwillige und liebevolle Massage lieber, als mit einem Körper zu schlafen, der ohne Seele war. Natürlich läßt sich ein Mann nicht immer mit einer Tasse Tee (selbst mit Honig und Zitrone) zufriedenstellen, wenn er mit einer Frau schlafen will. Aber manchmal geschieht etwas Seltsames, wenn ich mich frei fühle, das zu geben, was ich im Augenblick geben will – es entspannt mich, öffnet mich und gibt mir wieder das Gefühl, ein menschliches Wesen zu sein! Und wer weiß, was dann geschehen kann?

Eine kritische Phase

Roy hatte einen Brief an Sylvia beigelegt, der ein Jahr älter war als das übrige, hier veröffentlichte Material. Dieser Brief zeigt deutlich, daß eine Ehe wie diese nie »stabil« ist; beständig ist sie nur als fortlaufender Wandlungsprozeß.

Ich habe das Gefühl, wir stehen vor einem Bruch. Jeder von uns versucht, sich zu behaupten – verlangt Befriedigung seiner Bedürf-

nisse. Mein Bedürfnis, verletzbar zu sein und dieses Ich zu akzeptieren und gutzuheißen, scheint deinem Ärger über Impotenz Nahrung zu geben – du empfindest das einfach als Schwäche. Steht das in Beziehung zur Schwäche deines Vaters, zu mir in der Vergangenheit oder zu was? Es ist ein erotisches Abschalten.
Wir könnten uns trennen und sagen: »Gut, vieles verbindet uns, aber was die Sinnlichkeit betrifft – Sex – Erotik – in diesem Punkt sind unsere Kindheitserinnerungen und unsere Erziehung zu viel für uns – besser, wir sehen das, wie es ist, und versuchen es mit einem anderen.«
Oder wir nehmen die Gelegenheit wahr und schaffen neue Bedeutungen, neue Erinnerungen (kann das Zuhause erotisch sein? Ich glaube ja). Laß uns jemand suchen, der uns dabei hilft. Es allein zu versuchen, dauert, glaube ich, zu lange.
Wir haben uns häufig geändert – sexuell und in anderer Hinsicht –, aber wenn plötzlich eine Krise kommt, dann erwarten wir sofort das Schlimmste – wir interpretieren zuviel in die Signale hinein, statt sie erst einmal genau zu überprüfen.

Ein paar Monate später drückt Roy seine Gefühle in einem kurzen Gedicht aus:

Wenn die Liebkosung fehlt
Bin ich hier nicht zu Hause
Meine Basis ist zerstört
Das Gemeinsame verloren.

Einige Ziele – und ein paar tiefe Gedanken

In Roys Aufzeichnungen finden sich allenthalben wichtige Äußerungen im Hinblick auf die Zukunft der Beziehung.

Die Tatsache, daß wir zehn Jahre lang zusammengelebt haben, hat großen Einfluß – unsere Erwartungen sind eingeschränkt, jeder sieht im anderen das alte Bild, aber auch dieses: gemeinsame Erinnerungen, was zieht uns zu dem anderen hin, was lieben wir an seinem Körper und was nicht, wieweit sind wir unseren Eltern ähnlich und doch ganz anders – tausend Fragen, denen wir nachgehen, während wir versuchen, zu wachsen und einander zu befreien und eine neue Beziehung zueinander zu finden; das hört nie auf.
Gleichheit wird mit der Zeit langweilig und die Langeweile immer

weniger erträglich. Veränderung wird die Regel, ist nicht die Ausnahme. Immer wieder gemeinsam neue Dinge zu tun, ist in der Tat so anregend, daß das Alte langweilig wird. Zum Beispiel haben wir festgestellt, daß das Zusammensein an einem anderen Ort und zu einer anderen Zeit, das Beieinandersein in neuen Situationen unserer Wahrnehmung voneinander neue Dimensionen eröffnet – ach was, das ist alles viel zu abstrakt: wir verstellen die Möbel, ändern das Schlafzimmer, sind morgens länger zusammen – gehen mittags zusammen essen. – Wenn wir immer am gleichen Ort und zur gleichen Zeit zusammen sind, besteht die Gefahr, daß unsere Wahrnehmungen und Reaktionen erstarren.
Zuwenig Veränderung oder Abwechslung tötet den Sex. Langeweile ist weder sinnlich noch erotisch. Wir werden nie mehr zufrieden sein mit etwas anderem als einer sozusagen lebenswichtigen Beziehung zueinander, die die ganze Familie durchdringt. Unsere Erwartungen sind anders und größer geworden.
Es gibt offenbar nichts, was gemeinsam verbrachte Zeit ersetzen könnte, entspannt, den Augenblick genießend, ohne den Druck noch ausstehender Arbeit, die gleichen Erlebnisse – Musik, Kino, Tanzen –, unsere Gefühle, Wünsche, Träume erforschen.
Gemeinsames Wachsen. Unsere Vorstellungen von der Familie, die wir sein wollen, miteinander teilen – das ist entscheidend. Ich möchte, daß wir zwei gleich wichtige Personen sind und die Welt schaffen, so wie sie für uns einen Wert hat, von der wir aus Erfahrung wissen, daß wir sie so und nicht anders haben wollen – und immer wieder die gemeinsamen und individuellen Wünsche und Werte erforschen und versuchen, Teile dieser Vorstellungen zu verwirklichen. Ich möchte, daß jeder von uns seine eigene Welt hat und darüber hinaus die Gemeinsamkeit mit dem anderen – daß wir aufgrund dieses Gemeinsamen zusammenkommen und nicht zusammenbleiben, weil irgendwelche Gesetze eine Trennung schwermachen. Ich fühle mich sicher und bestätigt, wenn ich weiß, daß sie sich frei fühlt, zu einem anderen zu gehen, und dennoch beschließt, bei mir zu sein.
Aber das alles bedeutet Arbeit. Ich kann nicht immer aus dem momentanen Gefühl heraus beschließen, heute bei dieser und morgen bei jener zu sein. Das Wechseln von einer Beziehung zur anderen führt nie zu tieferen Gefühlen. Diese Tiefe läßt sich nur erreichen, wenn man auch an den schmerzlichsten Gefühlen arbeitet – an den Gefühlen, die ich am liebsten meiden würde.

Sylvia drückt auf ihre Weise eine sehr ähnliche Einstellung aus:

Mir scheint ein wichtiger Teil unserer Geschichte zu sein, daß Roy und ich versuchen, einen Rahmen auszuarbeiten, innerhalb dessen wir uns bewegen und versuchen, ehrlich zueinander zu sein. Wir vertrauen einander. Wir sorgen füreinander und kümmern uns um die Wünsche des anderen. Wir wollen, daß der andere wächst – aber wir sind auch nur Menschen, wir haben unsere Grenzen. Diese Grenzen müssen wir dem anderen klarmachen – oder versuchen festzustellen, wo sie liegen.

Die wechselnde Beschaffenheit der Beziehung

Beide stellen mehrfach klar, daß ihre Ehe eine ständig wechselnde, niemals statische Beziehung ist, aber Sylvia macht das, glaube ich, besonders deutlich, indem sie darauf hinweist, wie wichtig es für sie ist, daß sie ein erfülltes, abwechslungsreiches Leben leben. So schreibt sie einmal: »Wir haben schließlich geheiratet, um zusammen zu *leben*, nicht weil wir zusammen Rechnungen bezahlen und tropfende Wasserhähne reparieren wollten«. Kein Wunder, daß ihre Ehe immer noch funktioniert.

Sylvia fährt fort:

Ungefähr vor drei Jahren – als ich dreißig wurde – begannen in unserer Ehe neue Dinge zu geschehen. Wir merkten, wie wichtig es ist, daß man sich gemeinsam an etwas erfreut. Roy spielte Golf – ich nicht –, aber wir beschlossen, es mit Tennis zu versuchen. Wir gaben uns echte Mühe – vier- oder fünfmal spielten wir in der Woche. Mir fiel es sehr schwer, mit dreißig noch ein Anfänger zu sein, aber Roy hatte viel Geduld, und zuletzt zeigte sich, daß es sich gelohnt hatte. Jetzt haben wir manchmal schon eine Salve schöner, flacher Ballwechsel – und das ist herrlich. Man spürt, daß man lebt. Wir kauften uns Fahrräder und Campingsachen und begannen – als Familie oder nur wir zwei – die Umgebung zu erforschen. Wir finden es wichtig, daß wir auch einmal ohne die Kinder etwas unternehmen. Ein Vormittag zu Hause – unsere beiden Kinder gehen schon zur Schule –, das ist etwas Herrliches. Oder wir gehen irgendwohin frühstücken.

Manchmal fahre ich in die Stadt und hole Roy von der Arbeit ab und gehe mit ihm auf einen Drink in eine Bar. Warum nicht? Und gelegentlich gehen wir mittwochs aus und bleiben samstags zu Hause. Man gerät so leicht in ausgefahrene Gleise. Manchmal essen wir beide spät zu Abend, mit Kerzen und Wein und einem besonderen Gericht. Oder wir machen uns eine Pizza oder probieren gemeinsam ein neues Rezept aus. Ein paarmal sind wir spät abends spazierengegangen – das ist schön. Manchmal schreibe ich ihm einen Brief – wenn ich zu Hause bin. Das Beste in der letzten Zeit war ein Sexfilm, den wir uns zusammen angesehen haben. Es ist gut, auch so etwas teilen zu können.

Wir hören gern Musik, kaufen Platten und hören sie gemeinsam an. Musik, Kerzenlicht und Massagen können einen wunderbaren Abend schaffen. Wir geben ungefähr fünf Prozent unseres Budgets für Unterhaltung und Erholung aus. Früher dachte ich häufig, das sei zuviel, aber wenn Babysitter und neue Erfahrungen uns helfen, in Fühlung miteinander zu bleiben, dann ist das jeden Pfennig wert. Von Zeit zu Zeit versuchen wir, diese Ausgaben etwas einzuschränken – wir sehen uns im Fernsehen eine Show an, kaufen ein französisches Brot und ein paar duftende Käse . . .

Kommentar: Als Junge las ich am liebsten Geschichten über die frühen Pioniere in Nordamerika, die Jäger und Trapper, die in die »unwegsame Wildnis« zogen, die Appalachen überstiegen, ihr Leben aufs Spiel setzten und den Gefahren die Stirn boten, den nachfolgenden Siedlern weit voraus, die später in Hütten wohnen sollten. Das gleiche Gefühl der Erregung überkommt mich, wenn ich Roys und Sylvias ehrliche Äußerungen über ihre Ehe lese. Sie sind in genau derselben Weise Pioniere, die die Weite der Beziehung zwischen Mann und Frau erforschen. Die Gefahren, die sie auf sich nehmen, sind ebenso real wie die Risiken, die Daniel Boone einging. Sie hausen mit der Unsicherheit und manchmal mit Angst und Zweifel. So wie es den Trapper und Jäger immer weiter in unbekanntes Gebiet zog, so erforschen diese beiden unablässig die Terra incognita einer modernen Ehe. Ich weiß nicht, ob ihre Anstrengungen zum Erfolg führen – wer könnte das auch wissen? –, aber vor der Entschlossenheit, mit der sie neue Pfade in der Wildnis menschlicher Beziehungen suchen, habe ich größten Respekt. Sie haben viele konventionelle Vorschriften und Regeln, »wie eine Ehe sein sollte«, gebrochen und versuchen ein neues Modell für die Beziehung zwischen Mann und Frau zu errichten. Dieses Modell ist aufgebaut auf ständig wachsender Selbsterkenntnis; auf dem vollständigen Teilen selbst der schmerzlichsten und beschämendsten persönlichen Gefühle; auf der Freiheit für jeden, zu wachsen und sich gemeinsam oder getrennt weiterzuentwickeln; auf einer realen gegenseitigen Verpflichtung; und auf einer sich verändernden Verbindung, die keinerlei Garantie gewährt, außer der weiterer Veränderungen.

Ich finde es besonders interessant, diese Ehe mit der von Dick und Gail zu vergleichen. Letztere sind zehn Jahre jünger und haben sechs Jahre weniger zusammengelebt. Dennoch gibt es eine Reihe von Problemen, mit denen sich die Partner beider Ehen konfrontiert sehen, und die Beschreibungen ihrer jeweils unterschiedlichen Reaktionen erweisen sich vielleicht als instruktiv.

Schwierigkeiten in den sexuellen Beziehungen

Beide Paare hatten es nicht leicht, zu einer befriedigenden sexuellen Beziehung zu gelangen. Dick war zeitweise impotent. Gail wünscht sich mehr Sex, als sie zusammen haben, und kommt nicht immer zu einem Orgasmus. Beide haben das vage Gefühl, daß mit ihrer sexuellen Erfahrung irgend etwas nicht stimmt. Roy hat sich sexuell minderwertig und unzulänglich gefühlt, und Sylvia hatte sich damit abgefunden, daß sie zu einem Orgasmus außerstande war.

In dieser Hinsicht zeigen die beiden Paare viele Parallelen. Sylvia kann nicht gut über ihre Unfähigkeit, den Höhepunkt zu erreichen, reden. Dick erwähnt seine gelegentliche Unfähigkeit nur am Rande. Der Hauptunterschied liegt darin, daß Roy und Sylvia jetzt das Risiko eingehen und offen und frei über jede Einzelheit ihrer sexuellen Gefühle sprechen. Für Dick und Gail ist diese Art der Kommunikation immer noch ein großes Problem. Aber in beiden Ehen bemühen sich die Partner um Verständnis und Mitgefühl für den anderen.

Sex mit anderen

Sowohl Dick während seiner vorehelichen Beziehung zu Gail als auch Sylvia in ihrer Ehe wünschten und praktizierten sexuelle Beziehungen mit einem anderen Partner. Aber die Art und Weise, wie sie an dieses unter Umständen schmerzliche und schwierige Experiment herangingen, ist bei beiden sehr unterschiedlich.

Bei Dick kommt es zu einigen unklaren negativen Reaktionen gegenüber Gail bezüglich seiner anderweitigen Beziehungen, er sagt dann »Aber ich liebe dich« und geht davon, um für einige Wochen mit seiner blonden Freundin zusammenzuleben. Soweit sich seine damalige Gefühlslage beurteilen läßt, hätte er sie offen und ehrlich ausgedrückt, sagen müssen: »Es gibt eine Reihe von Punkten in unserer Beziehung, die ich sehr unbefriedigend finde. Ich bin mir nicht im klaren, ob unsere Verbindung von Dauer sein wird, obwohl ich sehr an dir hänge. Es ist wahrscheinlich schmerzlich für dich (und vielleicht auch für mich), aber ich werde eine Beziehung zu einem anderen Mädchen ausprobieren und sehen, ob es dort besser geht.«

Sylvia teilt dagegen ihr Gefühl, von dem anderen Mann angezogen zu sein, und ihren Wunsch nach einer sexuellen Beziehung zu diesem Mann offen und ehrlich mit Roy. Sie tut dies jedoch sehr behutsam und vorsichtig, weil sie weiß, wie leicht ihre Äußerungen als Anschuldigungen aufgefaßt werden könnten: »Du bist ein Versager«. Erst nachdem sie dieses große Risiko eingegangen und die komplizierten Gefühle mit ihrem Mann geteilt hat, nimmt sie sich die Freiheit, die Roy ihr voller Angst eingeräumt hat, und entdeckt, daß sie bei dem anderen Mann mehr Frau sein kann. Das ist zwar aufregend, aber es schließt in sich auch die erschreckende Möglichkeit einer Trennung von Roy.

Bei beiden Paaren ist das Ergebnis dieser Erfahrung ähnlich – Dick und Sylvia stellen fest, daß das Zusammenleben mit ihren ursprünglichen Partnern befriedigender gewesen war, und sie bauen diese Beziehung wieder auf. Es gibt natürlich keinerlei Garantie dafür, daß dieser Fall immer eintritt.

Zwei Auffassungen von der Ehe

Der Unterschied zwischen den beiden Paaren zeigt sich vielleicht am deutlichsten in den jeweiligen Vorstellungen von dem, was eine Ehe ist. Um es in einem kurzen Satz zusammenzufassen: Für Dick und Gail ist die Ehe wie ein Kasten; für Roy und Sylvia ist sie ein dahinfließender Fluß.

Lassen Sie mich das ausführlicher darstellen. Dicks und Dails Bilder von der Ehe sind allesamt statisch; sie verändern sich, manchmal sogar drastisch, aber das neue ist lediglich ein anderes feststehendes Bild. Für Gail ist die Ehe ein romantisches Häuschen, in dem man Kinder bekommt und fortan glücklich miteinander lebt; oder es ist ein schrecklich enger Sarg, in dem das Selbst eingeschlossen und ausgelöscht wird; sie ist aber auch eine Falle, eine Einrichtung, in der man dazu verpflichtet ist, das Haus zu putzen und Kinder aufzuziehen; eine Art Zaun, hinter dem eine Frau sich sicher bewegen kann, ohne sich um den Mann kümmern zu müssen; vor allem aber ist die Ehe immer ein Rahmen, den andere konstruiert haben.

Für Dick sind die Umzäunungen wieder andere, aber immer sind sie bereits vorgefertigt. Die Ehe ist ein hohes Gitter, das die Freiheit beschneidet; sie ist ein geräumiges und gemütliches Heim, das mehr

Freiheit bietet, als er erwartet hatte; sie ist ein Zauberkasten, der die Schwierigkeiten innerhalb der Beziehung löst; sie ist ein Raum mit schrumpfenden Wänden, die ihn zusammenpressen: »Warum hast du keinen Job?« »Warum verdienst du kein Geld?« »Warum kannst du deine Frau nicht ernähren?« – auch für Dick ist all das bereits von anderen vorkonstruiert.

Den beiden dämmert nur ganz allmählich, daß vielleicht *sie* es sind, die für die Konstruktion verantwortlich sind und daß sie nur durch *eigene* Erfahrung den Schlüssel für die Zukunft ihrer Beziehung finden können. Gail wirkt überrascht, als sie sagt: »Das ist eine Menge Arbeit!« Und Dick sagt im wesentlichen: »Vielleicht ist die Ehe nur ein *Ziel*, das zu erreichen Arbeit und Anstrengung erfordert.«

Für Roy und Sylvia war die Ehe jahrelang etwas, das als Teil eines komplexen Stroms der Erfahrung dahinfloß. Als Roy sich in Emily verliebte, sagte die Gesellschaft eindeutig: »Du liebst eine andere Frau, also liebst du deine Frau nicht.« Aber er sagte durch sein Verhalten: *»Meine* Erfahrung sagt mir etwas anderes. Ich liebe beide auf verschiedene Weise und aus unterschiedlichen Gründen. Ich möchte, daß dies ein offen dargelegter Teil meines Lebens ist.« Und als Sylvia sexuelle Beziehungen zu einem anderen Mann wollte, sagte die Gesellschaft: »Du bist eine treulose Gattin«. Aber Sylvia sieht es ganz anders, nachdem sie Roy ihre Gefühle mitgeteilt hat, die schwer auszudrücken und wahrscheinlich schmerzlich waren. Im Hinblick auf andere Aspekte ihrer Ehe kann ich über die beiden nicht getrennt voneinander sprechen, da hier das »Wir« im Vordergrund steht. »Wir wollen eine Beziehung, die jedem die Freiheit und die Ermunterung bietet, seine potentiellen Möglichkeiten weiterzuentwickeln.« »Wir wollen, daß unsere Ehe eine aufregende Erforschung neuer Wege ist.« »Wir wollen alles so weitgehend miteinander teilen, daß selbst die verbotenen, die beschämenden, die eifersüchtigen und die zornigen Empfindungen so ausgedrückt und akzeptiert werden wie die zärtlichen und die liebenden Gefühle.« »Wir möchten, daß unsere Ehe voll ist von Überraschungen, von neuen und wechselnden Erfahrungen, und wir wollen erfinderisch sein bei der Schaffung von Neuem.« »Wir wollen ein Ineinandergreifen unserer Gefühle, die in keiner Weise immer einfach und unkompliziert sind.« Deshalb kann Sylvia sagen: »Ich will jetzt nicht mit dir schlafen, aber ich liebe dich und möchte es dir zeigen.« Und Roy kann sagen: »Ich fühle mich bedroht und unzulänglich, weil du einen anderen Mann liebst, aber ich fühle mich auch kühn und stark, daß ich dir diese Freiheit einräumen kann.«

Zum Abschluß ein Nachtrag

Kurz vor Drucklegung dieses Buches erhielt ich einen überraschenden Brief von Roy, der deutlicher als alles, was ich sagen könnte, zeigt, daß ein einmal begonnener Veränderungsprozeß, ob nun bei einem Individuum oder bei einer Ehe, in Richtung Wachsen weitergeht. Hier in Auszügen die wichtigsten Teile des Briefes:

> Lieber Carl,
> in mancher Hinsicht wäre es mir lieber, ich könnte Ihnen jetzt statt vor einem Jahr über mich und unsere Ehe berichten. Ich bin heute weniger ängstlich und habe mehr Selbstvertrauen. Ich habe entdeckt, daß ich nie mir selbst vertraute oder an meine Fähigkeiten glaubte. Und mir fehlte völlig die Erfahrung des eingehenden und tiefen Nachdenkens. Neulich konnte ich mich zum erstenmal in meinem Leben eine ganze Woche lang hinsetzen und nachdenken, und meine Gedanken wurden besser, wesentlicher, waren weniger oberflächlich und mehr an der Erfahrung orientiert.
> Sylvia und ich könnten Ihnen jetzt mehr schreiben, da unsere Erfahrung sich verändert und weiterentwickelt hat. Wir haben nicht aufgehört, uns als Personen zu verändern, aber wir sind auch sicherer miteinander. Unser Sexualleben hat sich insofern stabilisiert, als wir durchweg befriedigende Erfahrungen miteinander machen, und das ist für uns jetzt ebenso Erinnerung wie Erwartung. Außerdem haben wir uns in beträchtlichem Maße von übernommenen Vorstellungen gelöst, und so fällt es uns etwas leichter, einander so zu sehen, wie wir im Augenblick sind.
> Mir scheint, als sei mein ganzes Leben ein ständiges Wachsen gewesen: von der Besorgtheit um das, was andere von mir denken zu der Sicherheit des Gefühls, o. k. zu sein.
> Auf das Erwachsenwerden!

4.

Ehe – einst

Dies wird ein sehr kurzes Kapitel. Sein Zweck unterscheidet sich ganz und gar von dem der anderen Kapitel des Buches. Ich würde es als Intermezzo bezeichnen, aber einige von Ihnen werden es als überflüssige Unterbrechung betrachten. Wenn es Sie ärgert oder langweilt, können Sie es überschlagen, ohne dadurch etwas vom Bild der modernen Ehe zu verpassen. Aber ich möchte doch kurz erklären, warum ich dieses Kapitel schreibe.

Ich finde, daß ich – wie die meisten von Ihnen – dazu neige, zu denken, daß die Gegenwart, so wie sie ist, seit Jahrhunderten andauert. Intellektuell sehen wir es natürlich anders: Wir wissen, daß zahlreiche und große Veränderungen stattgefunden haben. Aber auf einer tieferen Ebene haben wir – in fast jedem Bereich – das Gefühl, daß die Dinge seit eh und je so und nicht anders waren. Erst ein gelegentlicher Denkanstoß läßt uns klarwerden, daß dem *nicht* so ist. Deshalb möchte ich an dieser Stelle die Ehe zumindest aus einigen historischen Perspektiven beleuchten, um zu zeigen, daß Veränderungen nicht nur heute stattfinden, sondern der Wechsel ein Bestandteil der Geschichte ist.

Für diese Art von Veränderung möchte ich drei kleine Beispiele anführen: eines aus der Rassenpolitik, eines aus der Ehegesetzgebung und ein drittes aus der Geschichte der Familie. Dann möchte ich etwas ausführlicher eine Ehe schildern, wie sie nicht etwa vor Jahrhunderten, sondern vor nur wenigen Jahrzehnten im südlichen Nachbarland der USA, in Mexiko, gelebt wurde. Vielleicht dienen diese wenigen spezifischen Beispiele dem Zweck viel besser als eine ausführliche und in ihren Abstraktionen langweilige Gesamtschau.

1934 unterstützte Präsident Franklin D. Roosevelt ein Anti-Lynch-Gesetz, das im Kongreß eingebracht worden war. Einige Leute waren entsetzt über die Lynchjustiz, die 1933 an achtundzwanzig Menschen (darunter vierundzwanzig Farbigen) ausgeführt worden war. Seine Frau Eleanor drängte ihn, dieses Gesetz durchzubringen, das den Farbigen ein Mindestmaß an Gerechtigkeit gewähren sollte. Aber Roosevelt weigerte sich, weil er wußte, daß er dadurch die parlamentarische Hilfe verlieren würde, die er dringend brauchte, um die Wirtschaft auf die Beine zu stellen. So kam das Gesetz, ohne seine Unterstützung, nie zur Abstimmung, und die Lynchjustiz konnte weiterhin praktiziert werden, ohne jeden Eingriff der Bundesorgane (Lash, S. 515 ff). Heute gibt es zwar immer noch Ungerechtigkeit und Rassendiskriminierung, aber immerhin sind in den Südstaaten über achthundert farbige Beamte tätig, und in einer Reihe von Bezirken sind die farbigen Regierungsbeamten in der Mehrzahl. Es gibt farbige Sheriffs und farbige Richter. Von absoluter Gerechtigkeit sind wir natürlich noch weit entfernt, aber die Veränderungen, die in weniger als fünfzig Jahren stattgefunden haben, sind fast nicht für möglich zu halten.

Oder lassen Sie mich ein anderes Beispiel anführen, das etwas mehr mit unserem Thema, der Ehe, zu tun hat. Seit Generationen war in Connecticut gesetzlich jedweder Gebrauch von Verhütungsmitteln untersagt. Das betraf sogar Ehepaare in ihren eigenen vier Wänden. Dieses Gesetz wurde erst vor ein paar Jahren, 1965, abgeschafft, und heute gibt die Regierung jährlich fast hundert Millionen Dollar für Familienplanung, Verhütungsmittel und Forschung auf diesem Gebiet aus. In vielen Staaten erlaubt das Gesetz, daß minderjährige Mädchen ohne Zustimmung der Eltern über Verhütungsmaßnahmen informiert werden. Solche Regierungsmaßnahmen setzen sich sogar über die Verkündigungen des Papstes hinweg – nicht aber über die Wünsche der Mehrheit der katholischen Bevölkerung. Auch hier haben also große Veränderungen innerhalb eines Jahrzehnts stattgefunden.

Oder nehmen wir ein Problem, das den Kern unseres Themas berührt. Die meisten Menschen sind der Auffassung, daß die Kernfamilie – Vater, Mutter und Kinder – seit Beginn der Geschichte die Gemeinschaft der gesamten Zivilisation war. Nichts liegt der Wahrheit ferner. Die Kernfamilie entstand erst vor fünfzig oder sechzig Jahren unter dem Druck der zunehmenden Mobilität der Bevölkerung. Zuvor dienten die Verwandten, die »weitere Familie«, die Nachbarn, der Clan, die ethnische Gruppe der Betreuung und Unterstützung des Individuums ebenso wie sein Vater oder seine Mutter. Die Kernfamilie ist eine ganz neue Entwicklung – und sie funktioniert immer weniger gut. Sie entstand im Gefolge ungeplanter Veränderungen und beginnt sich unter ebenso ungeplanten Umständen wieder aufzulösen, und das alles in weniger als einem Jahrhundert. Betrachten wir also kurz noch ein weiteres Stück Geschichte.

Lassen Sie mich die Ehe in Tepoztlán im Jahre 1940 beschreiben. Ich habe diesen mexikanischen Ort mit dem unaussprechlichen Namen gewählt, weil er von berühmten Anthropologen eingehend studiert worden ist. Der Anthropologe Robert Redfield von der Universität von Chikago lebte von 1926 bis 1927 in Tepoztlán und erforschte das Leben seiner Bewohner. Der verstorbene Oscar Lewis von der Universität von Illinois, ein langjähriger Erforscher der mexikanischen Kultur, beobachtete das Dorfleben erneut in den Jahren zwischen 1943 und 1948 und in der Zeit zwischen 1956 und 1957; insgesamt verbrachte er fast drei Jahre in Tepoztlán, das ein typisches mexikanisches Dorf ist, soweit es so etwas überhaupt gibt. Meine Beschreibung bezieht sich auf die vierziger Jahre. Da ich jedoch zweimal als Besucher in Tepoztlán gewesen bin, kann ich bezeugen, daß sich inzwischen nur sehr wenig verändert hat.

Ich will versuchen, die Ehe in einer Weise zu beschreiben, die es Ihnen ermöglicht, sich in die Rolle der Männer und Frauen zu versetzen, deren Leben so gänzlich anders ist als alles, was Sie kennen oder in diesem Buch vorfinden.

Nehmen wir also an, Sie seien ein Mädchen; dann heirateten Sie zwischen fünfzehn und achtzehn, und Ihr Mann war ein paar Jahre älter als Sie. Die Werbung verlief sehr verstohlen, häufig durch Briefe, die entweder versteckt und abgeholt oder von einem Zwischenträger überbracht wurden. Obwohl das Anhalten um Ihre Hand eine langwierige Sache war, ist die Wahrscheinlichkeit höchstens eins zu zwei, daß Sie einfach davonliefen, zusammenlebten und hofften, daß beide Eltern ihre Zustimmung gaben und sie in der Kirche heiraten konnten.

Ihre Mutter hat Ihnen nie etwas über Menstruation, sexuelle Beziehungen oder Schwangerschaft erzählt. Sie war überzeugt, daß Sie Ihre ganze Kindheit hindurch völlig »unschuldig« waren. Selbst die Informationen von Freundinnen oder Schulkameradinnen (wenn Sie überhaupt das Glück hatten, zur Schule gehen zu können) waren kärglich.

Als junge Frau paßten Sie sich den Wünschen Ihres Mannes an, Sie sind passiv und gehorsam und unterwerfen sich seinen sexuellen Forderungen. Sie bemühen sich, weder Liebe noch Zuneigung, noch überhaupt irgendein Gefühl zu zeigen. Sie sind nicht lebendig und warm, sondern unterwürfig und akzeptieren, daß Ihr Mann Sie beherrscht. Wie die anderen Frauen des Ortes sprechen Sie vom Geschlechtsverkehr als vom »Mißbrauch durch den Mann«. Sie geben sich größte Mühe, eine gute Hausfrau zu sein und zu zeigen, was Sie durch jahrelange Mitarbeit von Ihrer Mutter gelernt haben. Sie versorgen die Kinder, gehen zum Markt – oder schicken eine Freundin, falls Ihr Mann mißtrauisch wird, wenn Sie das Haus verlassen. Bevor Sie irgend etwas unternehmen, bitten Sie Ihren Mann um Erlaubnis. Das Einkommen der Familie besteht zwar zum größten Teil aus Naturalien, aber wenn Bargeld eingeht, verwalten und sparen Sie es und müssen dafür sorgen, daß Sie Ihrem Mann etwas geben können, wenn er in die *cantina* oder sonst wohin gehen will.

Ihre Freundinnen haben Sie nach der Eheschließung nicht mehr getroffen, da sonst die Gefahr bestanden hätte, daß diese Sie zu schlechtem Benehmen verführt hätten. Wenn Sie besonders viel Pech hatten, dann sind Sie in das Haus Ihres Mannes gezogen, wo Sie in erster Linie der Dienstbote Ihrer Schwiegermutter wurden, die sich von vielen ihrer früheren Pflichten zurückzog, welche sie Ihnen aufhalste, und jetzt nur noch das Kommando führt.

Als Ehemann waren Sie vielleicht achtzehn, als Sie heirateten. Sie hatten vor der Ehe einige flüchtige Affären und werden dieses Verhalten auch in der Ehe fortsetzen, da außereheliche Beziehungen ein Maßstab für Ihre Männlichkeit sind. Von Ihrer Frau erwarten Sie nicht nur, daß sie dieses Verhalten ignoriert, sondern auch, daß sie weder neugierig noch eifersüchtig ist.

Da Ihre ganze bisherige Ausbildung darin bestanden hat, sich zu unterwerfen und zu gehorchen und dem Vater auf dem Feld zu helfen, sind Sie innerlich unsicher in bezug auf die dominierende Rolle, die Sie in der Ehe einzunehmen haben. Man erwartet von Ihnen, daß Sie Ihre Familie ernähren, aber Sie sind auch verantwortlich für das anständige Benehmen Ihrer Frau und Ihrer Kinder. Diese Vielfalt an Verantwortung ist für Sie beängstigend, da Sie vorher nie eine solche Last getragen haben. Daher brauchen Sie gelegentlich zuerst ein paar Drinks in der *cantina*, ehe Sie den Mut haben, Ihre Frau für den einen oder anderen tatsächlichen oder vermuteten Fehler zu schlagen.

Im sexuellen Bereich geben Sie sich alle Mühe, Ihre Frau nicht zu sehr zu erregen, da jedes Erwachen ihrer Sexualität zur Untreue führen könnte. Wenn sie leidenschaftlich ist, dann haben Sie Pech gehabt und ein Mädchen geheiratet, das *loco* ist – verrückt. In jedem Fall versuchen Sie, sie so oft wie möglich zu schwängern, da Treulosigkeit in diesem Zustand weniger wahrscheinlich ist. Sexuelle Zärtlichkeiten oder feuriges Werben heben Sie sich für die Frauen auf, die Sie verführen wollen.

Im Verlauf der Ehe wird das Leben Routine. Der Mann geht frühmorgens auf die Felder zur Arbeit und kehrt selten vor Sonnenuntergang zurück. Er vermeidet jede Intimität mit seiner Frau oder seinen Kindern, um seine Stellung als Oberhaupt der Familie nicht zu gefährden. Er erwartet, daß er respektiert wird, daß man ihm gehorcht und ihm dient. Nur manchmal, wenn er etwas getrunken und sein »Urteilsvermögen verloren« hat, zeigt er, daß er seine Kinder gern hat und streichelt sie vielleicht sogar.

Da er von den Menschen, die er eigentlich kontrollieren soll, dermaßen getrennt ist, gibt er ihnen häufig unbeabsichtigt die Freiheit, die sie theoretisch nicht haben und nicht haben dürfen. Sie können

Dinge hinter seinem Rücken tun und tun sie auch. Wenn es herauskommt, trifft die Frau die Schuld. Von ihr wird erwartet, daß sie dem Mann gehorcht und die Kinder dazu anhält, sich seinen Wünschen zu fügen. Aber häufig versucht sie, Fürsprache für sie einzulegen, damit die Bestrafung nicht allzu hart ausfällt. Sie wird eine Art Vermittler, was ihren Mann nicht selten in Wut bringt. Da seine Sicherheit von der Aufrechterhaltung seiner autoritären Rolle abhängt, tut er häufig alles, damit seine Familie ihn und seine Wutanfälle fürchtet.

In dieser Atmosphäre wachsen die Kinder auf und werden dazu erzogen, so zurückhaltend zu sein wie nur möglich und zu gehorchen, solange sie unter dem elterlichen Dach leben. Sie werden besonders im Alter zwischen fünf und zwölf streng bestraft und durch Schauergeschichten von Wesen, die in der Nacht kommen und böse Kinder fressen, im Zaum gehalten.

Wenn die Kinder älter werden, fühlen sie sich nützlich. Der Junge hilft dem Vater jeden Tag auf dem Feld und lernt einiges von ihm. Aber die Beziehung zwischen beiden ändert sich nicht; der Vater bleibt eine Autorität, und seine Stellung wird weiterhin respektiert. Mutter und Tochter kommen sich dagegen bei der häuslichen Arbeit etwas näher, aber diese Nähe ändert nichts an der Prüderie, die besteht. Sexuelle Fragen werden nicht beantwortet, der ganze Bereich ist und bleibt tabu.

Taufpaten und Verwandte lockern die Strenge dieser Familienstruktur ein wenig auf. Obwohl diese Beziehungen meistens zu den Eltern bestehen, bieten sie doch auch den Kindern gelegentlich Sicherheit. Das gleiche gilt für die ferneren Verwandten, obwohl die Beziehungen zu ihnen nicht gepflegt werden.

Wie zu erwarten, gibt es bei einer derart starren Strukturierung zahlreiche Ausnahmen. Es gibt Männer und Frauen, die eine Partnerschaft anstreben, in der auch Rücksicht auf das Individuum genommen wird. In vielen Familien wird durch unausgesprochene Kompromisse versucht, ständige Konflikte zu vermeiden und eine Art Mittelweg zu gehen. Der Ehemann gibt nicht ein Jota seiner traditionellen Beherrscherrolle auf, aber er versucht, jede Anmaßung zu vermeiden. Seine Frau bezweifelt niemals seine absolute Autorität, findet aber Mittel und Wege, um sich ein wenig Unabhängigkeit zu bewahren. Und natürlich wissen auch die Kinder, wie sie ihre Eltern unauffällig umgehen können.

Ohne allzu große Schwierigkeiten können wir uns jetzt vorstellen, wie es in manchen ganz zufriedenen Familien und Häusern zugeht. Kommunikation? Absolut keine. Lügen und Täuschungen sind ein unbedingt notwendiger Teil des Lebens, wenn man sich auch nur eine Spur von Individualität bewahren will. Glücklichsein? Ich meine, das ist nicht einmal im Traum vorstellbar, ausgenommen vielleicht bei einer Mutter mit ihrem neugeborenen Kind oder aus Anlaß irgendeiner Festlichkeit. Glücklichsein oder das Gegenteil gibt es nur bei den großen Fiestas, den ausgelassenen, lärmenden und trunkenen Festen, die den ganzen Ort in einer seltsamen Mischung aus altem aztekischem und »heidnischem« Brauchtum mit Tänzen und Feuerwerk und einigen »christlichen« Elementen vereinen. Diese Feste sind die einzigen Anlässe, Lebensfreude zu zeigen und glücklich zu sein, selbst wenn sie damit enden, daß das gesamte Geld der Familie ausgegeben wurde und heftige Streitereien beginnen.

Ich hoffe, die Darstellung der Ehe und des Familienlebens in Tepoztlán läßt die Partnerschaften, die wir in diesem Buch bereits kennengelernt haben oder noch kennenlernen werden, in einem anderen Licht erscheinen. Wenn die Paare, die in diesem Buch über ihre Erfahrungen berichten, aufgrund irgendwelcher Zufälle vor dreißig Jahren und einige hundert Kilometer weiter südlich gelebt hätten, dann hätten sie diese Art Leben geführt. An sich bräuchten wir gar nicht unbedingt eine Grenze zu überschreiten, um ein Gefühl dafür zu bekommen, wie sehr sich jeder Aspekt der Beziehung zwischen Mann und Frau im Amerika unserer Tage verändert hat. Die mexikanische Dorfehe unterschied sich nämlich gar nicht so sehr von der Ehe, wie sie vor ein paar Generationen in den ländlichen Gegenden Amerikas üblich war.

Vielleicht sollten wir dieses Kapitel mit der Überschrift eines kürzlich erschienenen Artikels schließen, der sich zwar an die Frauen richtete, aber auch für die Männer zutrifft: »Du hast einen langen Weg hinter dir, mein Liebes!« Das kann man wohl sagen. Der Weg, den die Partnerschaften, die wir in diesem Buch kennenlernen, von der Ehe in Mexiko vor dreißig Jahren oder von der Ehe in diesem Land vor sechzig Jahren bis heute zurückgelegt haben, ist wahrlich lang. Vor uns liegt Neuland, und vielleicht trägt dieses Kapitel dazu bei, daß wir uns darüber völlig klarwerden, ehe wir fortfahren, uns von modernen, zeitgenössischen Menschen schildern zu lassen, wie sie versuchten, bessere Wege der Partnerschaft zu entwickeln. Wenn wir uns klarmachen, daß wir, historisch gesehen, sehr schnell sehr weit gekommen sind, dann werden uns einige Fehltritte und ein paar Sackgassen nicht überraschen.

Fassen wir alles noch einmal in einem kurzen Satz zusammen: Wenn wir uns vergegenwärtigen, daß die Ehe zwischen Roy und Sylvia nur tausend Kilometer weiter und dreißig Jahre später als die beschriebene mexikanische Ehe gelebt wird, dann wird uns klar, daß der Unterschied nicht in Graden zu messen ist, sondern in Lichtjahren.

5.

Drei Ehen – und eine Person, die wächst

Bei verschiedenen gesellschaftlichen Anlässen lernte ich ein Ehepaar kennen, das mit mehreren Kindern in einem anderen Teil dieses Bundesstaates lebt. Meine Frau und ich waren tief beeindruckt von der geistigen Verwandtschaft der beiden und von der offenen und spontanen Beziehung, die sie zu ihren Kindern und zueinander hatten. Sie schienen eine wirklich gute Ehe zu führen – etwas, das man heute nur selten findet. Ich war daher ziemlich überrascht, als ich aus einigen Bemerkungen der Frau entnahm, daß dies bereits ihre dritte Ehe war und daß ihre früheren Ehen nicht sehr glücklich gewesen waren.

Bei der Arbeit an diesem Buch fiel mir diese Frau natürlich ein, und ich war der Meinung, ein Interview mit ihr lasse sich auszugsweise sicher gut verwenden. Sie hatte einen so offenen und ehrlichen Eindruck auf mich gemacht, daß ich annahm, sie würde frei über ihre Erfahrungen sprechen.

Ich schrieb ihr, und sie war damit einverstanden, daß wir das Interview auf Band aufnehmen und in Auszügen für dieses Buch verwenden würden.

Nach dem Interview hörte ich mir das Band an und fand in dem Text so viel Faszinierendes über die Ehe, über die Liebesbeziehung im allgemeinen, über sexuelle Zufriedenheit und über Elemente, die das Leben verändern, daß ich mich nicht dazu entschließen konnte, einzelne Stellen herauszuziehen oder wegzulassen. Ich gebe dieses Interview ungekürzt wieder, und ich glaube, es lohnt sich sogar, es zweimal zu lesen.

Wie Sie sehen werden, komme ich selbst nur einmal zu Wort. Danach erzählt Irene ihre Geschichte.

Ich: Berichten Sie über Ihre drei Ehen, was Ihnen einfällt, besonders die Dinge, die Sie für junge Leute nützlich und interessant halten. Wenn Sie einmal nicht genau wissen, ob sich die Erwähnung lohnt, dann überlegen Sie, ob Sie das Gefühl haben: »Mein Gott, wenn mir das nur jemand gesagt hätte, als ich noch jünger war!« Und danach entscheiden Sie, ob Sie es bringen oder nicht.
Erzählen Sie auch von Fehlern und richtigen Entscheidungen und den Gefühlen, die Sie in den jeweiligen Situationen hatten, und was sich in Ihnen verändert hat. Das sind ungefähr die Dinge, über die

ich gern etwas von Ihnen hören würde. Und dann habe ich mir noch ein paar Punkte aufgeschrieben, zu denen ich Sie befragen möchte, falls Sie nicht von sich aus darauf zu sprechen kommen. (Dies erwies sich im späteren als überflüssig.)

Irene: Wissen Sie, ich habe heute morgen, als ich in der Badewanne saß, lange über dieses Interview nachgedacht. (Pause) Also gut, fangen wir mit der Person an, die ich war, als ich zum erstenmal heiratete – und mit den Gründen, weshalb ich damals eine Ehe schloß.

Unsere Familie war wirklich keine sehr freundliche Familie. Wir hatten viel Spaß und eine Menge Probleme, aber sehr freundlich waren wir nicht zueinander. Meine Eltern verstanden sich nicht sonderlich gut, und das färbte auf alles ab. Keiner von uns war besonders nett zu den anderen. Keiner ließ dem anderen Raum zum Anderssein oder überhaupt zum Sein. Es war nicht sehr gemütlich bei uns, und wir alle – wir waren zu siebt – hatten ein Ziel ... wir wollten alle nichts wie weg. Und der einzige Weg, den ich sah oder kannte, war zu heiraten. Für ein Studium oder so was Ähnliches war kein Geld da. Nach der Oberschule gingen wir arbeiten. Zumindest ich, denn hier ist ja von meiner Geschichte die Rede. Und ich wollte so schnell wie möglich heiraten, eine Familie gründen und endlich glücklich und zufrieden sein – lauter Märchenvorstellungen.

Sex spielte in allem eine wichtige Rolle, selbst als ich noch ganz jung war. Ich hatte keine Ahnung, ich war naiv, aber Sex war ein wichtiger Faktor. In der Familie wurde darüber nie gesprochen. Ich erinnere mich, daß ich einmal sagte, ein Mädchen sei schwanger; ich wurde aus dem Zimmer verwiesen, weil ich dieses Wort benutzt hatte. Sex wurde auf diese Weise etwas sehr Interessantes und sehr Schmutziges.

Ich heiratete wahrscheinlich aus lauter falschen Gründen. In erster Linie, um aus dem Haus zu kommen. Ich kannte nicht nur den Mann nicht richtig, den ich heiratete, ich wußte auch nicht, wer ich selbst war, und so taten wir einander wirklich keinen großen Gefallen. Er wußte nicht, wer er war, er hatte eine ganz andere Kindheit gehabt und kam aus einer ganz anderen Familie. Er war sehr geliebt und behütet worden und hatte immer in finanzieller Sicherheit gelebt, die wir nur vom Hörensagen kannten. Diese Dinge waren für mich ebenfalls wichtig. Ich dachte: »Was, ein Mann mit Geld und einer netten Familie ...?«

Ich war einundzwanzig, also alt genug, um es besser zu wissen, aber in bezug auf die Welt und mich war ich höchstens vierzehn. Sehr naiv und nie irgendwelche sexuellen Beziehungen – diese Dinge hatten mich immer erschreckt und gleichzeitig ungemein fasziniert.

Mein erster Mann war übrigens schon einmal verheiratet gewesen, war geschieden und hatte ein Kind, das er nicht mehr sehen durfte. Das Mädchen war damals vier, und er litt sehr darunter, viel mehr als ich ahnte. Seine Frau hatte gedroht, das Kind umzubringen, falls er es je wagen sollte, es zu besuchen, deshalb wollte er in unserer Ehe auf keinen Fall weitere Kinder.

Ich hatte keine Ahnung, wer er war oder was in ihm vorging. Für ihn war das alles ein Schock gewesen – offenbar hatte er seine Frau und das Kind geliebt. Und sie hatte mit allen seinen Freunden geschlafen. Er erfuhr es als letzter und ließ sich scheiden. Er fühlte sich betrogen und hintergangen und traute keinem mehr. Ich nahm an, daß das nicht auf mich zutraf, daß er mich nicht vergleichen würde. Ich war ja ein anderer Mensch. Aber ich wurde natürlich doch verglichen. Und er traute mir keineswegs. Ich setzte ein Vertrauen voraus, das überhaupt nicht existierte. Er wünschte sich keine Kinder mehr, weil er sie nicht wieder verlieren wollte. Aber sehr bald wurde ich schwanger, und damit setzten wir uns nie auseinander. Ich weiß, daß er darüber sehr unglücklich war, aber wir sprachen nie richtig darüber.

Ich achtete nie wirklich darauf, was er sagte und nahm es einfach nicht zur Kenntnis, wenn er mir Seiten von sich zeigte, die nicht zu meiner Vorstellung von »meinem Mann« paßten. »Mein Mann« war stark und tüchtig und ein guter Vater, der seine Kinder liebt und mich versorgt und sexuell befriedigt – Bilderbuchvorstellungen. Nun war ich sexuell völlig unerfahren, und das war ein großes Problem für uns. Er war aber auch nicht sonderlich erfahren. Er hatte mit seiner ersten Frau offensichtlich nie Schwierigkeiten gehabt und nahm an, bei uns sei es nicht anders und wenn doch, dann müsse es an mir liegen. Ich war überzeugt, daß es an ihm lag. Ich hatte nie einen Orgasmus und gab ihm die Schuld daran. Ich hatte das Gefühl, daß es seine Schuld war, daß ich keine Befriedigung fand. Ich wollte immer Sex, aber es ließ mich jedesmal unbefriedigt.

Ich hatte keinerlei Vorstellung, was eine Ehe überhaupt sei. Ich hatte von nichts eine Ahnung. Und noch etwas Wichtiges, das ich vergessen habe zu erwähnen. Weil er geschieden war, gab ihm meine Mutter automatisch das Etikett »paßt nicht«, und das trieb mich natürlich erst recht zu ihm. Zuerst, als sie ihn kennengelernt

hatte, hatte er ihr gefallen. Sie fand seinen Job gut, sein Alter passend, sein Aussehen passabel und all das, aber sobald sie erfahren hatte, daß er geschieden war, taugte er plötzlich nichts mehr, und das nagte an mir. Jetzt war ich erst recht entschlossen, ihn zu heiraten, und ich heiratete ihn – zu meinem großen Bedauern.
Wir hatten, wie ich schon sagte, ernsthafte sexuelle Schwierigkeiten und wußten nicht, wie wir damit fertig werden sollten. Wenn wir darüber sprachen, dann nur in Form von Beschuldigungen. Ich schämte mich, daß ich unfähig war, einen Orgasmus zu haben. Das erschreckte mich und war für mich ein Zeichen, daß ich keine richtige Frau war. So lange wie möglich schob ich ihm die Schuld zu. Und dann kehrte ich die Beschuldigungen gegen mich selbst.
Ich hatte mich von meiner Familie oder von meiner Mutter nie geliebt gefühlt. Ich war nie von jemand wirklich geliebt worden. Als ich zweiunddreißig Jahre alt war, sagte meine Mutter zu mir: »Ich habe dich nie geliebt und werde es nie können. Ich verstehe dich nicht, aber ich respektiere dich.« Mir war klar, daß sie mir eigentlich eine Art Kompliment machen wollte, aber meine Reaktion war, daß ich ins Bad ging und mich erbrach und wieder erbrach. Ich hatte also nicht nur das *Gefühl gehabt*, daß sie mich nicht liebte, sie sagte es mir auch noch *selbst*, daß sie mich nie geliebt hatte. Es war ein schreckliches, erregendes Erlebnis.
Ich hatte das Gefühl, ich sei es nicht wert, geliebt zu werden, und die sexuellen Schwierigkeiten zwischen meinem Mann und mir verstärkten dieses Gefühl natürlich. Ich war keiner Zuneigung wert und würde nie imstande sein, einen Orgasmus zu erleben. Dieses Unvermögen war schrecklich frustrierend. Es setzte sich in mir fest und nagte an mir, und ich benutzte es nicht nur als Waffe gegen mich selbst, sondern auch gegen ihn.
Es stellte sich heraus, daß mein Mann nicht sonderlich tüchtig war. Er war Künstler, er war etwas feminin und sehr sensibel und, wie ich schon sagte, behütet aufgewachsen und durch die erste Ehe zutiefst verletzt. All das überlegte ich nie. Ich erwartete von ihm, so zu sein, wie er es gar nicht sein konnte. Ich verletzte ihn, ich machte so ungefähr alles falsch, was ich falsch machen konnte, nur um meine Vorstellung von dieser Ehe durchzusetzen. Es hatte nichts damit zu tun, daß zwei Leute versuchten, miteinander zu leben. Ich begriff nicht einmal, was das alles sollte. Und er begann dieses Projekt oder jenes, gab Geld aus, das wir nicht besaßen, und machte nichts zu Ende. Ich versuchte, ihm zu helfen; ich wollte ihm eine hilfreiche Frau sein, wissen Sie. Ich sagte: »Liebling, wenn es das ist, was du tun möchtest, warum machst du es dann nicht *fertig*?« Ich

begriff nicht, daß er das gar nicht konnte und daß der Druck, den ich damit auf ihn ausübte, für ihn furchtbar war.
Und Sex brauchte er kaum – einen Orgasmus hin und wieder, das war alles – bloß eine Ejakulation. Er hätte auch masturbieren können – ich bin sicher, das wäre für ihn genauso befriedigend gewesen. Er mochte meinen Körper nicht, er sah mich nicht gern nackt, und damit bot sich mir eine wunderbare Möglichkeit, ihn zu strafen. Wenn irgend etwas nicht stimmte, oder wenn ich wütend auf ihn war, dann erschien ich einfach splitternackt zum Frühstück. Er würgte sein Ei herunter und ging zur Arbeit – ich war ziemlich grausam. Ich quälte ihn. Ich half ihm nicht – überhaupt nicht. Ich stieß ihn einfach nur tiefer in seine eigene kleine Hölle, glaube ich.
Und trotzdem tat alles, was ich *ihm* antat, auch *mir* weh. Heute weiß ich das, aber damals kannte ich meine eigenen Gefühle so wenig, daß ich mir dessen kaum bewußt war.
Unseren Freunden boten wir das Bild einer glücklichen Ehe. Die Leute dachten: »Sind die beiden nicht wunderbar? Fabelhaft, wie sie miteinander auskommen.« Dabei war alles nur ein Spiel – ein schreckliches Spiel, das wir den anderen vorspielten. Aber ich glaube, das tun viele Leute. Wir konnten die meisten unserer Freunde täuschen, weil sie gar nichts anderes hören wollten. Bei uns war es immer gesellig und lustig, wenn Leute da waren, aber kaum schloß sich die Tür hinter dem letzten Gast, begann unser privates »Virginia-Woolf-Leben«. Dabei waren wir beide nette Leute. Ich glaube, wir hätten es vielleicht miteinander geschafft, wenn ich damals auch nur ein wenig von dem gewußt hätte, was ich heute weiß.
Die Kinder waren keine Hilfe. Ich war ständig schwanger – vier Kinder, zwei davon starben, dabei benutzte ich Verhütungsmittel. Mit dieser Verantwortung kam er nicht zurande – weder emotionell noch finanziell. Er wollte keine Kinder. Es machte ihn völlig fertig, wenn ich wieder einmal schwanger war. Ich konnte ihm dabei nicht helfen, denn für mich hatten Ehemänner Väter zu sein und ihre Kinder zu lieben. Und unser Sexualleben wurde immer abscheulicher.
Acht Jahre dauerte diese Ehe, und in dieser Zeit festigte sich in mir die Überzeugung, daß physisch etwas nicht mit mir stimmte. Ich meine physisch nicht in dem Sinn, daß ich durch eine Operation irgend etwas korrigieren lassen könnte oder so, sondern daß mir von Geburt an einfach irgend etwas fehlte. Ich begann zu glauben, daß ich einfach nicht geliebt werden konnte. Das machte mir ziemlich zu schaffen. Ich hatte zahlreiche Freunde und Bekannte,

aber ich hatte immer das Bedürfnis, mich abzuschirmen, ich ließ mich nie auf eine enge Freundschaft ein.
Sogar den Kindern gegenüber hielt ich mich zurück. Es war mir unangenehm, wenn sie mich richtig umarmen wollten oder auf irgendeine andere Weise nach tiefer Zuneigung verlangten. Ich wollte das nicht, weil ich einfach überzeugt war, wenn ich es zuließ, daß ich sie liebte, oder mich von ihnen lieben ließ, dann würden sie merken, daß sie mich gar nicht lieben konnten. Und dann würde ich sie verlieren. Da war es schon besser, sie nicht zu lieben, statt sie zu lieben und zu verlieren. Dadurch hatten die Kinder es nicht leicht, als sie klein waren.
Überhaupt war die ganze Atmosphäre abscheulich. Ich dachte, ich würde damit schon fertig – ich glaube, ich war ein großer Märtyrer. Acht Jahre habe ich das mal strafend, mal tröstend durchgestanden. Ich konnte meinen Mann in Stücke reißen und dann seine Mutter sein und ihn anschließend beschimpfen, daß er mich als Mutter benutzte. Es war einfach schrecklich. Und keiner von uns wußte, wie er aus der ganzen Sache herauskommen sollte. Wir kamen einfach nicht auf die Idee, daß ein anderes Leben überhaupt möglich war. Unter dem Druck der Familie und der Gesellschaft blieben wir einfach zusammen und setzten das verrückte Spiel fort, damit niemand wissen sollte, wie unsere Ehe in Wirklichkeit aussah.
Als schließlich auch sexuell alles zu Ende war – ich weiß nicht, ob Sie das hören wollen oder nicht, aber ich will Ihnen erzählen, wie es war, als ich mich in unseren Beziehungen am elendesten fühlte. Ich wollte immer viel Sex, einfach weil ich nie Befriedigung fand. Ich brauchte immer mehr und bekam nie etwas, und das machte ihn völlig verrückt, denn im Grunde interessierte es ihn überhaupt nicht. Zuletzt erklärte er mir, ich sei langweilig und uninteressant und könnte ihn nicht erregen; vielleicht würde es unserem Verhältnis zueinander nützen, wenn er eine Affäre mit einer anderen Frau hätte. Ich ging darauf ein, und da er die Verantwortung nicht übernehmen wollte, suchte ich ihm ein Mädchen. Verstehen Sie, wenn *ich* die Sache in die Wege leitete, konnte ich ihn nicht gut dafür bestrafen. Es war eine widerliche, kranke Geschichte, das Ganze. Wenn ich heute daran zurückdenke, überkommt mich immer noch ein leichtes Schaudern.
Ich glaube, das war ein erster Wendepunkt. Jedenfalls fing ich an, mir zu überlegen, was aus mir werden sollte und wohin das alles führen würde. Es war irrsinnig, und ich hatte mir eingebildet, ich könnte alles ertragen, aber ich konnte es nicht.

Und seine Grausamkeit den Kindern gegenüber ... ich meine, mein Mann konnte mir nicht wehtun, ich war für ihn unangreifbar, weil ich mich viel zu gut abgesichert hatte. Deshalb ließ er es an den Kindern aus, und das nutzte ich aus – das war mein Scheidungsgrund, daß er die Kinder grausam behandelte. Und damit hatte ich alle Welt auf meiner Seite.

Ich fühlte mich in der Scheidungssache völlig im Recht. Er war einfach nicht so, wie ein Ehemann *sein sollte.* Ich verurteilte ihn und verdammte ihn und fühlte mich damit vollkommen im Recht. Ich war stark, er war es nicht. Ich war einfach im Recht, und das war alles. Er war ein richtiger Lump.

Nach der Scheidung dachte ich, daß jetzt alles in Ordnung gehen würde. Ich hatte diesen Wurm nicht mehr am Hals, konnte mir Arbeit suchen und überhaupt alle Dinge in ganz perfekter Weise anfassen. Ich hatte für mich eine Menge Überraschungen parat: Ich konnte nicht Auto fahren, also wollte ich den Führerschein machen. Ich fand Arbeit, einen schrecklich langweiligen Job, Büroarbeit in einer Fabrik, Nachtschicht. Ich merkte plötzlich, was es heißt, allein zu sein. Ich hatte zwei Kinder. Gesundheitlich ging es mir nicht besonders gut, weil ich gerade eine Gebärmutteroperation hinter mir hatte. Der Zeitpunkt, zu dem ich mich scheiden ließ, hätte nicht schlechter sein können. Ich war wahrscheinlich für diese Entscheidung und für alle weiteren wichtigen, mich betreffenden Entscheidungen in der übelsten Verfassung, die man sich überhaupt denken kann. Ich war psychisch und physisch kurz vor dem Ende.

Für die Kinder brauchte ich einen Babysitter. Der älteste Junge war durch mich, durch seinen Vater und durch unsere Ehe und all das ernsthaften emotionellen Problemen ausgesetzt worden. Und ich wußte einfach nicht, wie ich mit so vielen Dingen auf einmal und in angemessener Weise fertig werden sollte. Ich war schon unfähig, allein mit mir selbst fertig zu werden, ganz abgesehen von den anderen Verantwortungen, den Kindern und dem Haushalt und so weiter.

Ich glaube, an diesem Punkt dachte ich wahrhaftig, ich könnte mit fast jedem eine erfolgreiche sexuelle Beziehung haben, und mein Bedürfnis danach war groß. Eine Zeitlang schlief ich mit den verschiedensten Männern. Und zu meinem größten Erstaunen half das überhaupt nichts. Ich konnte schlafen, mit wem ich wollte – ich kam einfach nie zu einem Orgasmus. Ich war von meiner Wertlosigkeit und von der Tatsache, daß man mich nicht lieben konnte, so überzeugt, daß ich zum Beispiel nie einem Mann sagte, daß ich keinen Orgasmus hatte. Ich zog immer eine gute Show ab. Die sexuelle Erregung war echt – ich war sexuell erregt –, aber ich gab auch eine Show zum besten, als ob ich den Orgasmus gehabt hätte, nur damit die Männer ein besseres Gefühl hatten. Mit der Zeit wurde es eine Art Besessenheit: Wenn ich bloß zu einem Orgasmus kommen könnte – dann wäre ich eine Frau.

Das Arbeiten tat mir gut. Ich lernte ein paar neue Leute kennen und fand endlich ein wenig Anerkennung, so idiotisch die Arbeit auch war. Ich stieg schnell auf und begann, das Personal zu beaufsichtigen, und das war ein gutes Gefühl. Aber es war zeitraubend.

Ich bekam plötzlich Schwierigkeiten mit den Nachbarn. Wir waren damals alle zur gleichen Zeit in die Siedlung gezogen, und ich dachte, die Leute seien meine Freunde. Aber kaum war ich geschieden, da merkte ich, daß ich nirgends mehr willkommen war – das war ein ziemlicher Schlag für mich. Ich war eine Gefahr für die anderen Frauen, ich war hinter ihren Männern her – was überhaupt nicht stimmte, da ich einen strengen Moralkodex hatte. Einer geschiedenen Frau werden Dinge unterstellt, die man sich gar nicht vorstellen kann, wenn man nicht selbst in dieser Situation gewesen ist.

Dann lernte ich einen Mann kennen, für den ich arbeitete, einen der Bosse. Er wurde mein zweiter Mann. Er war zwölf Jahre älter als ich. Er hatte bereits einen akademischen Grad, arbeitete aber an einem anderen, weil er seinen ganzen Lebensstil ändern wollte. Er ging wieder zur Universität und studierte Psychologie. Und alles, was er dort lernte, wandte er bei mir an. Ich war natürlich eine leichte Beute für ihn. Ich fand ihn wunderbar. Ein gutaussehender Mann, zielbewußt, liebenswürdig (wie es schien), sehr gescheit und an mir interessiert, was ich einfach nicht fassen konnte. Verstehen Sie, ich konnte es einfach nicht fassen, was um alles in der Welt mich in den Augen dieses so wunderbaren Mannes begehrenswert erscheinen lassen mochte. Ich war so dumm, mir einzubilden, daß es eine Menge mit *mir* selbst zu tun haben mußte. Aber das traf nicht zu. Es war nichts weiter als reine sexuelle Anziehung. Und da ich von meiner sexuellen Anziehungskraft sowieso nichts hielt, kam ich natürlich nie auf die Idee, daß es nicht meine Person war, die ihn interessierte. So begann auch diese Beziehung wieder unter zwei unterschiedlichen Voraussetzungen. Ich nahm einfach an, es sei etwas anderes als Sex, und er nahm an, ich wüßte, daß es ausschließlich sexuelle Aspekte waren, die ihn an mir interessierten.

Außerdem war er verheiratet, und jedesmal, wenn wir zusammen waren, hatte ich schreckliche Schuldgefühle. Später ließ er sich scheiden, und wir heirateten. Das klingt sehr einfach, aber in Wirklichkeit war alles sehr kompliziert. Ich wollte eigentlich nichts mit ihm zu tun haben, aber seine Aufmerksamkeit mir gegenüber war etwas, dem ich nicht widerstehen konnte. Es zog mich einfach an. Ich brauchte jemand, der sich um mich kümmerte. Ich hatte wirklich ein verzweifeltes Bedürfnis danach, so sehr ich mir auch einbildete, ich käme allein zurecht.

Ich versuchte immer und immer wieder, dieses Verhältnis zu lösen, aber ohne Erfolg. Es ging so weit, daß ich zu ihm sagte: »Mein Gott, warum gehst du nicht endlich und läßt mich allein.« Aber je mehr ich ihn mir vom Leibe zu halten versuchte, desto anziehender schien ich für ihn zu werden.

Zu den Kindern war er sehr nett, oder zumindest schien es mir so. Und das war wichtig für mich. Aber den Kindern konnte er nie etwas vormachen, denn sie erklärten mir von Anfang an: »Er ist einfach gräßlich, Mutter. Fang bloß nichts mit ihm an.« Aber ich in meiner überragenden Position als die Ältere und Weisere und als die *Mutter*, schob ich alles, was sie sagten, beiseite und erklärte ihnen, daß ich es sei, die die Entscheidungen treffe und überhaupt...

Ich dachte, *ich* hätte seine Ehe zerstört und machte mir schwere Vorwürfe. Aber er hätte sich letzten Endes so oder so scheiden lassen. Wenn ich es nicht gewesen wäre, dann irgendein anderes Mädchen. Das weiß ich inzwischen, und deswegen fühle ich mich nicht mehr schuldig.

Ich war damals einfach niemand. Ich war so leicht zu überzeugen, daß mich jeder zu allem überreden konnte. Ich wußte nicht, wer ich war, außer daß ich niemand war. Ich erinnere mich noch mit leichtem Schaudern, daß ich kurz nach seiner Scheidung und bevor wir heirateten zu einer Freundin von mir sagte: »Es gibt nur einen Weg, ihn wirklich loszuwerden, und das ist ihn heiraten und sich von ihm scheiden lassen.«

Das zeigt, daß ich schon damals das Gefühl hatte, daß er möglicherweise nicht an mir interessiert sein könnte und früher oder später merken würde, daß ich nichts taugte. Ich ging sehr zynisch an diese Sache heran, ich dachte, na ja, er ist scharf auf das, er hat Geld, er wird den Kindern ein Vater sein, und ich muß nicht mehr arbeiten. Ich war müde und physisch erschöpft und wollte zu Hause bleiben. Dann war da noch etwas. Er schien ein besonderes Interesse an meinem ältesten Jungen zu haben, und die Kinder brauchten natürlich dringend einen Vater. Er führte dies als Grund an, um mich zu überreden, ihn zu heiraten – daß er John, meinem Ältesten, ein guter Vater sein würde.

Unsere Ehe dauerte ein Jahr, und dieses Jahr war einfach schrecklich. Es stellte sich heraus, daß er keinen Pfennig besaß; er konnte nicht mit Geld umgehen und hatte ungeheure Schulden. Es endete damit, daß ich meinen ganzen Besitz verlor, um seine Schulden zu bezahlen. Ich verkaufte meinen Wagen – eigentlich alles, was ich besaß und was von materiellem Wert war. Viel war es sowieso nicht. Es war schrecklich. Und alles, was er wollte, war Sex, Sex und nochmals Sex. Wenn ich dadurch Befriedigung gefunden hätte, wäre es ganz in Ordnung gewesen, aber die fand ich nicht, und so wurde er für mich sehr bald nur noch ein widerlicher alter Mann.

Als die Ehe zu Ende ging, war jeder von uns froh, daß es vorüber war. Seltsamerweise erinnere ich mich an diesen Teil meines Lebens kaum. Wenn jemand fragt: »Seit wann bist du mit Joe verheiratet?« – das ist mein dritter Mann –, und ich sage, seit sechs Jahren, und mein ältestes Kind ist achtzehn, dann heißt es, »Du warst also geschieden«, dann denke ich immer nur an zwei Ehemänner. Den armen Ken, der zwischen den beiden lag, vergesse ich regelmäßig.

Irgendwie stand ich das alles durch, aber entscheidend war, daß ich wieder einmal aus lauter falschen Gründen geheiratet hatte – um die Arbeit aufgeben zu können und zu Hause bei den Kindern zu bleiben. Ich heiratete, um finanzielle Sicherheit zu finden, die es gar nicht gab. Und ich heiratete, weil ich emotionelle Sicherheit suchte – der Mann war älter und schien so tüchtig, obwohl er es nicht war. Er war einfach ein Mensch wie jeder andere und brachte seine eigenen Probleme mit in die Ehe, aber daran dachte ich nicht. Ich hatte wieder einmal die verrückte Vorstellung, daß nach der Heirat das eintreten würde, was *ich* mir unter einer Ehe vorstellte, aber das war natürlich nicht der Fall.

Die Ehe war etwas, was ich wirklich wollte, und daß es zum zweitenmal danebenging, war ein harter Schlag für mich. Jetzt war ich absolut und bis ins letzte überzeugt, daß irgend etwas an mir war, was niemand lieben konnte. Das ließ sich einfach nicht mehr leugnen. Der Schmerz, der damit verbunden war, es erneut zu versuchen, jemanden zu lieben und von ihm geliebt zu werden, war zu groß, als daß ich es noch einmal hätte auf mich nehmen können.

Ich beschloß, zu arbeiten und die Kinder aufzuziehen. Ich wollte bei ihnen bleiben, nur für sie leben, alle wunderbaren, märtyrerhaften Dinge für sie tun, und mich später, sobald sie groß waren, umbringen. Das war mein Plan – so sollte es sein. Irgendwie beruhigte es mich, daß damit ein Ende in Sicht war. Ich mußte nicht noch weitere dreißig Jahre in schrecklicher Einsamkeit zubringen.

Die Einsamkeit aber fraß mich fast auf. Und das Wissen, daß irgend etwas mit mir nicht stimmte und daß ich nie zu einer anhaltenden Beziehung imstande sein würde – daß jede Beziehung nur von kurzer Dauer wäre. Dafür würde ich schon sorgen. Niemand sollte mich je wieder wirklich kennenlernen. Ich würde nie etwas von mir zu erkennen geben, oder nur ganz wenig. So wenig, wie unbedingt nötig war. Und ich würde lernen, ohne Sex zu leben, ich würde einfach masturbieren und jedes Schuldgefühl zu den anderen Schuldgefühlen packen, die ich den Kindern gegenüber, den beiden Männern und mir selbst gegenüber hatte. Und entweder konnte ich alles meiner Mutter zuschieben oder der Tatsache, daß mit mir etwas nicht stimmte, was nicht meine Schuld war. Oder es lag daran, daß ich zweimal den falschen Mann erwischt hatte, was auch nicht meine Schuld war. Oder aber ich nahm alle Schuld auf mich und bestrafte mich dafür.

Manchmal frage ich mich, wie es meinem dritten Mann, den ich zuerst bei einer Party und später in einer Diskussion traf, jemals gelang, durch all diese Dinge zu mir durchzudringen. In gewisser Weise ist es wie ein Wunder.

Zwischen der ersten und der zweiten Ehe lagen ungefähr drei Jahre, und anderthalb oder vielleicht zwei Jahre vergingen, ehe ich zum drittenmal heiratete. In dieser Zeit begann ich, alle meine Bedenken von der Art »du solltest« und »du hättest« abzulegen oder mir genauer zu betrachten und zu versuchen, mit ihnen fertig zu werden und mir klarzumachen: »Das ist Vergangenheit, und du kannst daran nichts mehr ändern, aber wenn du dich immer weiter mit der Vergangenheit herumschlägst, machst du dir auch die Zukunft kaputt.«

Zuerst wollte ich versuchen, mich selbst kennenzulernen. Ich wollte wissen, wer bin ich und aus welchen Gründen ich mich so verhalte – ich wollte meine Gefühle kennenlernen, was etwas ganz Neues für mich war. Ich glaubte nicht, daß irgend jemand sich für sie interessieren könnte. Meine Gefühle gehörten immer nur mir. Wenn ich deprimiert war oder an Selbstmord dachte, oder wenn ich mich ungeliebt fühlte oder andere negative Gefühle in bezug auf mich hatte, dann durfte das niemand wissen. Ich brauchte ziemlich lange, bis mir klar wurde, daß das Dinge sind, denen die Leute einen Wert beimessen und denen sie Beachtung schenken können. Ich wollte, ich könnte mich genauer erinnern, was damals alles in mir vorging. Joe hatte jedenfalls sehr viel damit zu tun.

Joe ist ein Mensch, der immer geliebt wurde, der das weiß und ohne zu fragen akzeptiert, während ich davor immer noch eine gewisse

Scheu habe. Er weiß und kennt seinen Wert – der nie in Frage gestellt wurde –, und dennoch konnte er zur gleichen Zeit auch mich sehen, die eine völlig entgegengesetzte Auffassung von sich hatte; das störte ihn nicht, aber er unterstützte diese Auffassung auch nicht. Er bestätigte oder bekräftigte meine negativen Gefühle mir selbst gegenüber nie. Er hörte sie sich an und akzeptierte sie, und dann sagte er auf seine Art, sie seien Unsinn. »Mir ist klar, daß du so empfindest, aber so bist du nicht.«

Und ich fing an, mich selbst zu betrachten. Es war, als sei die Art, wie er mich sah, dem, was ich wirklich bin, näher als meine Art, mich zu sehen, und ich begann, das an verschiedenen Dingen auszuprobieren. Das ist sehr interessant. Ich merkte, daß es mir viel leichter fiel, mich schlechtzumachen, weil ich dann auch nichts leisten mußte. Ich war in allem zu kurz gekommen und nie geliebt oder akzeptiert worden, *deshalb* konnte ich mein Verhalten jederzeit entschuldigen und fand Gründe genug, um mich nicht mit irgend etwas zu messen, um mich nicht zu akzeptieren und so weiter.

Ich glaube, wenn Joe von meiner Horrorgeschichte fasziniert gewesen wäre, dann wäre ich wahrscheinlich viel länger dabeigeblieben. Aber er war es nicht. Er hörte sie sich an und fand sie schrecklich traurig, aber er wollte sie kein zweitesmal hören, und das war nicht leicht für mich, denn sie war schließlich irgendwie meine Fahrkarte im Umgang mit anderen Leuten – sie waren von all den Scheußlichkeiten fasziniert, und es gruselte ihnen. Joe reagierte ganz anders. Ihn konnte ich nie erschrecken. Ich konnte so deprimiert sein, daß ich nur noch an Selbstmord dachte, aber er beachtete das einfach nicht. Das gab es für ihn einfach nicht. Er sagte: »So, ich hoffe, du hast es jetzt überstanden« oder »Mein Gott, wenn du darin schwelgen willst, dann gehe ich jetzt besser und komme erst wieder, wenn du dich besser fühlst. Kann ich dir vielleicht bei irgend etwas behilflich sein? Ich will dir ja helfen, aber ich möchte das alles nicht noch einmal hören. Wenn du dich mit deiner Vergangenheit für den Rest deines Lebens herumschlagen willst, dann tu das, aber dann mußt du es allein tun.«

Vieles erschien mir irgendwie grausam, aber es riß mich auch aus der Sache heraus. Ich konnte den einen oder den anderen Weg gehen. Joe ging es um die Person, die ich war, und nicht um die Person, die ich gewesen war und all das. Es war ein Teil von mir, das stimmt, aber nur ein *Teil.* Und je mehr ich mich durch seine Augen sehen konnte, desto positiver wurden meine Gefühle mir gegenüber.

Aber interessant an alldem war, daß ich mir nicht sicher war, ob ich das überhaupt wollte. Ich wußte nicht, ob ich wirklich gesund sein *wollte*, denn damit wäre eine Menge Verantwortung verbunden gewesen. Ich hätte mich dann nicht mehr als Märtyrerin sehen können, die in ein paar Jahren allem ein Ende macht.
Und ich ärgerte mich über ihn, weil ich immer noch dachte, okay, dir geht es offenbar wirklich um mich, aber du siehst nur das, was *du* siehst. Den kleinen, schwarzen, verkommenen, häßlichen Ball, den ich in mir vergraben habe, und der mein wahres Ich ist, den lasse ich dich nicht sehen. Ich hatte zu diesem Zeitpunkt meines Lebens wirklich Angst davor, es noch einmal mit dem Geben und Nehmen von Liebe zu versuchen.
Ich konnte meinen Status quo beibehalten, mich bemitleiden, mich schlechtmachen und zeitweise die Märtyrerin spielen, weil ich das kannte und wußte, daß ich damit überleben konnte. Es war zwar kaum ein Leben zu nennen, aber ich lebte. Oder ich konnte es tatsächlich noch einmal versuchen, mich zu öffnen und mich ihm zu zeigen, und das mögliche Risiko eingehen, daß der kleine schwarze Ball in mir ihn so entsetzte, daß er ging. Ein gewaltiges Risiko. Wenn ich es noch einmal versuchte und es wieder danebenging – ich spreche nicht von einer Ehe, ich meine eine wirkliche Beziehung zu einem anderen Menschen –, ich hatte das Gefühl, daß ich dann verrückt werden, daß ich wirklich den Verstand verlieren würde.
Es war ein Risiko nicht wert. Aber nach langer Zeit merkte ich, daß für mich das größere Risiko ..., doch das größere Risiko war, *nichts* zu riskieren und nie zu erfahren, ob ich lieben und geliebt werden konnte.
Ich mußte diesen Punkt erreichen. Ich hielt Joe hin. Ich versuchte ihn auszuschließen, wo ich nur konnte. Joe war offen, und er lebte ganz im Jetzt. Er war so wirklich, daß es mir Angst machte. Es faszinierte mich auch, ich mochte es gern und ich liebte *ihn*, aber ich dachte, ich wüßte, wie man liebt, nur die anderen wissen es nicht. *Ich* konnte lieben; das war etwas, was ich konnte, aber mich konnte niemand lieben; alles würde wieder sein wie immer.
Aber sein Interesse an mir blieb, und die Beziehung ging weiter und weiter. Wir begannen miteinander zu schlafen, und ich kam einem Orgasmus immer näher. Wichtig war für mich, daß Joe es nie eilig hatte. Ich kannte Sex nur als schnelle Sache. Eine Ejakulation auf seiten des Mannes, und damit hatte es sich. Ich blieb so frustriert zurück, daß ich manchmal hinausging und mit dem Kopf gegen die Wand hämmerte. Und dann masturbierte ich und hatte anschlie-

ßend schreckliche Schuldgefühle. Ich dachte, das Masturbieren sei wahrscheinlich der Grund, weshalb ich zu einem Orgasmus außerstande war. Das alles war einfach schlimm für mich.
Aber Joe hatte es nie eilig, er wollte immer wissen, was ich gern hatte. Was machte mir Freude, wenn wir zusammen waren? Mir fiel es sehr schwer, darüber zu reden. Ich war an diese Art Interesse und Anteilnahme einfach nicht gewöhnt. Aber als ich endlich darüber sprach und wir anfingen, uns immer näherzukommen, da stellte sich, ob Sie es glauben oder nicht, auch bei mir der Orgasmus ein. Und das gab unserer Verbindung eine viel tiefere Bedeutung.
Aber ich war sicher, daß er mich genauso verlassen würde wie alle anderen vor ihm. Er würde mich mit der Zeit abscheulich finden und merken, wie wenig man mich lieben konnte. Und so spielte ich eine Weile ein Spiel, bei dem ich alles tat, um ihm zu gefallen. Ich wurde nie ärgerlich und zeigte keinerlei negative Gefühle in bezug auf das, was er tat, weil ich ihn nicht verlieren durfte. Wenn er mich jemals wirklich kennenlernt, wird er mich verlassen, deshalb muß ich so tun, als sei ich eine attraktive und liebenswürdige Frau. Was ich dabei allerdings nicht bedachte, war, daß ich ihm nichts vormachen konnte!
Diese Art von Spiel kann man jedoch unmöglich auf die Dauer spielen, und so beschloß ich schließlich – es war keine ganz bewußte Entscheidung, sondern eher ein sich allmählich ergebender Entschluß –, also ich dachte, wenn er mich verlassen wird, dann besser jetzt gleich. Und ich holte gewissermaßen den kleinen häßlichen Ball hervor, legte ihn auf den Tisch und sagte: »So, das wird ihn vertreiben, und es ist besser, es geschieht jetzt als später.«
Aber gleichgültig, was es war, ihm machte es nichts aus. Er nahm es zur Kenntnis, oder er ignorierte es oder schob es beiseite. Aber er stand nie auf und ging. Manchmal wurde er sehr wütend, manchmal traurig, oder er lachte. Er reagierte einfach spontan. Aber er ging nie. Und das verstand ich nicht, weil ich so etwas noch nie erlebt hatte. Ich bekam auf alles, was ich tat, eine Reaktion, manchmal eine gute, manchmal eine weniger gute, aber er blieb.
Nach einigen Monaten waren es die Kinder, die ihn ins Haus holten! Und eine Zeitlang stand er morgens auf und schlief auf dem Sofa weiter oder fuhr um vier oder fünf in der Früh zu sich nach Hause – den Wagen hatte er in der Nebenstraße geparkt. Aber je stärker und realer unsere Beziehung wurde, desto mehr wuchs unser Mut, der Welt einfach zu zeigen, daß wir zusammenlebten, und es war nicht mehr so wichtig, was die anderen dachten, sondern welche Gefühle wir füreinander hatten.

Dann kam er echte Wendepunkt, und das war ein seltsames Erlebnis. Seit fast einem Jahr lebten wir zusammen, und das schien mir nahezu unglaublich. Ich weiß nicht, wie das in dieser Art von Nachbarschaft überhaupt möglich war, aber es ging. Vieles hatte mit den Gefühlen zu tun, die ich mir selbst gegenüber empfand. Jedenfalls, Joe war verreist, auf einer Geschäftsreise, und ich war zu Hause. Die Kinder schliefen, und ich saß im Wohnzimmer vor dem Fernseher, der mir gegenüber neben einem großen Fenster stand. Normalerweise sind die Vorhänge abends geschlossen, aber an diesem Abend waren sie es nicht, und als ich einmal vom Fernseher wegblickte, sah ich in der Fensterscheibe mein Spiegelbild. Und dann begann ich eine Art Gespräch mit mir selbst. Es war sehr wichtig für mich, aber ich weiß nicht, ob Sie verstehen, was ich sagte. Es war ungefähr so: »Da sitzt du also mit deinen vierunddreißig Jahren, und wie anders war das Leben, als du es dir vorgestellt hattest.« Ich hatte immer eine sehr unreale Vorstellung vom Leben. Ich dachte, ich wollte verheiratet sein, mich irgendwo niederlassen, sechs Kinder haben, du lieber Gott, und bis an mein Lebensende glücklich und zufrieden die Familie versorgen. Mir schien das immer eine ganz einfache und vernünftige Vorstellung. Aber so einfach war es nie gewesen. Ich fand einen Mann, den ich liebte, wie ich dachte; ich hielt mich für stark und offen und ehrlich, im wahrsten Sinne der Bedeutung, aber es war nicht gegangen. Es hatte so viel Leid gegeben, ich war häufig krank gewesen und hatte große Probleme mit den Kindern gehabt, ich war nicht imstande gewesen, mit dem Leben wirklich fertig zu werden. Dieses Leben war zweifellos eine Hölle gewesen.

Ich sprach gewissermaßen zu mir selbst und hörte mir all die Dinge an, die schiefgegangen waren. Und dann fing ich an, mir zu überlegen, ob nicht auch irgend etwas gut gewesen war. Ich stellte mir Fragen, und eine dieser Fragen lautete: »Also, Mädchen, was willst du wirklich? Was möchtest du?« Und bei der Antwort stellte sich heraus, daß das, was ich wollte, nicht die Ehe war, nicht die sechs Kinder und nicht das zufriedene Dasein als Ehefrau und Mutter. Ich wünschte mir jetzt etwas ganz anderes. Ich wollte lernen, wie man jemand liebt, wie man einen Menschen liebt und wie man geliebt wird – mehr nicht. Ich brauchte das Haus nicht, ich brauchte überhaupt nichts, ich wollte nur wissen, wie man das macht – wie man das erlernt.

Und mein Spiegelbild sagte: »Na und, Mädchen, was glaubst du, was du jetzt hast?« Und ich saß da und dachte: »Es stimmt, ich habe ja einen Mann, den zu lieben ich lerne. Wenn das mein Ziel ist – zu lieben und geliebt zu werden –, dann habe ich es erreicht. Joe liebt mich, ich liebe ihn, er liebt die Kinder. Was will ich mehr?«

Bis zu diesem Zeitpunkt hatte ich unserer Beziehung immer noch reserviert gegenübergestanden, denn Joe hatte nie den Eindruck gemacht, als wolle er mich heiraten. Der Fetzen Papier, die Heiratsurkunde, war wieder einmal mein Maß für die Liebe, was einfach dumm war. Er lebte mit mir, er teilte sein Leben mit mir, er war wunderbar zu meinen Kindern – er akzeptierte mich so, wie ich war, mit allem Drum und Dran, und ich hatte genau das, was ich wollte, aber ich nahm es nicht zur Kenntnis, weil ich das Stück Papier nicht besaß. Ich war zynisch genug, um sagen zu können: »Na ja, vielleicht schläft Joe mit mir, aber das alles ist ohne das Stück Papier nichts Richtiges.« Und mir wurde klar, wie falsch das war. Irgend etwas Gewaltiges geschah in mir, als ich dieses Gespräch mit mir zu Ende geführt hatte, und sich eine Art Frieden in mir ausbreitete, den ich nie zuvor empfunden hatte.

Ich glaube, ich weinte, ich kann mich nicht genau erinnern. Aber ich empfand auch Freude, beides Dinge, die ich bislang nicht kannte. Ich spreche von einer Beziehung zu mir selbst. Ich kannte weder den Frieden noch die Freude. Und jetzt hatte ich beides erlebt, und zwar durch mich selbst. Ich hatte Joe nicht dazu gebraucht. Ich hatte niemanden gebraucht, der das für mich tat. Es war meine ureigenste Erfahrung, und das war herrlich. Ich kann gar nicht genug betonen, wie wichtig dieses Gespräch mit meinem Spiegelbild für mich war. Es war ein echter Wendepunkt.

Als Joe von der Reise zurückkam, hatte ich nicht das Bedürfnis, es ihm mitzuteilen; es war keine riesengroße Sache, die erklärt werden mußte. Sie gehörte mir, und sie brachte eine Menge Verantwortung mit sich, die mir plötzlich keine Angst mehr machte.

Und offenbar nahm ich sehr viel Druck von Joe – wir haben später häufig darüber gesprochen. Ich sagte nichts, aber meine Einstellung änderte sich. Von seinem Standpunkt aus war ich plötzlich und zum erstenmal sexuell vollkommen bei ihm. Der Friede, den ich mit mir selbst geschlossen, und die positiven Gefühle, die ich in bezug auf mich hatte, waren offenkundig und teilten sich ihm mit. Darauf hatte er gewartet. Zwei Wochen später waren wir verheiratet, was wirklich verblüffend war. Ganz plötzlich war Joe absolut sicher, daß wir heiraten sollten; daß unser Zusammensein gut war und daß es von seinem Standpunkt aus, und sicherlich auch von meinem, wahrscheinlich immer besser werden würde.

Aber ich war nicht sicher, ob ich heiraten wollte. Es war komisch, mir ging es gut, und ich wollte das nicht zerstören. Ich brauchte die

Ehe nicht, und das meinte ich ernst. Ich hätte seine Eltern besuchen können oder meine Eltern, überhaupt alle Leute, die mir vorher mit ihrer Beurteilung meiner Person solche Angst gemacht hatten. Plötzlich hätte ich sie besuchen können, auch ohne verheiratet zu sein und voller Stolz. Wie dem auch sei, wir *waren* jetzt verheiratet. Und es ist wunderbar. Es verändert sich mit jedem Tag, unaufhörlich. Vor dem kleinen schwarzen Klumpen in mir habe ich keine Angst mehr. Wenn er sich zeigt, dann kommt das ganz natürlich auf mich zu. Ich habe kein Ziel erreicht, auch nicht das Ende von irgend etwas, aber ich bin auf dem Weg dazu. Das heißt für mich, einfach *zu sein*, und das ist nicht leicht. Häufig wäre es viel bequemer, wenn ich die Dinge, die in mir vorgehen, für mich behalten würde. Ich denke: »Mein Gott, das wird jenes auslösen, was wiederum zu diesem führt, und sobald ich das tue, bin ich in Schwierigkeiten, und unsere Beziehung ist ebenfalls in Schwierigkeiten.« Ich muß immer daran denken, das mitzuteilen, was ich *im Augenblick* bin, denke und fühle. Das ist der Prozeß. Und so geht es, und nur so geht es, wie ich festgestellt habe. Es schenkt mir Freude. Manchmal blicke ich in den Spiegel und finde, daß ich wirklich hübsch bin. Das ist wirklich ein Fortschritt.

Eigentlich ist es eine Schande, daß ich erst mit vierzig darauf gekommen bin, aber in Wirklichkeit bedaure ich nichts von alldem, was ich erlebt habe. Ich bestrafe mich nicht mehr. Ich sehe es und bedaure einige Dinge, die ich getan habe, aber ich bestrafe mich dafür nicht mehr. Ich lerne im Jetzt zu leben und beginne zu verstehen, was dieses Wort bedeutet. Unser sexuelles Leben ist phantastisch. Ich merke, daß ich richtig mutig werde, und das ist irgendwie herrlich. Joe findet mich einfach wunderbar. Die meiste Zeit denke ich, er muß ja blind sein, aber auch das ist in Ordnung. Zu meinen Kindern habe ich eine gute Beziehung. Es geht wie beim Schneeballsystem, von einem zum anderen und immer weiter bis zu unseren Freunden. Ich bin ehrlich zu Joe, Joe ist ehrlich zu mir, und wir sind ehrlich zueinander. Keine Tricks, keine Versteckspiele. Es ist herrlich, leben zu können, einfach der zu sein, der man ist, und zu merken, daß das in Ordnung ist. Ich brauche nichts verbergen, und ich muß mir nicht überlegen, was irgend jemand will, um es ihm zu geben, damit er mein Freund ist oder ... Es ist schön so. Ich bin sicher, daß ich nicht ununterbrochen vierundzwanzig Stunden am Tag so bin, aber es wächst, ganz allmählich kommt es. Und ich bin froh, daß ich lebe. Es gibt keinerlei Garantien, aber ich bin froh, daß ich lebe.

Und wissen Sie was? Ich habe festgestellt, daß der kleine schwarze

Ball in mir das Liebenswürdigste an mir ist. Der Teil von mir, den ich immer für den häßlichsten hielt, ist der schönste, weil ich gelernt habe, ihn zu teilen.

Kommentar: Ein ganzes Buch über Persönlichkeitsdynamik ließe sich aus einer Untersuchung dieses Berichts zusammenstellen, den Irene über ihr Leben gibt. Er enthält Erfahrungen über Kinderentwicklung, über Eltern-Kind-Beziehungen, über die Schaffung eines eigenen Selbst-Konzepts, über die Faktoren, die eine persönliche Veränderung fördern, über sexuelle Anpassung (gute wie schlechte), über Rationalisierung und so weiter und so fort. Zuerst dachte ich daran, das, was ich an Irenes Bericht wichtig fand, unter diesen Überschriften zusammenzustellen. Aber dann schien es mir sinnvoller, die einzelnen Erkenntnisse nur kurz und in der Reihenfolge ihres Auftretens zu wiederholen. Auf diese Weise können Sie anhand des Berichts überprüfen, ob Sie mir beipflichten oder nicht und ob Sie dabei auf andere Elemente stoßen. Hier also die Liste:

Die Wirkung destruktiver Familienbeziehungen auf das Kind und den jungen Menschen (78).

Der Einfluß früher Verdrängungen auf das Sexualleben (78/79).

Die unglaubliche Kluft, die sich in einer Beziehung auftut, die auf starren Erwartungen und nicht auf Verstehen beruht (79/80).

Der anhaltende Einfluß elterlicher Zurückweisung (79). Einige der Elemente, die zu einem negativen Selbst-Konzept führen können: mütterliche Zurückweisung (80); sexuelle Unzulänglichkeit (81); Versagen in zwei Beziehungen (84, 86) usw. Einige dieser Elemente tauchen zuerst in anderen auf, wie »Ich habe dich nie geliebt«. Andere werden selbst erfahren: »Ich hatte nie einen Orgasmus«. Aber wenn die Person die negativen Wahrnehmungen anderer übernimmt und ihre eigene Erfahrung im Sinne der Erwartungen anderer interpretiert (»Ich hatte nie einen Orgasmus, deshalb bin ich keine Frau«), dann kann das Selbst-Konzept tatsächlich sehr negativ werden.

Die ständig wachsende Grausamkeit in einer Beziehung, die erstens auf Rollenerwartungen und zweitens auf Vorwürfen basiert, mit denen die Tatsache kompensiert wird, daß diese Erwartungen nicht erfüllt werden (80–82).

Die Anstrengung, vor der Welt eine Maske zu tragen, die nichts mit der Realität zu tun hat (81, 82).

Die Angst vor Beziehungen, die auf dem Glauben basiert, daß tief im Innern des Selbst etwas unsagbar Scheußliches sitzt, das anderen nie gezeigt werden darf (81, 82).

Wie ein vollständiger Mangel an Lebenserfahrung in einer Beziehung zu einer anderen Person eine Ehe zerstören kann (82).
Das bizarre Verhalten, das langsam aus wachsender Frustration entstehen kann (wie zum Beispiel, daß sie ihrem Mann eine andere Frau sucht) (83).
Die Leichtigkeit, mit der wir bequeme Rationalisierungen übernehmen »Das war mein Scheidungsgrund – daß er die Kinder grausam behandelte« (83).
Die Schwierigkeit, mit der realen Welt fertig zu werden, die erst realisiert wurde, als sie erfahren worden war (83/84).
Die vielfältige Verzweigtheit einer befriedigenden sexuellen Beziehung zwischen einem Mann und einer Frau (vielfältige Hinweise, besonders aber auf den Seiten 80–90).
Das Bedürfnis nach Liebe und Aufmerksamkeit, das die Wahrnehmungen verzerrt, wenn es stark genug ist (84–86).
Das Schuldgefühl, weil sie glaubte, eine Ehe zerstört zu haben, das noch zu ihrem negativen Selbst-Konzept hinzukam (84–86).
Die Schwäche, die aus dem Fehlen eines positiven Bildes von sich selbst erwächst – das Gefühl, ein »Niemand« zu sein (84–86).
Ein ganzer Katalog zweifelhafter Gründe für eine Ehe: Erschöpfung, der Wunsch, zu Hause zu bleiben, finanzielle Sicherheit, emotionelle Sicherheit, gutaussehender Partner, ein Vater für die Kinder, sexuelle Anziehung (auf seiten des Ehemannes); vorher auch Auflehnung gegen die Mutter, der Wunsch nach einem Heim und Kindern (85–87, 79–81).
Die Art und Weise, in der wir unangenehme Erinnerungen unterdrücken (86).
Wie das Leben unerträglich werden und das Selbst so schrecklich erscheinen kann, daß Selbstmord und die Zerstörung des Selbst wünschenswert scheinen (85/86).
Die ersten Anfänge psychischer Genesung – sich selbst betrachten (85/86).
Die Ambivalenz, die jeder von uns in bezug auf Gesundheit und Wachsen kennt. Beides bedeutet Risiko und Verantwortung. Selbstmord begehen oder ein Märtyrer sein ist einfacher (87/88).
Der Druck, der von einer Beziehung weichen kann, wenn man *wirklich* ist (91/92).
Wie nebensächlich gesellschaftliche Erwartungen und Beurteilungen werden, wenn eine Beziehung real ist (93).
Die Bedeutung von Leben und Beziehungen als eines *Prozesses* des Lebens und nicht als einer Reihe von Rollenerwartungen (92/93), verglichen mit den beiden ersten Ehen.

Der enorme Wert – und das Risiko – von Offenheit in einer Beziehung (92–94).

Die überragende Bedeutung des Selbst-Konzepts als Wegweiser zum Verhalten einer Person. Man vergleiche das offene, teilende Verhalten einer liebenswerten, sexuell ausgeglichenen, sich nicht schuldig fühlenden »hübschen« Person (93/94) mit dem Verhalten einer unliebenswürdigen, sexuell unzulänglichen, ängstlichen, nicht liebenden, defensiven und häßlichen Person (78–89). Um es deutlich zu sagen: Irenes Wahrnehmung von sich selbst änderte sich erst, als sie selbst nach und nach zu einem anderen Bild von sich kommt, und dieses Bild akzeptiert.

Diese Liste wirkt, verglichen mit dem Interview, ziemlich farblos, aber vielleicht regt sie Sie zum Nachdenken an. Ich hoffe jedenfalls, daß Irenes Geschichte auf vielfältige und persönliche Weise zu Ihnen gesprochen hat und daß sie Ihnen Stoff zum Nachdenken über weitere psychologische Prinzipien geliefert hat.

6.

Schwarz und Weiß

Hal ist ein Farbiger, den ich kennenlernte, als wir beide in einem großen Workshop im Mittelwesten tätig waren. Wir freundeten uns an, und ich erfuhr, daß er sich von seiner farbigen Frau, der Mutter seiner beiden Söhne, hatte scheiden lassen und nun eine weiße Frau heiraten wollte. Er erzählte mir auch einiges über seine Kindheit in einem Großstadtgetto, und als ich viele Monate später vor einer neuerlichen Reise in den Mittelwesten stand, schrieb ich ihm, ob ich ein Interview mit ihm auf Tonband aufnehmen könne. Er war damit einverstanden.

Hal ist ein schlanker, fast graziler Mann mit einer sanften, weichen Stimme. Er hat in Soziologie promoviert, unterrichtet, und hat nebenher eine Klinik zur kostenlosen Behandlung Bedürftiger organisiert.

In dem Interview sprach er völlig frei, aber ich glaube, er gehört nicht zu den Leuten, denen es leicht fällt, ihre Gefühle zu offenbaren, und gelegentlich muß man zwischen den Zeilen lesen, um die volle Bedeutung seiner Erfahrung zu erfassen.

Ich hatte die Absicht, dieses Kapitel fast ausschließlich auf seine relativ junge Ehe mit der weißen Frau zu beschränken, aber dann wurde mir klar, daß Hal ohne eine nähere Betrachtung seines ungewöhnlichen Hintergrunds und seiner ersten Ehe kaum verstanden werden kann. Ich gebe das Material vielfach nur in Auszügen wieder, aber am eigentlichen Inhalt ändert sich dadurch nichts.

Seine Beziehung zu seiner Mutter

Ich bin in Chicago geboren und aufgewachsen. Meine Mutter arbeitete schwer, und wir hatten soviel Geld, daß ich ganz angenehm leben konnte. Wir wohnten in einer Gegend, in der nur Farbige, Italiener und ein paar Polen lebten. Aber die meisten von uns waren Farbige. Es gab ein paar sehr arme Leute, aber auch einige Reiche. Ich hatte immer alles, was ich wollte, einmal besaß ich vier Fahrräder zur gleichen Zeit, und an jedem Zahltag bekam ich von meiner Mutter etwas zum Anziehen. Für sich selbst kaufte sie nie etwas. Alles bekam ich – Überkompensation.

Ich glaube, die wirklichen Probleme, an die ich mich erinnere, lagen darin, daß ich alles sehr demonstrativ tat, anschmiegsam

und liebebedürftig war. Als Kind hatte ich nie jemand, der mich liebte und umsorgte, meine Mutter arbeitete von morgens bis abends, damit ich genügend Kleider hatte und genügend Geld. Ich war ein Einzelkind und kannte meinen Vater nicht, aber die zahlreichen Onkel und Tanten der Familie nahmen irgendwie den Platz eines Vaters ein.
Ich habe meinen Vater nie kennengelernt, aber niemand machte daraus ein Problem. Ich hatte alles, was ich brauchte und niemand sprach je darüber, und ich hatte nie Grund, irgendwelche Fragen zu stellen. Ich hatte nie das Gefühl, daß mir etwas fehlte, daß ich keine Familie hatte und keinen Vater, der mit mir zum Baseballspiel ging. Ich war mit so vielen anderen Leuten zusammen, daß mir nie der Gedanke kam, man müsse einen Vater haben, um dieses oder jenes erleben zu können, deshalb gab es für mich in dieser Hinsicht kein Problem. Ich habe mir nie einen Vater gewünscht.
Ich erinnere mich nicht, daß meine Mutter mir jemals vorgelesen hätte. Ich glaube, ich habe meine Mutter tatsächlich nur zweimal geküßt. Wir hatten eine Beziehung wie Bruder und Schwester. Ich stand morgens auf, bügelte meine Hemden, und meine Mutter schlief, weil sie nie vor zwei Uhr in der Frühe von ihrer Arbeit bei der Post zurückkam. Manchmal stand sie auf und machte mir ein Frühstück und legte sich wieder hin. Niemand hat je für mich gekocht. Ich kochte entweder für mich selbst, oder sie gab mir jeden Tag zwei Dollar, damit ich mir etwas zu essen kaufte. Wir aßen höchstens einmal am Wochenende zusammen, wenn sie von der Kirche nach Hause kam. Wir gingen in verschiedene Kirchen, weil sie Baptistin war und ich Methodist. Wir haben *nie* etwas zusammen gemacht. Erst nachdem sie meinen Stiefvater geheiratet hatte, wurde unsere Beziehung etwas enger.
Ich: Mich wundert, daß Sie sich nur an ein oder zwei Gelegenheiten erinnern können, bei denen Sie Ihre Mutter geküßt haben. Zeigte sie ihre Liebe auf andere Weise? Vielleicht indem sie Sie umarmte oder an sich zog? Können Sie sich an irgend etwas Derartiges erinnern?
Hal: Ich kann mich wirklich nicht erinnern, daß ich je von meiner Mutter umarmt worden wäre. Ich umarme sie heute oder lege die Arme um sie. Aber ich wußte, daß sie sich immer um mich kümmerte, weil sie mir jederzeit alles gab, was ich brauchte. Gleichzeitig war sie aber auch sehr streng. Ich hatte keine Angst vor ihr, aber ich wußte, wenn sie etwas sagte, dann war ihr das ernst; ich wußte, daß sie mir eine Tracht Prügel oder eine Ohrfeige geben würde, wenn ich mich nicht daran hielt. Einmal schrieb sie mir einen Brief, als ich in der High School war und erklärte mir, wie stolz sie war

und wie schwer sie für mich gearbeitet hatte und lauter solche Sachen und wie froh sie war, daß ich glücklich zu sein schien und es im Leben offenbar zu etwas bringen würde. Dieser Brief bedeutete mir sehr viel – ich weiß nicht, wohin er geraten ist, aber er traf mich mitten ins Herz. In diesem Brief zeigte sie, wie sie mich liebte. Sie hielt mich immer für ein Baby. Das wurde in unserer Ehe, in der ersten Ehe, meine ich, zu einem Problem, denn sie schickte mir immer Sachen zum Anziehen, noch lange nachdem wir verheiratet waren. Und sie ist sehr verletzt, wenn ich ihr zum Beispiel erkläre, daß ich dieses oder jenes nicht tue. Oder wenn ich in bezug auf die Kinder sage: »Mutter, laß das sein, ich möchte, daß die Kinder anders behandelt werden.« Dann erinnert sie mich, daß sie mich schließlich auch aufgezogen hat. Ich muß sie immer noch jede Woche einmal anrufen, und wenn ich es nicht tue, regt sie sich auf und ruft von sich aus an und will wissen, wie es uns geht.

Sein Hintergrund und die Nachbarschaft

Die Atmosphäre und das allgemeine Verhalten außerhalb seines Zuhause unterschieden sich sehr stark von dem nachsichtigen, aber ordentlichen Lebensstil innerhalb der eigenen vier Wände.

Ich erinnere mich, daß ich mit ungefähr sieben Jahren anfing zu trinken. Heimlich natürlich. Und in der Volksschule tranken wir ständig. Wir gingen einfach weg und kauften uns ein paar Flaschen Wein. Oder wir klauten sie in einem Supermarkt. Ich war der kleinste, und die anderen rollten die Flasche auf dem Boden bis zur Tür, wo ich sie mir schnappte und wegrannte. Und dann saßen wir im Hof und tranken den Wein. Dann erinnere ich mich noch, daß immer irgend jemand eine Flasche Whisky besorgte, bevor wir zu einer Party gingen und ständig irgendwas tranken.
Die Kinder in der Nachbarschaft fingen ziemlich früh mit Drogen an. Ich erinnere mich, daß es in der Volksschule schon Kinder gab, die Pillen schluckten oder Marihuana rauchten. Die meisten gingen sehr bald zu Heroin über. Prostitution war etwas Alltägliches.
Dann gab es noch jede Menge Bandenkriege. Wir mußten Schutzgebühren an jugendliche Banden zahlen, um überhaupt aus dem Haus gehen zu können. Wer nicht zahlte, wurde zusammengeschlagen und konnte nicht zur Schule. Ich war einer der schnellsten Jungen der Nachbarschaft und ein guter Boxer, und so wurde ich bald mit dem Eintreiben der Gelder beauftragt. Ich machte das zu-

sammen mit einem anderen, den wir den »ehrlichen John« nannten. Er war der übelste Bursche der ganzen Nachbarschaft. Wenn jemand sagte: »Ich hab' das Geld nicht«, dann sagte er: »Vertrimm ihn, Hal!«, und dann schlug ich ihn zusammen und die anderen nahmen ihm das Geld ab. Ich mußte das machen, sonst hätte ich mich nicht auf der Straße zeigen können. Ich mußte mitmachen, um nicht als Feigling zu gelten. Aber ich habe mich nie in meinem Leben freiwillig mit jemand geprügelt.

Dann heiratete meine Mutter meinen Stiefvater, einen Prediger, und er erklärte ihr, ich sei verwildert. Als sie heirateten, war ich nicht zu den Hochzeitsfeierlichkeiten erschienen. Sie wußten nicht einmal, wo ich war. Ich war weg.

Ich war nie ein Kind. Ich wußte nicht einmal, was es heißt, ein Kind zu sein. Mit sieben Jahren konnte ich das ganze Haus putzen. Wir hatten eine Pension mit zweiundzwanzig Zimmern. Die oberen Stockwerke waren vermietet, aber der Keller gehörte mir allein. Ich besaß eine vollständige Gewichtheber-Ausrüstung und eine Kegelbahn. Und einen richtigen Billardtisch. Das alles bekam ich, als ich noch sehr klein war.

Hal beschreibt, wie er bei Theateraufführungen mitwirkte, in Konzerte ging und überhaupt kulturell sehr viel unternahm, »... aber wenn ich von solchen oder ähnlichen Veranstaltungen zurückkam, dann mußte ich wieder die Rolle des jugendlichen Rowdys spielen. Das mußte sein, denn wenn die anderen gemerkt hätten, daß man nicht ganz zu ihnen gehörte, dann wurde man geächtet, und Ächtung hieß, daß man sich jeden Tag prügeln mußte.«

Die Schule

In der Volksschule habe ich nie etwas gelernt. Die Lehrerin schickte mich für sie einkaufen. Ich kaufte Strümpfe für sie und solche Sachen. Ich konnte das, weil meine Mutter mir früh beigebracht hatte, für sie einzukaufen. Ich bügelte auch meine Hemden selbst, ich putzte die Zimmer – ich konnte das alles. Ich konnte mich völlig selbständig versorgen. Deshalb zogen sie mich zu all diesen Dingen heran, statt mich in der Schule sitzen und mit den anderen Kindern lernen zu lassen. Das Resultat war, daß ich erst im College anfing zu lernen; ich mußte ganz von vorne anfangen und all das nachlernen, was ich eigentlich schon in der Volksschule hätte lernen sollen.

Hal erinnert sich, warum er seine erste Frau heiratete:

Ich glaube, ich heiratete in erster Linie aus Einsamkeit; ich war als Einzelkind aufgewachsen, hatte kaum enge Beziehungen zu anderen Menschen gehabt und nur wenige Mädchen gekannt. Nach den ersten zwei Jahren auf dem College, wo ich meine Frau kennenlernte, ging ich zur Armee.

Ich erinnere mich, daß mir alle sagten, sie sei genau das richtige Mädchen für mich. Sie war sehr zurückhaltend und ging viel in die Kirche. In ihrer Familie wurde weder getrunken noch geraucht, und sie war sehr gläubig. Aber unsere Lebensweisen waren völlig verschieden.

Die anderen sagten immer wieder, wie gut sie zu mir passen würde, und ein Freund von mir, vor dem ich große Achtung hatte, bestärkte mich ganz besonders. »Sie ist die Richtige für dich«, erklärte er mir.

Nach einigen Verabredungen ging Hal zur Navy und leistete seinen Militärdienst ab. In dieser Zeit schrieb er ihr nicht einmal; erst durch Zufall kam eine Korrespondenz zustande, und kurz vor seiner Entlassung heirateten sie. Er war dreiundzwanzig. Sie waren beide nicht nur im sexuellen, sondern in so gut wie allen Bereichen völlig unerfahren.

Es machte mir Sorgen, daß ich in keiner Weise zu den besten Studenten gehörte, und ich dachte, eine Frau wie sie, die mich ergänzen konnte – ich dachte, sie könnte mir helfen, meine Sachen rechtzeitig abzugeben und so ähnlich. Aber nach einiger Zeit merkte ich, daß sie nicht bereit war, mich zu unterstützen oder mir zu helfen. Vielleicht war sie dazu auch nicht imstande. Jedenfalls, wenn ich irgendwas zu schreiben hatte und sie bat, es mir gleich mit der Maschine abzutippen, weil ich ungern wartete, dann ließ sie erst einmal ein paar Tage vergehen, bis es höchste Zeit wurde, und das machte mich wütend und nervös.

Hal glaubt, daß die großen Unterschiede in Herkunft und Lebensstil ebenso wie die Tatsache, daß sie sich in Gegenwart seiner Freunde nicht wohl fühlte, noch mehr dazu beitrugen, daß sie sich immer weiter voneinander entfernten. Aber es gab auch noch andere Gründe.

Ich glaube, was mich wirklich verletzte war, daß ich Liebe und Zuneigung brauchte, aber mir war damals noch nicht klar, daß ich

das als Kind vermißt hatte und deshalb besonders brauchte. Ich erinnere mich, daß ich sie einmal an mich ziehen und küssen wollte, aber sie wies mich ab. Das habe ich nie vergessen. Es fiel mir sowieso sehr schwer, meine Zuneigung zu zeigen. Ich dachte immer, die Leute würden sie zurückweisen, weil ich klein bin und ich glaubte nie, daß jemand mich wirklich gern haben könnte – höchstens mein Geld. Wenn sich dann jemand von einem abwendet, von dem man glaubt, daß man endlich doch eine Beziehung zu ihm hat, dann ist das sehr hart, und für mich war es einfach zuviel.
Ich beendete mein Studium, trotz des Mangels an Hilfe und Interesse auf seiten meiner Frau. Ich war mir nicht sicher, ob es sich um Eifersucht handelte, aber mir schien, je höher ich die Leiter hinaufstieg, desto unzufriedener wurde sie. Sie sprach es nie aus, aber ihrem Verhalten merkte ich es deutlich an. Zum Beispiel ging ich morgens früh in die Vorlesungen, und wenn ich nachmittags zurückkam, lag sie immer noch im Bett. Ich erinnere mich, wie meine Freunde mich immer aufzogen, weil ich meine Sachen selbst waschen und sonntags das Haus putzen mußte. Das waren alles Dinge, die mich störten. Das sexuelle Leben war nach einiger Zeit nicht mehr gut. Es machte mir einfach keinen Spaß mehr. Ein paarmal wollte ich schon gehen. Einmal bin ich ausgezogen und wieder zurückgekommen – nach einem Tag. Und dann dachte ich: »Also, so geht es einfach nicht.« Wir lagen zusammen im Bett und weinten, weil es so traurig war. Ich fühlte mich danach besser, aber ich glaube, im Innern wußte ich, daß es nicht dauern würde.
Ich: Sie sagten, daß ihre sexuelle Beziehung mit zunehmender Verschlechterung der Ehe immer unbefriedigender für Sie wurde. War sie denn je befriedigend für Sie und vor allem befriedigend für Ihre Frau gewesen?
Hal: Ich glaube, manchmal schon. Ich habe sie gefragt, ob sie es genossen und einen Orgasmus erlebt habe, und sie sagte ja. Aber dann wieder – ich erinnere mich, daß ich sie manchmal beim Masturbieren überrascht habe. Ich war immer morgens besser und wollte morgens mit ihr schlafen, aber sie wollte das nur abends. Manchmal ging es. An anderen Tagen war ich einfach müde und physisch erschöpft. Völlig fertig. Manchmal arbeitete ich sechzehn bis achtzehn Stunden am Tag, und wenn ich nach Hause kam, war ich einfach erledigt. Ich trank ein Bier und schlief ein. Das waren damals schwere Zeiten für mich, und ich versuchte, ihr zu helfen, daß sie mich verstand ... Ich kann mich nicht erinnern, daß wir sehr häufig schöne sexuelle Erlebnisse miteinander hatten, aber ich habe mir immer Mühe gegeben, sie zufriedenzustellen und nicht selbstsüchtig zu sein.

Er wußte, daß sie es lieber sah, wenn er im Geschäftsleben statt in der Lehrtätigkeit Erfolg hatte, deshalb betrieb er nebenher zahlreiche andere Unternehmungen, was ihn physisch zermürbte, wie er erwähnte.

> Ich dachte, bei all ihren Fähigkeiten und Begabungen würde sie versuchen, mir bei diesen Dingen zu helfen, aber es endete immer damit, daß ich alles allein machte. Ich war kaum noch zu Hause, weil ich mich um viele Dinge gleichzeitig kümmern und genügend Geld beschaffen mußte, damit wir all die Dinge tun konnten, die sie sich wünschte.

Mittlerweile hatten sie zwei Kinder, und die Aufgabe, die Familie zu ernähren, war nicht einfach.

Zusammenbruch – und Auflösung

Das Element, das schließlich zur Trennung führte, ist bislang noch nicht zur Sprache gekommen, obwohl es sich schon früher mehrfach angekündigt hatte, auch wenn er es nicht beachtete.

> Sie hatte die Angewohnheit, mitten in der Nacht aufzustehen und an den See zu fahren. Zuerst störte mich das überhaupt nicht. Ich spürte, daß sie manchmal einfach weg mußte. Ich machte mir Sorgen, weil es bisweilen sehr spät war, und ich verstand es nicht ganz. Und dann verschwand sie ein paarmal, ohne mir etwas zu sagen, und fuhr nach Hause, in eine andere Stadt. Einmal war ich mit den Kindern unterwegs, und als wir zurückkamen, war sie fort und kam mehrere Tage lang nicht zurück. Ich wußte nicht wo sie war. Ich rief bei ihr zu Hause an und erfuhr, daß sie dort war. Erst nachdem ich sehr ärgerlich wurde und ihr sagte, die Kinder seien krank, kehrte sie zurück.
> Später hatte sie einen Nervenzusammenbruch, ja, ich glaube, das war es. Diesmal machte ich mir Sorgen, denn sie ging zu einer Freundin, die mich anrief und sagte, sie läge auf dem Sofa und habe Halluzinationen ... sie glaubte, sie müsse sterben und hatte Angst. Dann fing sie an, Mitteilungen zu schreiben, die ich völlig unzusammenhängend fand. Ich begriff das nicht.
> Ich erinnere mich, daß sie ein paarmal sagte, sie wolle mit mir reden, aber ich wußte nicht, daß es so ernst war, und manchmal schien es mir auch kaum etwas zu geben, worüber wir hätten reden können.

Ich kam dann häufig etwas früher nach Hause, brachte ihr Blumen mit und war nett zu ihr. Eine Zeitlang half das, aber irgendwas schien mit unserer Kommunikation nicht zu stimmen; wir sprachen einfach nicht genug miteinander und warteten immer, bis die Krise da war.

Schließlich mußte sie in eine Klinik, was nicht ohne seelische Erschütterungen abging. Kurz nachdem sie aus der Klinik zurück war, bekam Hal einen guten Job in einer anderen Stadt, und sie zogen um. Ihre Schwester kam zu Besuch.

Eines Tages ging ich zur Arbeit, und als ich abends nach Hause kam, hatte sie die ganze Wohnung ausräumen lassen. Alles war weg, bis auf ein Klappbett, meine Kleidung und meinen Wecker. Alles übrige hatten die Möbelpacker mitgenommen. Ich war fassungslos und traurig, aber irgendwie auch erleichtert, weil sie mir die Entscheidung abgenommen hatte. Am meisten taten mir die Kinder leid.
Ich: Sie sprachen vorhin davon, daß sie Angst gehabt hatte und erwähnten andere Gefühle, die Ihre Frau offenbar bewegten, aber wie sahen Ihre Gefühle zur Zeit des Zusammenbruchs aus?
Hal: Hm, meine Gefühle ... ich war sehr verletzt. Ich fragte mich, ob ich die Ursache ihres Zusammenbruchs war und welche Rolle ich dabei spielte. Ich ärgerte mich, daß ich mir nicht die Zeit genommen hatte, ihr zuzuhören, einfach weil ich nicht wußte, daß es so ernst war. Und ich hatte ein schlechtes Gewissen, weil ich mich zwar viel mit anderen Leuten befaßt hatte, aber überhaupt nicht bemerkt hatte, daß sie krank war. Ich wußte, daß sie ständig migräneartige Kopfschmerzen hatte. Ich wußte das. Und ich wußte, daß sie unter Depressionen litt. Jetzt fielen mir all diese Dinge wieder ein, und ich machte mir Vorwürfe, aber ich sah immer noch nicht, welche Rolle ich bei ihrer Krankheit spielte.
Ich glaube, es hat mir schließlich sehr geholfen, daß der Psychiater sagte, es sei nicht alles meine Schuld, sie sei schizophren, und so etwas könne eben passieren, und ich hätte es vermutlich nicht einmal verhindern können. Er sagte, das alles sei wahrscheinlich schon seit längerer Zeit da gewesen, und eigentlich überrasche es ihn, daß die Ehe so lange gedauert habe. Das half mir auch in bezug auf ihre Familie, die ihrerseits häufig das Gefühl gehabt hatte, daß etwas nicht mit ihr stimmt. Sie habe sich früher schon häufig in ihr Zimmer eingeschlossen und sei tagelang nicht herausgekommen. Und immer habe sie über Kopfschmerzen geklagt. Sie sagten, sie hätten immer

den Eindruck gehabt, sie lebe in einer Phantasiewelt, schon als sie noch ein Kind war. Das alles war mir nie aufgefallen, aber irgendwie half es mir über vieles hinweg.

Ich: Hat sie je mit Ihnen darüber gesprochen, warum sie fortgegangen ist?

Hal: Nein, nie. Wir haben nie richtig darüber gesprochen. Ich glaube, sie war einfach froh, daß sie fort war und alle Belastungen abgeschüttelt hatte. Ich war in gewisser Weise über ihren Weggang so erleichtert, daß ich nie irgendwelche Fragen stellte.

Nach der Trennung rief ich einmal bei ihr an, um mich nach den Kindern zu erkundigen, und sie bat mich zu kommen und sie abzuholen. Ich fand das irgendwie ... es störte mich, daß eine Mutter sagt: »Komm und hole die Kinder. Ich möchte, daß du dich um sie kümmerst.« Aber ich holte die Kinder zu mir, und sie blieben anderthalb Jahre bei mir, bis ich wieder heiratete. In dieser Zeit war ich Vater und Mutter. Ich mußte das Frühstück machen, waschen und bügeln und das Zimmer meines ältesten Sohnes immer besonders sauberhalten, weil er Asthmatiker war. Er konnte keine Milch trinken und keine Schokolade essen. Das alles war für mich eine ziemliche Belastung, denn nebenher arbeitete ich noch an meiner Promotion.

Kommentar: Zu Hals erster Ehe gibt es nicht viel zu sagen, da die Gründe für ihre Auflösung bereits deutlich zutage getreten sind. Da war zunächst die mangelhafte Bekanntschaft vor der Ehe – ein paar Verabredungen, eine beträchtlich lange Periode ohne jedwede Kommunikation, dann der Briefwechsel und schließlich die Heirat, noch bevor er aus der Navy entlassen wurde. Hal und seine Frau hatten wirklich kaum Gelegenheit, einander einigermaßen kennenzulernen.

Die Gründe, die Hal für die Heirat angibt, sind seine Einsamkeit, die Tatsache, daß sie ein ruhiges und frommes Mädchen war und vielleicht das Wichtigste, der Ratschlag seines Freundes und anderer. Keiner dieser Gründe stellt eine solide Basis für eine Partnerschaft dar.

Während der Ehe fehlte es beiden an Offenheit; zu vieles blieb unausgesprochen. Er *vermutete*, daß sie auf seine Arbeit und seine Erfolge eifersüchtig war, aber darüber gesprochen haben sie nie. Er glaubt, daß sie unzufrieden war, aber gesagt hat sie es nie. Wenn er neben seiner Arbeit auch noch waschen und das Haus sauberhalten mußte, hat das zweifellos Reaktionen bei ihm wachgerufen, die aber nie ausgesprochen wurden. Es *störte* ihn nicht, wenn sie nachts einfach fortfuhr, aber dann *machte er sich Sorgen*, als sie anfing zu halluzinieren und Zeichen von Gestörtheit zeigte. Viel später erst erfuhr er, daß ihr seltsames Verhalten seine Wurzeln in der Phantasiewelt ihrer Kindheit hatte. Er faßt das alles zusammen in dem Satz: »Irgendwas schien mit unserer Kommunikation nicht zu stimmen, wir sprachen einfach nicht genug miteinander.« Wie hoch diese Barriere zwischen den beiden war, zeigt sich darin, daß sie nie über ihren Auszug und die damit verbundene endgültige Trennung sprachen.

In der Zeit der Trennung und nach der Scheidung arbeitete Hal an seiner Doktorarbeit und befaßte sich immer intensiver mit Encountergruppen und anderen Intensivgruppen. Der Unterschied, den ich zwischen seiner ersten und der zweiten Ehe sehe, beruht wahrscheinlich zu einem großen Teil auf dieser Art von Erfahrung und Ausbildung.

Die Zeit zwischen den beiden Ehen

In den anderthalb Jahren vor der zweiten Eheschließung suchte Hal intensiv nach einem neuen Partner:

> Nach der Scheidung kam ich zu dem Schluß, daß ich einfach nicht der Mensch bin, der alleine leben kann. Das Junggesellendasein macht mir einfach keinen Spaß. Ich habe immer gewußt, daß ich eine Familie brauche, daß ich einfach gerne verheiratet bin. Ich lernte viele Mädchen kennen, bis mir schließlich klar wurde, daß ich anfangen mußte, die Spreu vom Weizen zu trennen ... (Lachen) und mir überlegen mußte, mit wem ich wirklich zusammen sein wollte.

Das ging nicht ohne Schwierigkeiten. »Mein Hauptproblem war, daß sich die farbigen Mädchen, die ich kannte, sehr unsicher fühlten.« Er glaubte, daß sie sich nicht wohl fühlten, weil die meisten seiner Freunde geistigen Berufen angehörten und die Mädchen sich ihnen unterlegen fühlten, obwohl sie es gar nicht waren.

> Es gab wirklich keinen Grund, daß sie sich unsicher fühlten, wenn sie in Gesellschaft meiner Freunde waren, aber fast alle Mädchen, die ich kennenlernte, fühlten sich in dieser Umgebung nicht wohl. Einige meinten, ich sei zu ehrgeizig, aber die meisten wollten einfach, daß ich mehr Zeit mit ihnen verbrachte. Und viele von ihnen fühlten sich so unsicher, daß ich manchmal meine Arbeit im Stich lassen und mich um sie kümmern mußte. Es gab jedenfalls nie irgendeine Basis, auf der sich Liebe oder Verstehen hätten entwickeln können. Einige konnten sich nicht mit ihren Vätern identifizieren, weil die Eltern geschieden waren, andere versuchten, ihre jüngeren Brüder und Schwestern aufzuziehen oder ... jedenfalls war immer

alles so verworren, daß für eine gute und warme Beziehung kein Platz war. Ein anderes Mädchen, das ich gerne geheiratet hätte, wenn sie damals gewollt hätte, kam mit meinen Kindern nicht zurecht. Sie wollte sie zum Beispiel zu Disziplin erziehen, ohne ihnen zuerst einmal Liebe entgegenzubringen. Ich glaube aber, daß man Kinder nicht disziplinieren kann, solange sie nicht wissen, daß man sie auch liebt. So gab es zahlreiche Schwierigkeiten zwischen uns. Ich glaube, was mich schließlich dazu führte, daß ich Becky heiratete, war... ich lernte sie in Kentucky kennen, wo ich einen Workshop über schulische Integrationsprobleme leitete, und Becky war zufällig in meinem Workshop. Sie war verheiratet und betrieb damals gerade ihre Scheidung. Ich bemerkte sie nie wirklich, ich sah nur, daß sie das hübscheste Mädchen der Gruppe war. Aber dem schenkte ich eigentlich keine große Aufmerksamkeit. Ich war vollauf damit beschäftigt, die Gruppe zu leiten. Und dann gingen wir zu einer Party, und sie fragte mich, ob ich schon wüßte, mit wem ich hinginge, und ich sagte: »Ich weiß nicht. Ich glaube nicht.« Dann sagte sie, sie würde gerne mit mir hingehen, aber sie sei sich nicht ganz schlüssig, weil sie glaube, daß zwei von den farbigen Frauen mich vielleicht gerne mitnehmen würden und beleidigt wären oder sich über sie ärgern würden, wenn sie mit mir zu der Party ginge. Schließlich fuhren wir doch zusammen hin und tanzten und redeten miteinander. So lernten wir uns kennen. Auf dem Heimweg erzählte sie mir von ihren Scheidungsproblemen, und dann waren wir uns plötzlich ganz nah und umarmten uns und küßten uns. Am nächsten Tag fuhr ich zurück. Ich wußte nicht, daß sie auch noch andere Gefühle in bezug auf mich hatte. Wir fühlten uns sexuell angezogen und verstanden einander. Ich fuhr also wieder nach Hause, und ein paar Tage später rief sie mich an und sagte: »Hier ist Becky, hast du mich schon vergessen?« Ich sagte nein, und dann begann sie zu reden und fragte mich, ob ich Zeit für sie hätte, wenn sie mich im Sommer besuchen käme.

Becky kam und blieb für ein Wochenende. Sie erzählte viel über ihre zerrüttete Ehe und die Schwierigkeiten, zu einer Scheidung zu kommen, aber Hal hatte das Gefühl: »Ich wollte nicht in eine Scheidung hineingezogen werden, aber sie versicherte mir, daß die Schwierigkeiten längst vor unserer Begegnung begonnen hätten und die Scheidungsklage schon seit langem lief, und daß ihr Mann kaum noch nach Hause kam und so weiter und so fort.«

Im Verlauf dieses Wochenendes erzählte Becky von einer ihrer Freundinnen, die sich hatte scheiden lassen und versuchen wollte, ein neues Leben zu beginnen. Aber als sie sich endlich zu einer neuen Ehe bereit fand, war der Mann, den sie sich wünschte, nicht mehr greifbar. »Becky erzählte, diese Frau habe ihr gesagt, wenn sie sich einmal irgend etwas wünsche, dann sei es das beste, sie sorge auch dafür, daß sie es bekommt.«

Die Ehe mit Becky

Nach einiger Zeit, in der die beiden eifrig korrespondierten, begann Hal, seine Gefühle für Becky abzuwägen.

> Es gab so viele Dinge, die mir nach einiger Zeit an Becky gefielen. Sie besaß all das, was ich mir bei einer Frau wünschte. Sie war sehr warmherzig und sehr mütterlich zu den Kindern, und meine Söhne hatten sie gern. Mir gefiel ihr Sohn und die Art, wie sie ihn behandelte. Sie ergänzte mich. Zum Beispiel war sie auf einer Farm aufgewachsen und daher mehr erdverbunden. Sie sah die Dinge realistischer. Sie arbeitete viel. Sie kochte gern, und die Hausarbeit machte ihr Spaß, wissen Sie, all die Dinge, die ich gern für mich getan habe und gern mit jemand tue, machten ihr Freude. Und sie zeigte sehr viel Mitgefühl und Verständnis und wollte nicht, daß ich irgend etwas für sie aufgab. Sie hatte die gleiche Auffassung vom Leben wie ich, und sie war sehr aggressiv. Sie sagte: »Gut, du machst jetzt deinen Doktor, und dann mache ich mein Diplom und vielleicht promoviere ich anschließend.« Sie war intellektuell, genau das, was ich brauchte und gleichzeitig gab sie mir Wärme.
>
> Ich hatte das Gefühl, daß wir einander ergänzten. Sie näht auch sehr viel. Und wenn ich nach Hause komme und irgendein Wasserhahn ist ausgefallen, dann hat sie ihn bereits repariert. Sie wartet damit nicht, bis ich komme – sie macht es einfach selbst. Sie sagte mir einmal, ihr erster Mann habe sich um derlei Dinge nie gekümmert, und deshalb habe sie es lernen müssen und sie hoffe, es würde mich nicht stören, daß sie Dinge tat, die eigentlich ein Mann tun sollte. Und ich erklärte ihr, das sei für mich überhaupt kein Problem; jeder solle das tun, was er am besten kann.

Dann heirateten sie in Anwesenheit farbiger und weißer Freunde. Obwohl die Ehe noch kein Jahr alt ist, sagte Hal: »Wir waren bislang sehr glücklich und sind noch keinen ernsthaften gesellschaftlichen Differenzen begegnet.«

> Was mich besonders glücklich macht ist die Art, in der sie nicht nur mit unseren Kindern umgeht, sondern auch mit den Kindern, die

sie unterrichtet. Sie verbringt sehr viel Zeit mit ihnen. Sie geht mit ihnen nach Hause und erklärt der Mutter, warum das Kind zur Strafe nachsitzen mußte oder erkundigt sich, weshalb ein Kind nicht zur Schule gekommen ist und lauter solche Sachen, die es in der Gemeinde bisher nie gegeben hat. Und unsere beiden Jungen haben sie jetzt richtig gern. Sie nennen sie Mutter. Die drei haben sich lange darüber unterhalten und sind einander sehr viel nähergekommen. Was uns allen sehr geholfen hat war, glaube ich, der vierwöchige gemeinsame Urlaub in unserem Wohnwagen. In dieser Zeit haben wir uns sehr gut kennengelernt. Wir sind mit den Kindern fischen gegangen, haben Ausflüge gemacht und Beeren gesammelt und alle möglichen Dinge getan, die ich noch nie getan hatte, und die auch für mich etwas ganz Neues waren. Zum Beispiel für das Angeln Regenwürmer ausgraben und ähnliches. So fange ich jetzt auch an, Dinge zu tun, die ich noch nie getan habe. Den Wohnwagen hatte ich gekauft, um hinauszukommen und etwas von der Welt zu sehen. Was mir im Vergleich zu meinen Freunden und ihren Frauen besonders gefällt ist, daß sie sagen, wir hätten fast immer eine bessere Beziehung. Wir sprechen die Dinge durch. Wenn sie sich ärgert, dann versuche ich ihr irgendwie zu helfen, darüber zu sprechen. Das einzige Problem, das uns eine Zeitlang zu schaffen machte, war ihr Kind. Es lebt nicht bei uns, und wir werden vor Gericht gehen müssen, damit sie es bekommt. Ihr ehemaliger Mann will den Jungen nicht unbedingt, aber er will auch nicht, daß er bei uns ist, weil ich kein Weißer bin. Und das war lange sehr hart für Becky.

In sexuellen Dingen ist sie viel freier als manche Mädchen in der Stadt. Sie hat Kühe gesehen und hat gesehen, wie Kälber und Pferde geboren werden. Ihre ganze Einstellung ist viel gesünder als die der meisten Leute. Und sie hängt auch nicht an den Sachen, die für Mädchen aus der Großstadt wichtig sind, wie zum Beispiel Kleider. Sie näht sich ihre Sachen viel lieber selbst, als daß sie Geld dafür ausgeben würde. Über all diese Dinge haben wir viel gesprochen; ich habe ihr von meinem Leben erzählt, und sie weiß, daß ich auf manche Dinge anders reagiere als sie. Ich glaube, das hat uns sehr geholfen und wird uns auch in Zukunft helfen, ich meine, daß wir über alles reden.

Und noch etwas ist wichtig. Sie versucht nicht, aus mir einen Weißen zu machen, und ich versuche nicht, sie zu einer Farbigen zu machen. Wir verlangen vom anderen nicht, daß er unsere Werte übernimmt. Wir sehen die Unterschiede und akzeptieren sie, und wenn es zu einem Konflikt kommt, dann setzen wir uns damit auseinander, ohne daß einer von uns sagt: »Du mußt es so machen wie ich«, oder

»Ich finde, es sollte so oder so gemacht werden.« Es ist viel eher ein beiderseitiges Geben und Nehmen.

Ich: Eins möchte ich gerne noch wissen. Sie sind doch beide in gewissem Maße an einer Karriere interessiert, oder?

Hal: Ja, das stimmt.

Ich: Wenn in einer Ehe beide Partner karrierebewußt sind, dann kann die Frage, wer schneller vorankommt oder wer das größere Gehalt bekommt, zu Schwierigkeiten führen. Können Sie dazu etwas sagen?

Hal: Wir haben darüber gesprochen. Zuerst möchten wir noch ein oder zwei Kinder bekommen, und dann will Becky wieder arbeiten, wenn es geht. Aber sie ist nicht so karriereorientiert, daß sie wieder arbeiten *muß*. Sie sagt einfach, sie würde es gern tun, wenn es zeitlich möglich wäre. Und ich sage, gut. Wenn du das willst, bin ich ganz damit einverstanden. Wir wollen uns nicht gegenseitig unterdrücken, und wir wollen einander nicht daran hindern zu wachsen. Das kann in einer Ehe nur zu leicht passieren. Unsere Ehe gibt mir und ihr die Freiheit zu wachsen und aus unserem Leben etwas zu machen. Jeder soll seine Interessen weiterentwickeln.

Die Schwierigkeiten in einer Ehe zwischen Angehörigen verschiedener Rassen

Bisher hatte Hal nur ein paar Probleme angeschnitten, die sich aus der Tatsache ergeben hatten, daß er und Becky verschiedenen Rassen angehören. Deshalb fragte ich ihn:

Ich: Von Ihrem Standpunkt aus scheint der rassische Aspekt völlig unwichtig zu sein. Aber wie steht es in dieser Hinsicht mit den Beziehungen zur Umwelt? Werden Sie häufig angeschossen oder nur selten oder wie?

Hal: Na ja, manchmal gibt es schon Schwierigkeiten. In der Klinik konnten sich manche zuerst nicht damit abfinden. Zum Teil lag das daran, daß einige der farbigen Frauen immer noch meinen, ein farbiger Mann gehöre zu ihnen. Und dann glaubten sie nicht, daß Becky sich wirklich so aktiv für die Gemeinde einsetzen würde, wie wir es behaupteten. Vieles ist einfach nur Neid und Eifersucht. Wir haben die Klinik ganz alleine aufgebaut und niemand um Unterstützung gebeten. Das ganze Geld ist von uns selbst aufgebracht worden. Wir haben niemand um Geld oder Hilfe gebeten. Als wir uns zu der Klinik entschlossen, sagten wir uns, daß wir einfach anfangen würden und uns nur auf uns selbst, aber nicht auf andere verlassen dürfen.

Andere Leute bewundern uns wieder, so wie wir sind. Sie haben gesehen, daß wir in der kurzen Zeit, die wir verheiratet sind, eine Menge Dinge getan haben. Wir haben ein Grundstück gekauft und wir sparen, wir machen einfach sehr vieles gemeinsam. Becky schneidet den Rasen und streicht die Fenster, und irgendwie versuchen jetzt auch die anderen Frauen, mehr zu tun, weil ihre Männer sagen: »Schau mal, was Becky alles macht. Versuch es doch auch mal.«

Manchmal starren uns die Leute auch an, in der Universität zum Beispiel, wo manche schockiert sind, wenn wir kommen, weil sie nicht wußten, daß Becky eine Weiße ist. Aber richtige Schwierigkeiten haben wir noch nie gehabt. Wir dachten zu Anfang, daß die Kinder vielleicht Ärger bekommen würden, aber bislang ist noch alles gut gegangen. Eine Zeitlang wußte Jerry, mein Jüngster, nicht, wie er den Leuten sagen sollte, daß Becky ihre Stiefmutter ist. Einmal hörte Becky, wie er zu einem Mädchen sagte: »Nein, das ist nicht meine Mutter, das ist unser Babysitter.« Das verletzte Becky irgendwie. Aber mittlerweile hat sich das gegeben, und die Kinder nennen sie ganz selbstverständlich »Mami«. Die Kinder brauchten dringend Liebe und Aufmerksamkeit und jemanden, der ganz für sie da ist, und das alles gibt sie ihnen. Sie erzieht sie, und manchmal gibt sie ihnen eine Tracht Prügel, und die Kinder akzeptieren das. Es ist etwas ganz anderes, als wenn ich das täte. So hat sie gestern abend dem Ältesten einen Klaps gegeben, was ich nicht getan hätte, aber kaum war es vorüber, da fiel er seiner Mami schon wieder um den Hals.

Neulich ging ich in ihre Klasse, um ihr zu sagen, daß ich später nach Hause kam, und plötzlich fragte eines der Kinder, ein farbiges Kind. »Ist das Ihr Mann?« Und dann redeten sie – Sie wissen ja, wie Kinder reden – und die meisten waren schockiert, daß ich schwarz bin, und daß sie einen Farbigen geheiratet hatte.

Einige Leute beobachten uns und warten darauf, wie wir reagieren, was wir machen und wie wir die Dinge machen werden. Aber ich glaube nicht, daß Becky allzusehr darunter leidet. Sie sagt, daß einige farbige Frauen uns beobachten, und daß sie so etwas wie Eifersucht spürt. Wenn sie mir gelegentlich zu nahe kommen, wird sie eifersüchtig, weil sie findet, daß die farbigen Frauen hübscher sind als sie. An diesen Dingen mußten wir eine Weile arbeiten. Manchmal habe ich das Gefühl, sie beschützen zu müssen, weil sie die Leute hier nicht kennt und die anderen viele Spiele spielen können. Wer die Spiele nicht kennt, kann leicht stolpern. Zum Beispiel sagen sie Sachen, die sie gar nicht ernst meinen, sie versuchen einen zu reizen und stellen einen auf die Probe. Ich versuche deshalb, ihr das Leben in der Subkultur klarzumachen, damit sie weiß, wie es wirklich ist.

Ich: Sie haben nicht davon gesprochen, ob es derartige Probleme auch mit weißen Gruppen gibt. Wie ist die Situation dort?

Hal: Hm, ich beobachte die weißen Männer, besonders die Art, wie sie uns testen. Auf einer Party kam einmal ein Mann auf uns zu, ergriff Beckys Hand und küßte sie und machte ihr Komplimente, dabei kannten wir ihn gar nicht. Wir waren jedoch irgendwie bevorzugte Gäste dieser Party, und schließlich fragte er sie, weshalb sie mich liebt, was sie an mir so anziehend fand. Solche und ähnliche Dinge passieren; man spürt die Spannung und weiß genau, selbst wenn sie einen anlächeln, als hätten sie einen gern, sind sie doch immer noch voller Vorurteile. Ich glaube nicht, daß das unbedingt Rassismus oder Bigotterie sein muß. Manches ist sicherlich bloß Neugier. Aber einige Leute fühlen sich in unserer Gegenwart immer noch sehr unbehaglich. Zum Beispiel wenn die Kirchengemeinde ein Picknick veranstaltet, dann wissen die Frauen nicht, was sie sagen sollen. Die Männer kommen meistens zu mir und reden mit mir oder mit Becky, aber die Frauen halten sich zurück. Das ist mir aufgefallen. Ich habe mit Becky nicht viel darüber gesprochen, aber es fällt mir immer wieder auf. Becky ist gern und häufig unter Leuten; sie merkt gar nicht, wie manche dastehen und uns anstarren. Ich halte mich meistens zurück und beobachte die anderen. Und manchmal schockiere ich sie absichtlich und frage sie, was sie von unserer Beziehung halten. Sie sagen dann: »Wie meinen Sie das?« und ich erwidere: »Was halten Sie von einer Ehe zwischen einem Schwarzen und einer Weißen?«. Und dann werden sie sehr verlegen und wissen nicht, was sie sagen sollen, und ich sage: »Irgendwas müssen Sie sich doch dazu gedacht haben.« Einmal waren wir auf einer Party und ein Mann starrte uns an, und ich sagte zu ihm: »Mir wäre es lieber, Sie würden uns nicht so anstarren. Möchten Sie uns etwas sagen oder was ist los? Irgendwas geht doch in Ihnen vor.« Danach war er beleidigt und wollte nicht darüber reden. Aber ich spüre diese Dinge. Ich überlege mir sehr genau, zu welchen Partys ich gehe.

Ich: Sie merken vielleicht, daß die Leute schockiert sind oder eifersüchtig oder daß sie Sie anstarren, aber hat das irgendwelche Auswirkungen auf Ihre Beziehung zu Becky?

Hal: Nein, das heißt, manchmal bin ich Weißen gegenüber, glaube ich, mißtrauisch. Grundsätzlich bin ich ihnen gegenüber mißtrauisch. Ich möchte, daß sie uns so akzeptieren, wie wir sind, aber heute ärgert es mich nicht mehr so wie früher, wenn sie uns nicht akzeptieren. Wenn Becky zum Beispiel mit den Kindern unterwegs ist, und die beiden sagen »Mami« zu ihr, dann starren ihr die Leute häufig nach. Aber das stört uns nicht mehr, wahrscheinlich weil wir uns doch sehr sicher geworden sind. Für Leute, die diese Sicherheit nicht besitzen und die nicht soviel Arbeit haben wie wir, ist das sicher ein enormes Problem. Eine Ehe zwischen Weißen und Farbigen ist an sich eine sehr schwierige und anstrengende Sache.

Die Verwandten

Meine Verwandten haben Becky inzwischen sehr liebgewonnen. Mein Onkel nennt sie seine Nichte und behauptet, sie sei die beste Köchin weit und breit. Alle haben sie gern, sie gehört einfach mit zur Familie. Ich glaube, das macht sie ein wenig traurig, denn ihre Verwandten haben mich nicht so akzeptiert, und das war eine Zeitlang ein Problem.
Ihre Mutter war zuerst gegen die Ehe, sie verstand das nicht und wollte nichts damit zu tun haben, aber jetzt sieht sie, daß es gutgeht und ist zufrieden und glücklich. Sie brauchte einfach Zeit, um einzusehen, daß diese Ehe das richtige für Becky war. Wenn sie jetzt im Sommer zu uns kommt, dann wird sie sehen, daß unsere Ehe eine gute Sache ist. Becky unterrichtet, und ich habe die Klinik und unterrichte ebenfalls und unser Leben ist ausgefüllt und glücklich.

Die Beziehung in der Familie

Als Becky zu uns zog, entstand eine gewisse Spannung zwischen mir und meinem ältesten Sohn, der ein großes Verlangen nach Liebe hatte. Manchmal wurde ich wütend, weil ich fand, daß er sie zu sehr beanspruchte, und daß ich viel mehr von ihrer Zeit für mich brauchte. Aber dann begann ich einzusehen, daß er ihre Liebe wirklich brauchte. Er hatte nie eine Mutter gehabt, die ihn liebte und für ihn da war. Ich auch nicht, ich brauchte auch eine Mutter. Und Becky konnte uns beiden geben, was wir brauchten. Der jüngere wurde etwas benachteiligt, obwohl er ebenfalls ihre Liebe und Fürsorge bekam. Allmählich wurde mir klar, daß wir alle drei so ausgehungert waren nach Liebe, daß es einfach Zeit brauchte. Heute ist der älteste nicht mehr so versessen auf ihre Zuneigung, er bekommt sie jetzt von mir und von ihr, und das ist wahrscheinlich besser so. Seit wir verheiratet sind, hat er übrigens nie wieder einen Asthmaanfall gehabt. Vorher mußte ich ihn mindestens einmal in der Woche in die Klinik fahren, und so haben wir alle, glaube ich, in der einen oder anderen Form von dieser Ehe profitiert.

Kommentar: Zu dieser zweiten Ehe und den Ereignissen, die ihr vorausgingen, ist einiges zu sagen.

Zunächst fällt mir auf, daß Hal mittlerweile eine viel reifere Persönlichkeit ist als der jüngere Hal, der eine Frau heiratete, weil sein bester Freund der Meinung war, sie passe gut zu ihm. Hal befand sich in der schwierigen Situation eines Mannes mit zwei Kindern, der eine gute Frau und eine gute Mutter suchte.

Becky fand in Hal den Mann, den sie sich wünschte, und sicherlich ist es einer der positiven Aspekte der wachsenden Befreiung der Frau, daß sie diesem Wunsch nachgehen konnte. Die Tatsache, daß er ein Farbiger ist, scheint sie nicht gestört zu haben. Aber es bedarf nur geringer Phantasie, um sich vorstellen zu können, welchen Mut es angesichts der Opposition der Gesellschaft und ihrer und seiner Familie bedurfte, einen Mann von anderer Hautfarbe zu heiraten.

Becky wußte nicht nur, was sie wollte, sie wußte auch, was Hal brauchte. Er hatte das Glück, eine Frau zu finden, die ihm nicht nur die Mutter sein wollte, die er so dringend brauchte, sondern auch die Gattin und Gefährtin im beruflichen wie im privaten Bereich. Becky ist ein Mensch, der gibt und nicht fordert, und das ist für alle Mitglieder der Familie ein unbezahlbarer Vorzug.

Hal hat seit seiner ersten Ehe ungeheuer viel dazugelernt. Vor allem hat er gelernt zu kommunizieren. In dieser Hinsicht hat er sich fast unglaublich verändert. Er und Becky besprechen selbst so heikle Dinge wie ihre Eifersucht auf farbige Frauen, die ihrem Mann scheinbar allzu nahe kommen.

Wenn ich mir das Interview anhöre oder durchlese, kann ich es fast nicht glauben, daß der Hal der ersten Ehe der gleiche Mensch ist wie der Hal dieser zweiten Ehe. Zum Teil ist diese Veränderung zweifellos Beckys Verdienst, die viel umgänglicher und kommunikationsfreudiger ist als die erste Frau. Aber Hals vielfältige Erfahrung mit Intensivgruppen zeigt deutlich, daß eine Person sich ändern kann, daß sie lernen kann, ihre Gefühle mitzuteilen und die Mitteilungen anderer einfühlend zu verstehen.

Ein Aspekt der Ehe, dem wir bislang in diesem Buch noch nicht begegnet sind, ist die veränderte Methode, mit der Hal versucht, zum

Erfolg der Ehe beizutragen. In der ersten Verbindung hoffte er dieses Ziel zu erreichen, indem er Dinge *tat* – die Hausarbeit, das Wäschewaschen, die geschäftlichen Unternehmungen und das Studium. Er glaubte, wenn er sich in all diesen Dingen die größte Mühe gab, dann würde sich seine Ehe verbessern, und er arbeitete bis zur Erschöpfung.

In der zweiten Ehe befaßt er sich in erster Linie damit, den Prozeß der Beziehung zu verbessern, indem er nicht nur seine Gefühle, sondern auch seine Gedanken in bezug auf die Umwelt und seine Ambitionen mit Becky teilt, was sehr bald zu einem wechselseitigen Teilen und Mitteilen führt. Die Dinge zu tun ist zweitrangig, das ergibt sich aus der Beziehung selbst. Gemeinsam erneuern sie das Haus, sparen sie Geld und spornen einander zu beruflichen Leistungen an. Sie haben die Klinik aufgebaut, in der sie gemeinsam tätig sind. Und wie ich aus anderen Quellen weiß, ist dies eine grandiose Leistung gewesen.

Die eindrucksvollsten Beweise für den gesunden Prozeß ihrer Familienbeziehung sind für mich Hals Erkenntnis, daß er auf seine Söhne eifersüchtig ist und die einsichtige und reife Art und Weise, wie er dieses Problem handhabt. Am auffallendsten ist die Genesung des ältesten Jungen von seinem Asthmaleiden, die eindeutig zeigt, daß er ein Familienklima gefunden hat, in dem er sich geborgen fühlt.

Was mich ferner beeindruckt ist, daß diese Ehe in erster Linie eine Partnerschaft zwischen zwei Menschen und erst in zweiter Linie eine Ehe zwischen Angehörigen verschiedener Rassen ist. Letzteres sollte jedoch nicht unterschätzt werden. Die beiden sind umgeben vom feindseligen Schweigen der weißen Frauen und von der Eifersucht der farbigen Frauen, von abfälligen Bemerkungen und schockierten Blicken. Hals Mißtrauen den Weißen gegenüber ist offenkundig und nur natürlich. Zweifellos sind er und Becky für die Menschen, unter denen sie leben, gleichgültig ob weiß oder farbig, ob gebildet oder ungebildet, für Kollegen, für seine schwarze und ihre weiße Familie, »freaks«, Perverse. Aber sie machen weiter, und das ist nur möglich, weil ihre Beziehung ihnen die notwendige Sicherheit gibt.

Ich kann natürlich keine Zukunftsprognosen stellen, aber ich bewundere die Art, wie sie bislang mit allen Problemen nicht nur untereinander, sondern auch zwischen sich und den verschiedenen Subkulturen fertig geworden sind. Ganz besonders bewundere ich die Tatsache, daß Hal nicht versucht, aus Becky eine Farbige zu machen und daß sie nicht versucht, ihn zu einem Weißen umzumodeln. Aber wenn die beiden weiterhin imstande sein werden, ihre Unterschiedlichkeiten zu verstehen und zu akzeptieren, dann dürfte eine Prognose sehr positiv ausfallen.

7.

Kommunen als Experimente in menschlichen und sexuellen Beziehungen

Man kann kein Buch über die moderne Ehe schreiben, ohne auf die Kommunen einzugehen, die oft Alternativen zur konventionellen Ehe bieten. Dennoch gehe ich an dieses Kapitel mit einigem Unbehagen, das auf verschiedenen Fakten und Gefühlen beruht.

1. Die zwei- bis dreitausend Kommunen und Wohngemeinschaften in diesem Land – diese Zahl ist nur eine Vermutung – wachsen und verändern sich mit einer Geschwindigkeit, die alles, was man über sie schreibt, sofort als überholt erscheinen läßt.

2. Die Vielfältigkeit der Kommunen ist so groß, daß jede generelle Feststellung gleichzeitig richtig für die einen und falsch für die anderen ist.

3. In letzter Zeit sind einige hervorragende Bücher über Kommunen geschrieben worden, und daher wirkt es vermessen, diese verschiedenartigen Gruppen in einem kurzen Kapitel behandeln zu wollen.

4. Am wichtigsten ist jedoch die Tatsache, daß ich in keiner Kommune gelebt habe und daher nicht über die grundlegende innere Erfahrung verfüge, die ich für die Arbeit an den anderen Kapiteln mitbringen konnte. Um diesen Mangel wettzumachen, habe ich mir von Natalie R. Fuchs und Robert J. Willis helfen lassen, die mir als Augen und Ohren dienten.

Die menschlichen Beziehungen als Mittelpunkt

Ich will natürlich nicht auf alle Aspekte dieser kommunalen Gruppen eingehen – nicht auf ökonomische, ideologische, soziologische, politische –, sondern lediglich dem Zweck dieses Buches entsprechend festzustellen versuchen, wie man in den Kommunen mit ehelichen, sexuellen und anderen interpersonellen Beziehungen verfährt. Ich gehe dabei in erster Linie von auf Band protokollierten Interviews oder von Beobachtungen von Personen aus, die ich kenne und denen ich vertraue oder von Briefen und Darstellungen, die ich von Kommunenmitgliedern erhalten habe.

Allgemeine Anmerkungen zu Kommunen

Zu Beginn möchte ich einige Dinge klarstellen, von denen der Leser unter Umständen eine falsche Vorstellung hat.

Kommunen sind erstens keine Ansammlungen von Hippies oder dem, was die Öffentlichkeit sich unter diesem Schlagwort vorstellt. Kommunen sind ein Versuch, mit und nach Werten zu leben, die sich von den Werten der gewöhnlichen Gesellschaft unterscheiden, was sich häufig bereits in andersartiger Kleidung ausdrückt. Die Leute, die in diesem Kapitel zu Wort kommen, leben in Kommunen, die sich etwa so zusammensetzen: aus einem ehemaligen Ingenieur, einem Sozialarbeiter, einem Verbandsvorsitzenden, einem Wissenschaftler, einem klinischen Psychologen, einem Datenverarbeiter, einem Theologiestudenten, einem ehemaligen CIA-Agenten, einem Maler und Studenten und Absolventen verschiedener Hochschulen und Universitäten. Sie versuchen inmitten der Welt des »Establishments« eine neue Welt zu schaffen, und in diesem Licht müssen sie gesehen werden.

Zweitens ist anzumerken, daß die meisten derzeitigen Kommunen, wenn auch nicht alle, eine Art anarchistischer Philosophie vertreten. Da für die meisten Menschen Anarchie gleichbedeutend ist mit Chaos, Gesetzlosigkeit und Terror, möchte ich kurz auf die wahre philosophische Bedeutung dieses Begriffs eingehen. Anarchie basiert auf der Selbstbestimmung und lehnt alle Formen der staatlichen oder religiösen Kontrolle und Autorität ab. Bertrand Russell sagte einmal über einen Mann: »Er neigte zum Anarchismus; er haßte jedes System, jede Organisation und jede Uniformität.« Viele Kommunenmitglieder würden diesen Satz auch für sich gelten lassen.

Ihre Philosophie ähnelt in mancher Hinsicht der der frühen Christen, wie wir sie aus der Apostelgeschichte Kapitel 2, 44–46 kennen: »Alle aber, die gläubig waren geworden, waren beieinander, und hielten alle Dinge gemein. Ihre Güter und Habe verkauften sie, und theilten sie aus unter Alle, nachdem Jederman noth war ... nahmen die Speise mit Freuden und einfältigem Herzen.« Nicht alle Kommunen geben den Besitz in diesem Umfang auf, aber bei vielen wird alles und jedes geteilt zum Zeichen dafür, daß man der materialistischen und auf Wettbewerb ausgerichteten Welt den Rücken gekehrt hat.

Neun kurze Beispiele

Als nächstes möchte ich versuchen, Ihnen eine Vorstellung von der Mannigfaltigkeit der als Kommunen bezeichneten Gruppen zu geben, indem ich einige von ihnen kurz beschreibe. Ich habe die näheren Bezeichnungen der Gruppen absichtlich fortgelassen, damit Sie nicht Gefahr laufen, sie sogleich zu kategorisieren. So dürfte es für Sie leichter sein sich vorzustellen, wie es wäre, wenn Sie in einer solchen Gruppe leben würden. Alle hier geschilderten Gruppen gibt es wirklich oder hat es bis vor kurzem gegeben.

1. Eine ländliche Kommune; sie besteht aus elf Erwachsenen und sechs Kindern. Das Leben verläuft wie in einer großen Familie; einige Mitglieder arbeiten zeitweise in der Stadt, um die Finanzen aufzubessern. Ein Oberhaupt gibt es nicht. Die Erwachsenen leben zumeist in Paaren, aber sexuelle Beziehungen zu anderen sind nicht verboten. Interpersonelle Schwierigkeiten werden durch sehr offene Diskussionen innerhalb der Gruppe oder zwischen den Beteiligten geklärt.

2. Eine Kommunen-Familie setzt sich aus einem Dutzend berufstätiger Männer und Frauen und einem Kind zusammen. Sie leben in einem Haus in der Stadt, das sie derzeit umbauen, um für jeden einen Privatraum zu schaffen. Alle haben einen Job in der Stadt und teilen sich die häuslichen Arbeiten. Die Mitglieder leben paarweise, haben aber – mit Wissen der Gruppe – auch Beziehungen zu anderen. Interpersonelle Spannungen werden in Encountergruppen verarbeitet. Fast alle Mitglieder haben Erfahrung im Gruppenleben. Die Nachbarn waren zu Anfang mißtrauisch, sind aber inzwischen verständnisvoller geworden.

3. Die halb ländliche Kommune, die jedem offenstand, der vorüberkam oder bleiben wollte. Der einzelne konnte tun und lassen, was er wollte. Der Drogenkonsum war hoch. Sehr bald wurden die sanitären und sonstigen Lebensbedingungen so unerträglich, daß die Kommune zur Gefahr für die öffentliche Gesundheit wurde und auf Drängen der Gemeinde schließen mußte.

4. Eine Wohngemeinschaft in der Nähe eines Colleges mit zwölf oder mehr Mitgliedern, meist Studierenden, die seit acht Jahren besteht. Alle Mitglieder sind gehalten, ihre sexuellen Partner außerhalb des Hauses zu suchen. Die anfallenden Arbeiten werden ohne Rücksicht auf das Geschlecht gemeinsam erledigt. Die Beziehungen zwischen den Mitgliedern sind geschwisterlich. Ziel der Gemeinschaft ist es, zu lernen, mit anderen Menschen zusammenzuleben. Auftretende Spannungen werden in gemeinsamen Gesprächen abgebaut.

5. Eine Gruppe, bestehend aus drei Männern und drei Frauen, experimentiert mit dem Gedanken der Gruppenehe. Alle Mitglieder kommen von Universitäten. Einige arbeiten in der Stadt. Die Gruppensexualität brachte Probleme mit sich, bis man schließlich einen

Plan entwickelte, wer in welcher Nacht mit wem schläft, wobei das gemeinsame Schlafen nicht unbedingt mit Sexualität verbunden sein muß. Eine Nacht pro Woche hat jeder »frei«. Aus irgendwelchen Gründen sind die interpersonellen Beziehungen häufig bissig bis zynisch und zielen auf die Schwächen der anderen ab. Diese »Ehe« ist alles andere als harmonisch.

6. Eine große Gruppe von Kommunen mit mehr als vierhundertjähriger Geschichte sind die Agrarkommunen mit fünfzig bis hundertfünfzig Mitgliedern, in denen Monogamie Vorschrift ist und Pazifismus Tradition. Die bindende Kraft ist die Religion. Höhere Bildung ist verpönt. Jede Kommune hat zwei Führer, den Prediger und den Vorarbeiter. Beide werden gewählt. Ich bin sicher, daß sie schockiert wären, wenn sie wüßten, daß sie in dieser Liste erscheinen, aber sie sind allen anderen Kommunen in vielem ähnlich. Sie nehmen ihre Mahlzeiten gemeinsam ein und teilen alles untereinander. Allerdings leben sie in getrennten Häusern oder Wohnungen und besitzen einen tiefverwurzelten Glauben an ihre Dauerhaftigkeit, der verstärkt wird durch die Tatsache, daß sie zahlreiche Verfolgungen aufgrund ihrer Wehrdienstverweigerung überstanden haben.

7. In einer sauberen, ordentlichen und straff organisierten Kommune, bestehend aus dreißig Männern und Frauen und nur zwei Kindern muß jeder pro Tag eine bestimmte Zahl von Arbeitspunkten erreichen. Für weniger beliebte Tätigkeiten ist die Punktzahl entsprechend höher. Einige Mitglieder sind kurzfristig außerhalb der Gemeinschaft tätig, aber das behagt ihnen nicht sehr. Ihr Ziel ist es, eine lebensfähige Alternative zum Kapitalismus zu errichten und ihr persönliches Verhalten entsprechend zu verändern. Zu Anfang wurden alle wichtigen Entscheidungen von drei sogenannten Planern getroffen, aber mittlerweile sind alle beteiligt, wenn es darum geht, Entschlüsse zu fassen, die die Gemeinschaft betreffen. Ein wichtiger Grundsatz der Gruppe ist absolute sexuelle Freiheit.

8. Eine große Anzahl von Kommunen wird durch drei starke Bande zusammengehalten: einen starken Gruppenführer, häufige ideologisch ausgerichtete Gruppensitzungen zum Abbau der Abwehrmechanismen der einzelnen und die Tatsache, daß alle Mitglieder rauschgiftsüchtig gewesen waren. Die Struktur dieser Gruppen ist hierarchisch, die Vorschriften sind streng. Die Mitglieder erhalten verantwortungsvollere Posten, wenn die Gruppe und ihr Leiter der Auffassung sind, daß sie sie verdient haben.

9. Eine ländliche Kommune, deren Mitgliederzahl auf fünfundzwanzig beschränkt ist, verbindet der Glaube an fernöstliche Mystik. Im Gegensatz zu anderen Kommunen steht bei ihnen das Individuum

und nicht die Gruppe im Mittelpunkt. Es wird viel meditiert und jede Woche gibt es ein rituelles Tanzfest. Die Arbeit wird aufgeteilt. Man lebt mehr für sich als mit den anderen, und auftauchende Probleme werden individuell gehandhabt. Manche Mitglieder sind verheiratet, andere nicht. Gurus sind willkommen, aber man ist nicht von ihnen abhängig. Man lädt sie für den Sommer ein, um von ihnen zu lernen.

Interpersonelle Probleme

Natürlich kann keine Gruppe von Menschen zusammenleben, ohne daß es zu Spannungen, Eifersüchten und all den anderen emotionalen Störungen kommt, die das Zusammenleben erschweren. Und wenn die Gruppe aus Männern *und* Frauen besteht, wird alles noch schwieriger. Vielleicht ist es nützlich zu sehen, wie diese Schwierigkeiten in bestimmten Fällen gehandhabt wurden – wobei zu beachten ist, daß die gefundenen Lösungen nicht verallgemeinert werden können. Ich möchte mit Problemen beginnen, die nur die Leute betreffen und nicht direkt etwas mit ihren sexuellen Problemen zu tun haben.

Ein häufiges Gruppenproblem ist die Zahl der Mitglieder. Kann jeder kommen und bleiben? Oder ist die Zahl der Mitglieder begrenzt? Wenn ja, nach welchen Grundsätzen? Robert Houriet (Buch IV) beschreibt sehr lebendig, wie eine Kommune mit diesem Problem fertig wurde.

Es handelte sich um eine Agrarkommune, die sich aufgrund schlechter Bodenverhältnisse nur spärlich ernähren konnte. Aber immer mehr Besucher kamen, und blieben. Einige gerieten mit den Nachbarn aneinander, andere verursachten Schwierigkeiten innerhalb der Kommune. Aber da alle Mitglieder zunächst als Gäste gekommen waren, gab es keinen »festen Kern«, der die Dinge hätte regeln können. Mit der Zeit wuchs die Gruppe auf fünfzig Mitglieder, die Nahrungsquellen reichten nicht mehr aus, und das ganze Unternehmen drohte zu scheitern, weil eine Partei energisch die Auffassung vertrat, daß jeder, der kam, auch das Recht haben sollte zu bleiben.

Das Problem wurde schließlich auf höchst dramatische Weise gelöst. Ein großer, stämmiger Mann, Big David, berief eine Versammlung ein und sprach:

> Hört zu, Leute, ich bin ziemlich verzweifelt. Das Problem ist, daß wir zu viele sind. Hier haben ungefähr fünfundzwanzig Leute Platz, und kaum einer von uns hat was dazu getan, um diese Sache hier aufzubauen. Ich selbst bin erst im Herbst letzten Jahres ge-

kommen, und niemand will irgend jemand vertreiben. Wir sind alle Brüder und Schwestern. Aber wir können nicht alle hierbleiben. Und jeder hat das gleiche Recht wie alle anderen. Aber wir haben nicht genug zu essen und nicht genügend Platz zum Schlafen. Was sollen wir machen? Ich bin mein Leben lang auf der Straße gewesen. Ich hatte nie ein Zuhause. Ich habe jede Nacht woanders geschlafen. Das hier war mein erstes Zuhause. Und jetzt sehe ich, wie es zugrunde geht. Meine Frau und ich kommen von der Landstraße und wir wissen, wie das ist. Wir bekommen ein Kind, und ich will nicht, daß wir wieder fort müssen. Aber wenn sonst niemand von euch geht, dann müssen wir wieder auf die Straße. Deshalb bin ich verzweifelt. (Houriet, S. 159–160)

Nach langem Hin und Her und ausführlicher Diskussion des Problems erhob sich Big David erneut und sagte: *»Wer geht?«* Und zur allgemeinen Überraschung standen ungefähr zwanzig Leute auf. Nach drei Tagen waren dreißig gegangen, darunter diejenigen, die jeden Ankömmling hatten aufnehmen wollen. Big David nagelte ein Schild an den Zaun, auf dem stand »Keine Besucher«. Auf diese Weise hatte die Kommune das Problem gelöst und war wieder imstande, sich selbst zu erhalten.

In einer anderen Kommune gab es Schwierigkeiten mit den Nachbarn, die Peter beheben wollte. Aber seine abstrakte Ausdrucksweise störte die anderen, und es kam zu folgender Auseinandersetzung:

Peter: Vielleicht wäre es angebracht, angesichts der vorgebrachten Einwände seitens der Gemeinde einen konkreten Beschluß zu fassen...

Claudia: Du machst mich wahnsinnig – nicht mit dem, was du sagst, sondern wie du es sagst.

Elaine: Seit ich dich kenne, Peter, hab ich das Gefühl, daß du uns Sachen vorenthältst... so als wären wir Kinder und als wolltest du uns mit all den Sorgen verschonen, die auf deinen Schultern lasten... Du kommst uns ständig wie ein Vater. Sicher, du hast gedrängt, daß wir das Land kaufen und alles aufbauen. Aber jetzt versuchst du, uns schon durch den Klang deiner Stimme zu beeinflussen.

Peter: Rede weiter.

Claudia: Warum gehst du nicht mal aus dir heraus und sagst uns, wie du dich fühlst, statt uns mit dieser formalistischen Scheiße anzuöden. Ich habe es nur ganz, ganz selten erlebt, daß du etwas von dir zeigst. Neulich zum Beispiel, als der Plattenspieler lief. Da warst du wütend und frustriert, aber du warst wenigstens du selbst.

Peter: Das war ein sehr nützliches Gespräch.
Claudia: Quatsch! Du redest schon wieder so, daß mir allein der Klang deiner Stimme sagt, daß du nichts kapiert hast.
Bill (der in einem Buch über die Aufzucht von Regenwürmern liest): Über was redet ihr eigentlich?
Peter (endlich wütend): So, und wann hörst du auf, den Kopf in den Sand zu stecken? Wann sagst du endlich mal was?
Claudia: Das hört sich schon besser an.
Elaine (zu Peter): Seit ich dich kenne, habe ich das Gefühl, daß du ständig dich selbst und andere beurteilst. Jedesmal wenn wir zusammen Musik machen (sie spielt Gitarre, er den Plattenspieler) spüre ich, wie du kritisierst. Damit machst du mir alles kaputt. Warum läßt du dich nicht mal gehen, mach doch mal Ferien, spann mal aus. Neulich kam ich in die Küche, als du dich mit Claudia unterhieltst. Ich weiß nicht mehr, über was ihr gesprochen habt, aber an deinen Ton erinnere ich mich noch genau ... euer Gespräch klang wie die Unterredung zwischen einem Fürsorger und seinem Schützling.
Peter: Hm – danke. (Er versuchte, noch mehr zu sagen, aber Claudia umarmte ihn spontan, und Elaine gab ihm einen Kuß.) (Houriet, S. 65–66)

Dies ist ein ausgezeichnetes Beispiel für das Feedback und den offenen und direkten Ausdruck realer Gefühle, das für viele Kommunen und andere Gruppen der beste Weg zu sein scheint, um gärende negative interpersonelle Reaktionen ans Tageslicht zu bringen. Man hätte natürlich genausogut einen Dialog aus einer Encountergruppe anführen können, nur handelt es sich hier nicht um eine organisierte Sitzung, sondern um Leute, die weiterhin Tag für Tag zusammensein werden. Wenn die Gefühle, wie es hier zu sein scheint, wirklich ausgedrückt worden sind, dann ist das Ergebnis eine Umwandlung der negativen in gleichermaßen reale positive Gefühle, wie die Reaktionen von Claudia und Elaine deutlich zeigen.

Nicht alle interpersonellen Probleme betreffen die gesamte Kommune. Vielfach handelt es sich einfach um Reibungen, die immer auftreten, wenn mehrere Leute eng beieinander leben. Ein kleines Beispiel aus einer anderen Kommune, das einem auf Band protokollierten Interview entnommen ist, macht vielleicht deutlich, was ich meine.

Sally: Als ich noch allein lebte, ließ ich den Plattenspieler in voller Lautstärke laufen, wenn ich irgendwelche Arbeiten erledigte. Und wenn ich an meinen Bildern arbeite, dann brauche ich auch heute noch ganz laute Musik. Aber nebenan sitzt Ned. Sein Schlafzimmer grenzt an mein Arbeitszimmer, und er schreibt und braucht Ruhe. Und wenn ich laute Musik mache und er will, daß ich abdrehe, dann ist das ein Eingriff in meine Privatsphäre, weil ich die Musik laut haben will. Das ist schwierig. Aber wir werden uns immer einig, und zwar nicht dadurch, daß wir bestimmte Zeiten ausmachen, in denen ich laute Musik machen kann, sondern einfach indem ich sage: »Junge, heute ist es verdammt wichtig für mich, daß ich laute Musik habe.« Und da ich ihm wichtig bin, geht es, und umgekehrt genauso.

Diese beiden passen sich ganz einfach ihren jeweiligen Stimmungen an; sie stellen keine Regeln oder Prinzipien auf, sondern berücksichtigen die augenblicklichen Bedürfnisse des anderen.

Aber nicht alle Probleme lassen sich so einfach lösen. Lassen wir Sally noch einmal zu Wort kommen:

Interviewer: Wie werden Sie mit Dingen wie der Eifersucht fertig?
Sally: Es gibt verschiedene Arten von Eifersucht. Hier ist man zum Beispiel eifersüchtig, weil ich ziemlich im Mittelpunkt von allen stehe. Nicht so sehr, weil ich eine Führungsrolle spiele, sondern einfach weil ich zu sehr vielen hier im Haus eine enge Beziehung habe. Das liegt nicht daran, daß ich das besser kann als andere, sondern weil es mir wichtiger ist als den anderen. Die einen sind eben mehr an anderen Dingen interessiert, während ich am liebsten mit Leuten rede oder gern mit ihnen zusammen bin. Mir macht das mehr Spaß als alles andere. Und ich weiß, daß manche eifersüchtig oder verärgert sind, weil ich eine Art Mittelpunkt darstelle. Das ist für mich ziemlich schwierig, weil ich nicht das Gefühl habe, daß ich mich ändern müßte. Das war aber schon immer ein Problem für mich; ich fühle mich einfach unwohl, wenn irgend jemand in meiner Umgebung eifersüchtig auf mich ist. Ich mache mich dann selbst kleiner als ich bin und verweise auf alle meine Fehler, aber das nützt auch nichts. Es macht alles nur noch schlimmer. Wenn hier jemand ein Problem hat, dann kommt er damit so gut wie immer zu mir. Und ich weiß, daß ein paar andere Leute sagen: »Warum kommen immer alle zu dir? Warum geht jeder zu Sally. Ich möchte, daß auch mal einer zu mir kommt.« Das ist ein sehr unangenehmes Problem für mich.

Dieses Problem ist offensichtlich noch ungelöst, aber es steht zu hoffen, daß Sally oder die anderen es irgendwann einmal zur Sprache bringen, damit die unterschiedlichen Gefühle geklärt werden können.

Auch in der unter Nummer 4 der ersten neun Beispiele erwähnten Wohngemeinschaft kommt es immer wieder zu interpersonellen Reibungen. Die Kommune hat versucht, allen sexuellen Schwierigkeiten aus dem Weg zu gehen, indem sie zur Vorschrift machte, daß jedes Mitglied seinen sexuellen Partner außerhalb der Gemeinschaft sucht. Aber alle übrigen Probleme fallen auch hier an, und die Hauptschwierigkeit ist, daß die Mitglieder nicht häufig genug zusammenkommen, um über die wichtigen Dinge zu reden. Tiefe Kommunikation wird offenbar vermieden und die Vertraulichkeit unter den Mitgliedern wirkt etwas oberflächlich. Allerdings sind alle sehr loyal zueinander, und gelegentlich fallen Bemerkungen wie »Bei Tisch herrscht eine gute Atmosphäre«, »Ich habe gelernt, den Menschen zu vertrauen«, oder »Die Gruppe hat mir geholfen, daß ich mich der Welt gegenüber behaupten kann.«

Interessant ist, daß diese Kommune, ähnlich wie frühere Wohn- und Lebensgemeinschaften, mit dem Problem der Sexualität durch eine Regelung fertig wurde, die den gesamten sexuellen Bereich als kompliziert aus dem Kommunenleben ausschloß. Vielleicht ist das der Grund, daß diese Kommune den Eindruck einer »glücklichen Familie« macht, daneben aber jede tiefere Vertraulichkeit, jede Konfrontation oder echte Kommunikation vermissen läßt.

Beziehungen zu sexuellen Partnern

Da sich viele Kommunen im Bereich der sexuellen Beziehungen sehr weit von den gesellschaftlichen Normen entfernt haben, überrascht es nicht, daß sich gerade in bezug auf Partnerschaften, Dreiergruppierungen oder andere zeitweilige oder dauerhaftere Arrangements die schwierigsten Probleme einstellen.

Man könnte jetzt viele Beispiele von verschiedenen Leuten mit unterschiedlichen sexuellen und partnerschaftlichen Problemen anführen. Aber das Interview mit Lois, die Mitglied einer Kommune in der Stadt ist, enthält so vielfältiges Material, daß es mir sinnvoller erscheint, die zahlreichen Seiten all dieser Probleme durch ihre Augen zu betrachten, so wie sie sie in ihren eigenen Beziehungen erfahren hat. Interessant ist, daß Lois sich trotz all ihrer Erfahrungen für ganz »normal« hält. Auf den folgenden Seiten soll sie ganz allein zu Wort kommen, ohne daß ich sie unterbreche. Ich habe nur die Überschriften hinzugefügt, um anzuzeigen, mit welchen Themen sie sich befaßt.

Lois ist Anfang Dreißig; sie entstammt der Mittelschicht und hat studiert. Sie war verheiratet, ließ sich scheiden und hat einen kleinen Sohn. Sie hat an Encountergruppen teilgenommen und sie geleitet. Die Teilnahme an einer Kommune, die nur für einen Sommer gedacht war, bereitete sie auf das Leben in einer größeren Gemeinschaft vor. Nach der Scheidung fühlte sie sich von jeder tieferen Bindung bedroht. Sie hat einen Freund, Boris, den sie sehr mag, aber sie will sich nicht an ihn binden. Lois und Boris traten gemeinsam der Kommune bei, in der sie jetzt seit einem Jahr zusammen mit etwa fünfzehn anderen Leuten leben. Lois wird in diesem Interview gefragt, ob Eifersucht für sie je ein Problem war. Ihr anfängliches Leugnen führte zu einer tiefgehenden Erforschung der vielen Aspekte einer Beziehung zwischen Mann und Frau in der Kommune.

Eifersucht auf »Affären« des Partners

Lois: Eifersucht zwischen Mann und Frau? Ich glaube, das ist kein großes Problem bei uns. Ich überlege gerade ... Ich bin natürlich eifersüchtig, wenn Boris mit jemand anderem schläft. In dieser Hinsicht bin ich richtig pervers, weil ich es wissen will und zwar alles wissen will, jede Einzelheit, und danach fühle ich mich wieder besser, wenn ich weiß, daß er mich mehr liebt und lieber mit mir schlafen würde. Wenn ich alles weiß, fühle ich mich wieder sicherer. Es ist komisch, Boris geht es genau umgekehrt. Aber über solche Dinge wird hier ziemlich offen geredet.

Interviewer: Gehört es zur Gruppennorm, daß offen über Veränderungen der Mann-Frau-Beziehungen innerhalb des Hauses gesprochen wird?

Lois: Dazu muß ich Ihnen folgendes erklären. Wir sind im Grunde alle sehr bürgerlich und keine Hippies. Den monogamen Ehepaaren aus den Vorstädten mit ihren gelegentlichen heimlichen Seitensprüngen stehen wir viel näher. Vor ein oder zwei Monaten kamen Boris und ich beispielsweise überein, daß wir nun schon seit geraumer Zeit monogam leben und daß das nicht gut ist, und wir beschlossen, diese Monogamie, zumindest für einige Zeit, zu unterbrechen. Wir brachten das bei einer Gruppenversammlung zur Sprache. Boris hatte sich in letzter Zeit immer häufiger danach gesehnt, einfach irgendwo ein Mädchen aufzugabeln und mit ihr zu schlafen. Ich kann das nicht so ohne weiteres. Ich schlafe lieber mit jemand, den ich kenne und den ich mag, und deshalb lag es für mich näher, daß ich mit jemand aus der Gruppe schlafe. Jedenfalls sprachen wir bei der Versammlung darüber, und die allgemeine Reaktion war: »Seid ihr eigentlich verrückt?« Und Enrico sagte: »Gut, ich werde mit Lois schlafen, aber wehe, du wirst eifersüchtig!« Kaum war die Versammlung beendet, da stürzte alles auseinander und fing an, sich neu zu gruppieren.

Partnerwechsel kann verletzen

Wir sind ziemlich offen, ziemlich direkt. Hier kann jeder schlafen, mit wem er will. Ich glaube nicht, daß irgend jemand damit nicht zumindest intellektuell einverstanden ist, aber was ich komisch finde, ist, daß die Leute meinen, so was ginge ohne alle Schwierigkeiten. Daß man intellektuell einfach die Norm übernimmt und sagt: »Gut, machen wir es so«, und dann läuft es eben so. Das stimmt nicht. Schwierigkeiten gibt es jedesmal. Immer fühlt sich jemand verletzt oder bedroht oder minderwertig. Aber ich habe nie erlebt, daß es die Leute völlig auseinander gebracht hat.
Interviewer: Irgendwie sind die Leute also immer damit fertiggeworden?
Lois: Ja. Außerdem passiert es nicht allzu häufig. Die meisten Leute hier haben eine Beziehung, bei der sie bleiben, oder sie leben allein und schlafen mal mit dem, mal mit jenem. Aber es ist nicht so, wie die Leute manchmal meinen, daß nach dem Essen jeder aufsteht und sagt: »Heute schlafe ich mit Soundso«, und dann einfach ins Bett marschiert. So ist das nicht.

Die Möglichkeit einer Orgie

Gesprochen wurde über eine Orgie schon häufiger, aber noch hat keine stattgefunden. Ich bin jedoch überzeugt, daß es einmal geschehen wird, daß die ganze Gruppe miteinander schläft, jeder mit jedem. Diese Vorstellung geht allen im Kopf herum, und ich glaube, es könnte ein Spaß werden. Vor allem, wenn man ein Mädchen ist. Die ganze Nacht – das wäre toll. (Lacht.)

Liebe zwischen Frauen – und Eifersucht

Seit ich hier wohne, war ich ein einziges Mal wirklich eifersüchtig, und dabei ging es um Intimität. Je näher man nämlich den Leuten kommt, desto natürlicher wird es, mit ihnen zu schlafen, um diese Nähe auch physisch auszudrücken. Mir ist das mit Frauen ebenso ergangen wie mit Männern, besonders mit einer Frau, der ich sehr nahestehe und mit der ich ein paarmal geschlafen habe. Einmal war ich etwas betrunken und ein andermal wollte ich, daß Boris dabei ist – er hatte keine Ahnung, was ihm bevorstand. Wir beschlossen irgendwie, ins Bett zu gehen und gingen zusammen in Boris' Bett. Das war, glaube ich, meine aufregendste sexuelle Erfahrung, ich meine, dieses Gefühl, sich einer anderen Frau gegenüber physisch ausdrücken zu wollen und einen Körper zu streicheln, der genauso ist wie der eigene. In jener Nacht erfuhr ich darüber ungeheuer viel. Ich merkte, daß Jan wirklich mit mir schlafen wollte und schloß mich im Badezimmer ein. Ich hatte Angst, ich wußte nicht, ob ich es wollte oder nicht. Und dann gab ich mich ganz passiv, was mir eigentlich überhaupt nicht liegt. Das Interessante war, daß es genauso war wie eine Beziehung zwischen Mann und Frau. Später war ich manchmal aggressiv und sie spielte die passive Rolle. Es ist wirklich eine interessante Erfahrung. Und plötzlich kommt die Eifersucht. Einmal dachte ich nämlich, sie habe mit einem anderen Mädchen geschlafen und fühlte mich ganz elend. Es stellte sich zwar heraus, daß das nicht stimmte, aber das Gefühl war doch sehr seltsam.

Eifersucht auf Vertrautheit

Boris ist nicht eifersüchtig auf das Sexuelle zwischen Jan und mir, sondern auf die Nähe, die zwischen uns besteht. Die Vertrautheit ärgert ihn. Er ist überhaupt sehr leicht eifersüchtig auf meine Beziehungen zu anderen Leuten. Er ist irgendwie possessiv und möchte, daß ich meine ganze Zeit mit ihm verbringe. Aber wir haben das ziemlich weitgehend geklärt. Das glaube ich jedenfalls.

Wege im Umgang mit derartigen Problemen

Interviewer: Haben Sie das unter sich geklärt oder in der Gruppe?
Lois: Mir ist es lieber, wir klären solche Dinge unter uns. Ich glaube nämlich nicht, daß irgend jemand hier in diesem Haus meine Beziehung zu Boris versteht. Wirklich nicht. Ich habe das Gefühl, daß die anderen ihn nicht sonderlich gut kennen, und daß er nur mit mir reden kann. Er hat sich völlig auf mich konzentriert und kennt nur mich gut. Den anderen steht er nicht sehr nahe und deshalb wissen sie auch nicht viel über ihn.

Ich glaube, daß die Leute unsere Beziehung häufig falsch beurteilen. Wir streiten viel und schlagen uns und brüllen uns an und dann vertragen wir uns wieder. Mir tut das ausgesprochen gut, aber wir sind die einzigen hier, die sich auf diese Weise auseinandersetzen. Ich glaube sogar, daß es den Leuten manchmal Angst macht. Sie begreifen es nicht und haben keine Ahnung, was in unserer Beziehung vorgeht. Deshalb halte ich es für besser, wir klären unsere Probleme unter uns oder reden mit Leuten, die uns nahestehen.
Ich habe nicht das Gefühl, daß die Gruppe für uns als Paar tatsächlich sehr nützlich ist. Ich habe eher den Eindruck, daß sie destruktiv auf uns wirkt und daß einige Leute hier sogar das Gefühl haben, es wäre besser, wenn es überhaupt keine Paare gäbe. Jedenfalls stören sie uns ebensooft wie sie uns helfen. Das ist traurig, aber wahr. Ganz besonders traf das zu in einer Zeit, als ein paar andere Leute glaubten, sie hätten Ansprüche an mich. Sie ärgerten sich, wenn Boris erschien und sagte: »Lois, komm, ich möchte mit dir allein sein«. Wenn ich dann aufstand und mit ihm ging, gab es jedesmal Schwierigkeiten. Einmal erzählte mir Robin zum Beispiel, Boris habe irgend etwas zu Tommy, meinem Sohn gesagt. Ich wurde natürlich sofort wütend auf Boris. Aber selbst wenn es stimmt, was Robin sagt, finde ich diese Art Klatsch nicht sehr komisch.

Die befreite Frau

Interviewer: Hier im Haus leben drei Paare, nicht wahr?
Lois: Ja, aber nur Robin und Ben sind verheiratet. Sie haben sich ungeheuer verändert, seit sie hier eingezogen sind. Sie waren sieben Jahre lang monogam, seit sie geheiratet hatten, und als ich sie vor drei Jahren kennenlernte, wollte Ben endlich auch mal mit anderen Mädchen schlafen. Robin fühlte sich bedroht und war völlig außer sich. Als ich sie kennenlernte, hatte sie Angst, Ben wollte was von mir. Sie konnte mich nicht ausstehen und fand mich einfach abscheulich. Dabei war ich an Ben überhaupt nicht interessiert. Aber das zeigt, wie total verklemmt sie damals war.
Im letzten Sommer hatte Ben dann wirklich ein Verhältnis mit einem anderen Mädchen, und Robin war völlig erledigt. Ich habe damals lange mit ihr gesprochen und sie gefragt, was sie eigentlich will. Ob sie aus der Situation etwas für sich machen will oder ob sie gekränkt und beleidigt dasitzen und letzten Endes doch nicht das bekommen will, was sie sich wünscht. Seither ist ihre Ehe

ungeheuer aufnahmefähig geworden, viel offener als die Beziehungen zwischen den übrigen Paaren hier im Haus. Robin hat mehr Affären und Verabredungen und ist seltener hier als irgend jemand sonst, einschließlich der alleinstehenden Männer. Aber ich bin mir nicht ganz sicher, was ich davon halten soll. Ganz sicher ist es nicht die Art von Beziehung, die ich mir wünschen würde. Aber sie scheint dabei glücklich zu sein, zumindest im Augenblick. Vielleicht ärgere ich mich auch nur über sie, weil sie so selten hier ist. Und ich glaube auch, daß Ben einsam ist.

Ich bin nicht sicher, daß Robin wirklich das tut, was sie möchte. Es ist nämlich durchaus möglich, daß sie glaubt, sie müßte so sein, weil es irgendwie Mode geworden ist. Sie spricht häufig davon, daß sie ein Kind haben will. Aber das sind doch zwei völlig verschiedene Dinge.

Meine Reaktionen

An Lois' Darstellung fallen mir mehrere Dinge auf. So zum Beispiel die intellektuelle Bereitschaft zu sexuellen Experimenten. Boris und Lois, Ben und Robin können, wenn sie wollen, eine Zeitlang ein anderes als das monogame Zusammenleben ausprobieren. Die alleinstehenden Gruppenmitglieder können verschiedene Beziehungen auf vorübergehender oder dauerhafterer Basis versuchen. Lois und Jan können ohne Schuldgefühle eine homosexuelle Beziehung erleben. Lois freut sich sogar über die Möglichkeit einer sexuellen Orgie. Kurz, eine der grundlegenden Eigenarten vieler Kommunen ist die Tatsache, daß sie Experimentierstätten sind, in denen eine Vielzahl sexueller Verbindungen ausprobiert werden können, ohne daß Schuldgefühle auftreten, ohne daß über diese Dinge etwas nach außen dringt und ohne daß sich jemand an irgendwelche Verhaltensnormen gebunden fühlen muß.

Aber für all diese Experimente muß immer wieder bezahlt werden, sei es mit Eifersucht, Schmerz, Selbstmitleid oder Verlust. Gleichgültig wie »modern« die Ansichten auch sein mögen, einer wird bei Veränderungen von Partnerschaften immer verletzt. Und Eifersucht ist nicht nur einfach auf sexuelles Verhalten bezogen, sondern auch auf Dinge wie den Verlust von Vertrautheit und Nähe. Unter diesem Verlust leidet Boris mehr, als unter der sexuellen Beziehung zwischen Lois und Jan.

Aber die Kommune enthält auch die heilenden Elemente, die diese Schmerzen lindern. Lois hilft Robin in ihrem Schmerz und in ihrer Eifersucht, so wie ihr sicherlich früher selbst geholfen worden ist. Und aus ihrer Darstellung erhält man den Eindruck, daß Schmerzen und Leid dieser Art häufig das Wachsen der betreffenden Person fördern.

Ein weiteres Element, das einer näheren Betrachtung bedarf, ist der Umstand, daß eine Gruppe sowohl konstruktive als auch destruktive Möglichkeiten in sich birgt. Davon war bereits in der früheren kurzen Darstellung von der bissigen »Gruppenehe« die Rede. Lois macht das noch deutlicher, als sie erzählt, wie gering das Verständnis der Gruppe für ihre stürmische aber sehr lebendige Beziehung zu Boris ist. Und wie in jeder Gruppe so gibt es auch hier Leute, die durch Weitergabe von unangemessenen Informationen, seien sie nun zutreffend oder falsch, Schwierigkeiten verursachen.

Hier verfügen wir, wie in so vielen Situationen, über das Wissen, das diese Situationen verbessern würde, aber es gelingt uns nicht, es entsprechend anzuwenden. Eine hilfsbereite Person am rechten Ort und zur rechten Zeit könnte helfen, die Schmerzen und Eifersüchte zu lindern, aber davon sind wir noch weit entfernt.

Was mich an Lois' Bericht noch sehr beeindruckt, ist ihr vitales Bedürfnis, die eigenen Gefühle zu erkennen, zu akzeptieren und ihnen zu vertrauen. Fühlt sich Robin bei dem, was sie im sexuellen Bereich tut, wirklich zufrieden und glücklich? Lois bezweifelt es. Ich auch. Robins Verhalten sieht mir allzusehr nach Vergeltung aus, was wiederum heißt, daß sie verbergen will, wie tief sie verletzt ist. Es ist mit ziemlicher Sicherheit anzunehmen, daß sie im Grunde jemanden braucht, der ihr hilft, ihre wahren und wirklichen Gefühle zu entdecken. Erst dann könnte sie so handeln, daß ihr Handeln überzeugend wirkt. Ob sie aber diese Hilfe finden wird oder finden will, ist eine Frage, die offenbleibt.

Ein weiteres Element, das in Lois' Bericht und in anderen Darstellungen ganz deutlich wird, ist das Bedürfnis vieler Leute nach einer sicheren Beziehung. Wenn Lois davon spricht, daß Experimente dieser Art »gar nicht so häufig« sind, und daß die meisten Leute bei ihrer Beziehung bleiben wollen, dann drückt sie damit etwas aus, was meiner Ansicht nach sehr weitgehend zutrifft.

Ein weiteres Beispiel für experimentelle Beziehungen

Sam ist achtunddreißig, geschieden und jetzt mit Rita verheiratet. Beide brachten Kinder mit in die Ehe. Die Familie wohnte in einer Vorstadt, bis sie in eine Kommune in der Stadt zog. Rita sagt dazu:

...Ich war sehr einsam. Wenn Sam zur Arbeit ging und ich nichts

Besonderes zu tun hatte und nicht fort mußte, dann fühlte ich mich schrecklich allein und einsam. Hier gehen ständig Leute ein und aus – das Haus ist eine Welt für sich.

Später beschreibt Rita die Beziehungen zwischen Männern und Frauen:

Wir haben nicht das Gefühl, daß wir mit jedem Mitglied der Kommune eine sexuelle Beziehung haben müssen. Die Tatsache, daß wir nicht monogam leben, bedeutet, daß wir für andere Beziehungen zu anderen Menschen offen sind, aber wenn Leute hier im Haus ganz stark das Gefühl hätten, das monogame Leben sei genau das richtige für sie, dann könnten sie das hier auch leben.
Sam: Neulich sagte ein Mädchen es so: »Ich bin nicht in die Kommune gekommen mit der Vorstellung, daß ich jetzt mit jedem schlafe, höchstens, wenn sich irgend etwas entwickelt, das schön sein könnte.« Und ich muß sagen, ich würde sie weder ermutigen noch entmutigen ...

Rita hat eine sexuelle Beziehung zu Doug, einem anderen Mitglied der Kommune, was für Sam nicht einfach war. Man spürt eine gewisse Spannung in Ritas Beziehung zu ihm.

Interviewer: Wie werden Sie mit Ihren Gefühlen und mit der Eifersucht fertig? Oder ist es Ihnen gelungen, sich von diesen Gefühlen zu befreien?
Sam: Nein. Wir setzen uns ständig mit ihnen auseinander. Neulich sagte jemand bei einem Treffen: »Wer von euch nichtmonogame Beziehungen gehabt und damit fertig geworden ist, melde sich bitte und erzähle darüber.« Und Doug, der hier im Haus lebt, sagte: »Hat sich schon jemand mit seinem ganzen Leben auseinandergesetzt?« Wir arbeiten ständig an diesem Problem. Und für mich macht es die Dinge einfacher, daß Doug sich bemüht, ebensosehr mein Freund zu sein wie Ritas Freund; und wir sind Freunde. Seine Beziehung zu Rita ist eine Sache für sich, die nicht dazu gedacht ist, mich zu kränken oder beiseite zu schieben. Ich muß mir das selbst immer wieder klarmachen, besonders in Zeiten, in denen die beiden sich gerade sehr gut verstehen und ich mehr oder weniger allein bin.
Interviewer: Das klingt, als könnte es bisweilen sehr schwierig sein ...
Sam: Ja, das stimmt. Aber andererseits kenne ich niemand, der nicht zumindest in seinen Träumen eine Beziehung zu jemand anderem als seinem oder ihrem Partner hat. Deshalb denke ich, daß es so viel offener und ehrlich ist. Besser jedenfalls als so zu tun, als gäbe

es die Beziehung zu einem anderen nicht. Ich glaube sogar, daß meine Beziehung zu Rita besser geworden ist. Sie fühlt sich, glaube ich, durch diese andere Beziehung als Person wertvoller, und seltsamerweise hat das alles dazu beigetragen, daß sie für mich mehr und wertvoller geworden ist.
Interviewer: Stimmt es, was er sagt?
Rita: Ich denke darüber etwas anders.

Rita geht auf diesen Widerspruch nicht weiter ein, sondern spricht über Aspekte des Teilens, was Sam zu folgenden Äußerungen veranlaßt:

Sam: Ich gehe zum Beispiel nicht gerne spazieren. Aber Rita und Doug tun das gerne. Und Leute, die gerne spazieren gehen, brauchen das wahrscheinlich. Wer lieber zu Hause sitzt, kann zu Hause bleiben.
Interviewer: Man steht nicht unter dem Druck, für einen Menschen alles sein zu müssen.
Rita: Ja.
Sam: Ja. Ich habe eine Beziehung zu einer anderen Frau, die nicht in der Kommune lebt. Es ist keine sehr gute Beziehung, und ich glaube, ich habe mir diese Frau nicht so sorgfältig ausgesucht, wie ich es hätte tun sollen, aber ich lernte sie kennen, als ich mich ziemlich einsam fühlte, kurz nachdem die Beziehung zwischen Rita und Doug begann. Ich glaube, im Grunde bin ich nur neidisch, daß ich keine Frau gefunden habe, die auch hier im Haus wohnt. Es ist nämlich ziemlich schwierig für mich, die Beziehung zu dieser Frau, die eben doch mehr ist als nur eine zufällige sexuelle Begegnung, aufrechtzuerhalten. Wenn ich wirklich sehr viel Zeit mit ihr verbringen würde, dann wüßte ich, was Rita dazu sagen würde, gleichgültig, ob sie es ausspricht oder nicht. Es ist viel einfacher, mit jemand, den man mag zusammen zu sein, wenn die betreffende Person im gleichen Haus wohnt.

Später spricht Sam über Beziehungen außerhalb der Partnerschaft und sagt: »Es kann riskant sein, solche Sachen zu machen. Aber es ist auch ein Risiko zu heiraten.«

Zu Rita und Doug, zu Sam und seiner außerhalb der Kommune lebenden Freundin läßt sich eigentlich nur sagen, daß für sexuelle Beziehungen außerhalb einer Partnerschaft immer ein Preis bezahlt werden muß. Aber wie Sam ganz richtig sagt, ist es auch ein Risiko zu heiraten. Und die Beziehung außerhalb der Partnerschaft befreit beide Partner von dem Druck, für den anderen alles sein und alle seine Bedürfnisse befriedigen zu müssen.

Eine Dreierbeziehung

In einem Brief berichtet Clyde mit großer Offenheit über die Entstehung einer kurzfristigen Dreierbeziehung zwischen ihm, Libby und Myra. Die Kommune, in der er lebt, hatte eine andere Gruppe für eine Woche zu sich eingeladen. Von diesem Punkt an erzählen Auszüge aus seinem Brief die Geschichte weiter:

> Meine derzeitige Familie besteht aus George – Maler, Bauer, Metaphysiker –, Libby, Georges Ehefrau und meiner Geliebten – Gärtnerin, Weberin und Mutter, Minna – Georges Bettgefährtin, die vorzüglich bäckt, Gregory, meinem zehnjährigen Sohn und Ruthy, der hübschen kleinen Tochter von George und Libby. Und jetzt kommt Myra dazu – sehr offen für neue Erfahrungen, sehr warm und bisexuell oder vielleicht besser »ganz sexuell«.
>
> Wir leben auf dem Land. Der Schnee liegt hoch. Die Gruppe, die bei uns zu Gast ist, fühlt sich wohl, und Libby und Minna vollbringen täglich Wunder, wenn sie für einundzwanzig Leute köstliche Mittags- und Abendgerichte kochen.
>
> Myra und ich fühlten uns vom ersten Augenblick an zueinander hingezogen. Von ihr ging etwas aus, das meinem immer noch vorhandenen Wunsch, zu besitzen und selbst besessen zu werden, entgegenkam.

Clyde erzählt, wie sie mit einigen anderen spazieren gingen und wie er und Myra »plötzlich« allein waren. Die beiden schliefen miteinander, was aber weder für ihn noch für sie sonderlich befriedigend war.

> Als wir zurückgingen, trafen wir Libby. Sie weinte, und ich wurde von Gewissensbissen und Schuldgefühlen überwältigt. Ich mußte es ihr sagen. Sofort. Es war nicht einfach. Ihr ging es nicht gut. Sie war überarbeitet, hatte kaum Zeit gehabt, an gemeinsamen Unternehmen teilzunehmen, und mich hatte sie auch nur selten allein gesprochen. Und jetzt noch die Sache mit Myra. Wir gingen nach Hause und ins Bett, redeten noch eine Weile und schliefen schließlich ein – wahrscheinlich in erster Linie aus Erschöpfung.

Myra reiste bald darauf mit der Gruppe ab, kam aber später für einen mehrtägigen Besuch zurück.

Libby begann sich zwei Tage vor Myras Ankunft von uns allen zurückzuziehen. Sie war eifersüchtig, sie traute Myra nicht und haßte sich selbst. Ich blieb in ihrer Nähe, ich war ganz ruhig und fühlte mich ihr sehr nahe.
Als Myra kam, saßen wir drei häufig zusammen. Libby hatte das Gefühl, daß Myra für unser Leben eine echte Gefahr darstellte. Sie sagte, sie könne nicht begreifen, warum ich nicht zusammen mit Myra fortgehen wolle. Sie hörte mich kaum, als ich sagte, daß ich das nicht will, daß ich hier und bei ihr bleiben werde. Libby sagte, Myra sei ausschließlich an mir interessiert und wolle uns auseinander bringen. Myra meinte, sie wolle uns alle kennenlernen, ganz besonders aber fühle sie sich zu ihr, zu Libby, hingezogen.
Es war allgemeine Ruhe und wir trennten uns. Libby und ich machten einen Spaziergang. Myra ging ins Haus. Als wir zurückkamen, lief Myra uns entgegen und sagte: »Libby, du hast recht gehabt. Ich hatte wirklich den Wunsch, euch zu trennen, weil ich sonst keinen von euch richtig kennenlernen kann.«
An diesem Abend gingen Libby und ich sehr spät zu Bett. Wir waren erschöpft, aber nicht müde. Wir redeten und ich sagte: »Ich wollte, Myra wäre hier, denn wir sprechen über Dinge, die auch sie betreffen.« Libby sagte: »Irgendwie wäre mir das auch lieber.« Ich fühlte mich einfach zu schwach und bat Libby, die Entscheidung zu treffen, und sie stand auf und holte Myra zu uns. Wir verbrachten die Nacht zu dritt in unserem Bett und redeten und schliefen miteinander. Aber es gab nur ganz wenige Augenblicke, in denen ich das Gefühl hatte, daß wir drei wirklich zusammen waren. Ich merkte, daß ich nur in begrenztem Umfang die Fähigkeit habe, mit zwei anderen Menschen so intim und intensiv zusammen zu sein, und ich glaube, den beiden Frauen ging es ähnlich.
Am nächsten Tag reiste Myra ab.

Einige wichtige Elemente

Ich habe bereits zuvor über die Eifersucht und den Schmerz gesprochen, die jede Veränderung oder auch nur potentielle Veränderung
ese
Begleiterscheinungen nicht mehr weiter ein.

Was mich aber tief beeindruckt, ist die Fähigkeit dieser Leute, einander zu helfen. Clyde war in Libbys schwärzester Stunde imstande, »ganz bei ihr zu sein«. Er versuchte weder sie zu trösten noch ihr Mut zu machen. Er war ganz einfach innerlich bei ihr und ihrer Einsamkeit, ihrer Eifersucht und ihrem Selbsthaß. Er fühlte mit ihr, und es machte nichts, daß sie nicht reagierte. Sie »erkannte« ganz einfach, daß er in ihrer Einsamkeit bei ihr war. Aus langer therapeutischer Erfahrung weiß ich, daß dies die hilfreichste Einstellung war, die er ihr gegenüber einnehmen konnte. Nur wo hat er das gelernt? Woher wußte er das? Ich glaube, daß viele Menschen eine intuitive Fähigkeit zu helfen haben – eine Fähigkeit, die der eines ausgebildeten Therapeuten gleichkommt. Und meiner Ansicht nach besteht kein Zweifel, daß diese Kommune jeden befähigte, das helfende Ich in sich wirken zu lassen.

Das zweite wichtige Element, das ich in dieser Situation sehe, hat noch tieferreichende Bedeutungen. Wir sind ihm – oder seinem Nichtvorhandensein – bereits in anderen Kapiteln begegnet. Ich meine damit die unausgesprochene Entschlossenheit, immer und unter allen Umständen offen seinem Gefühl entsprechend zu leben, das wahre Selbst zu zeigen und die wahren Einstellungen auszudrücken, so tief und so weit es einem möglich ist. Das zeigt sich in diesem Fall zum Beispiel darin, daß Clyde der weinenden Libby erzählt, daß er gerade mit Myra geschlafen hat. Danach kann er ihr in ihrem Schmerz frei und offen beistehen. Es zeigt sich aber auch in den Gesprächen, die die drei miteinander führen und in denen Libby offen ausspricht, daß sie sich von Myra bedroht fühlt. Clyde drückt ebenso offen seine Gefühle für Myra und seinen Wunsch, bei Libby zu bleiben, aus, und Myra erklärt, daß sie sich zu beiden hingezogen fühlt und nicht den Wunsch hat, sie zu trennen.

Eine Stunde später weiß Myra mehr über ihre wahren Gefühle. Sie möchte die beiden doch auseinander bringen, zumindest soweit, daß sie jeden von ihnen noch besser und tiefer kennenlernen kann.

Und schließlich die nächtliche Diskussion und Clydes Feststellung, daß die Nacht zu dritt für keinen von ihnen sonderlich befriedigend war. In all diesen Situationen wurde etwas gelernt. Es gab Verzweiflung, Schmerz, Überraschung, Liebe und Enttäuschung, die immer ein Teil eines Lebens- und Lernprozesses waren.

Ich spreche darüber so ausführlich, weil meiner Ansicht nach nie genügend anerkannt wird, daß dies eine fast völlig neue Art zu leben ist. Das Teilen der guten wie der schlechten Gefühle, der Schmerzen wie der Freuden und das Suchen nach dem, was man *wirklich* fühlt und erlebt ist etwas ganz Neues. Diese jungen Leute haben das weder bei ihren Eltern, noch in der Schule oder sonstwo gelernt. Sie würden es weder in der orientalischen Kultur, in der es so wichtig ist, daß man das »Gesicht wahrt«, noch in der der europäischen Gesellschaft finden, in der in Dingen der Liebe der Betrug die Regel ist.

Nein, diese Menschen versuchen heute ganz anders zu leben, und für mich ist das ein Grund zur Freude und zur Hoffnung. Aber ich bin mir trotz allem nicht sicher, ob dies auch der Weg für unsere gesamte zukünftige Gesellschaft sein wird. Ich weiß nur, daß dieses Teilen und Mitteilen alles dessen, was das Selbst erlebt und fühlt fast immer zu persönlichem Wachsen führt. Ich glaube auch, daß jemand, der diese Art zu leben kennengelernt hat, nur selten den Wunsch haben wird, zu einem Leben hinter Fassaden und Masken des Selbstbetrugs und der Täuschung anderer zurückzukehren. Was die Zukunft Menschen wie Clyde, Libby und Myra bringen wird, wissen wir nicht, wir können nur vermuten, daß sie als Personen weiter wachsen werden.

Was bedeutet die Kommune für Kinder?

Nur wenige Kommunen haben bislang schulpflichtige Kinder, und daher liegen einige der schwierigsten Probleme noch vor ihnen.

Soweit es das jüngere Kind betrifft, verhält es sich wie alle Kinder seines Alters. Manchmal ist es fröhlich, dann wieder traurig und verletzt oder es streitet sich mit anderen Kindern. In der Kommune haben diese Erlebnisse und Erfahrungen einen etwas anderen Beigeschmack. Alle »Krisen«, die für das Kind wichtig, für die Erwachsenen manchmal nebensächlich sind, werden nicht mehr nur von einer Person – der Mutter – aufgefangen, sondern von mehreren Erwachsenen, Männern wie Frauen, ernstgenommen oder auch absichtlich ignoriert. Das Kind wird vielleicht von einem Erwachsenen ausgeschimpft und zeitweise von einem anderen verwöhnt. Es wird nicht immer gleichbleibend behandelt, sondern lebt in einer Welt von wirklich Erwachsenen, an deren Eigenarten es sich gewöhnen und gleichzeitig psychologischen Raum für sich selbst und seine Wünsche suchen muß.

Ein Aspekt, der eigentlich ganz natürlich ist, wird manchen Leser überraschen: jüngere Kinder akzeptieren ziemlich schnell die Tatsache, daß ihre Eltern zeitweise mit anderen Partnern schlafen. Kinder nehmen ihre Welt wie sie ist, besonders, wenn diese Welt von den anderen Menschen, mit denen sie zusammenleben, akzeptiert wird. Dagegen gerät ein Jugendlicher, der sein bisheriges Leben in der üblichen Umgebung verbracht und deren Normen übernommen hat, angesichts des »schlechten« Benehmens seiner Eltern leicht in Konflikt.

Die ländlichen Kommunen haben für Kinder zwei große Vorteile. Die Kleinen haben mehr Platz zum Spielen und sind nicht den Gefahren des Verkehrs und allen übrigen Problemen der Großstadt ausgesetzt. Die Schwierigkeiten, mit denen sie sich auseinandersetzen müssen, sind in erster Linie die harten Realitäten der Natur.

Außerdem hat das Kind einer ländlichen Kommune seinen Platz im Gruppenleben. Sobald es körperlich dazu imstande ist, also etwa zwischen fünf und sechs Jahren, kann es bei den vielfältigen Aufgaben helfen, die das Landleben mit sich bringt. Es fühlt sich nützlich, und das ist eine Erfahrung, die Großstadtkinder heutzutage nur sehr selten machen können.

Aber was geschieht in den Kommunen mit der schulischen Ausbildung? Mit diesem Problem wird noch experimentiert. Die Opposition gegen das Establishment geht in manchen Kommunen soweit, daß man die neugeborenen Kinder nicht registrieren läßt. Diese Kinder sind, was den Staat betrifft, nicht existent. Die Eltern unterrichten ihre Kinder selbst und in einer Weise, die mit den Lehrmethoden der öffentlichen Schulen fast nichts mehr gemein haben.

Als Haight-Ashbury noch das Paradies der Blumenkinder war und nicht ein Synonym für Drogenhändler, Mörder und Mafiosi, wurde dort eine sogenannte »Freie Schule« errichtet, und mittlerweile soll es an der Küste etwa sechzig Schulen dieser Art geben. Zwar ist der Prozentsatz der Kinder, die solche Schulen besuchen, sehr gering, aber dennoch stellen sie eine wirksame Kraft dar.

Ein früherer Bewohner von Haight-Ashbury, der jetzt in einer Kommune lebt, sagte einmal: »Ich kann die Welt nur verändern, wenn ich mich selbst ändere. Andere Menschen kann ich nicht verändern.« Die Errichtung einer »freien Schule« war lediglich ein Versuch dieser Leute, ihren eigenen Bedürfnissen und den Bedürfnissen ihrer Kinder gerecht zu werden. Niemand wollte die anderen Schulen beeinflussen. Aber in einigen Jahren werden andere es genauso machen. Lao-Tse, der chinesische Philosoph, sagte vor vielen Jahrhunderten: »Wer die Welt erobert, tut das oft durch Nichttun«. Ich glaube, die Art und Weise, in der Kommunemitglieder leben, ist in vielem ein Beweis für die Richtigkeit dieses alten Sprichworts.

Die »Manson-Familie«

Wenn wir die Kommunen als Experimente betrachten, dann bleibt es nicht aus, daß manche dieser Experimente fehlschlagen. Die derzeit zweifellos bekannteste Kommune war ein entsetzlicher und schrecklicher Fehlschlag. Manson und seine Kommune geisterten wochenlang durch die Gazetten, während von anderen Kommunen nichts oder nur sehr wenig an die Öffentlichkeit gelangte.

Ich weiß über diese Gruppe nicht mehr als jeder einigermaßen informierte Zeitungsleser, aber ich möchte dennoch auf einige offensichtliche Fakten aufmerksam machen. Es ist seltsam, daß diese Gruppe zwei Eigentümlichkeiten aufweist, die laut Kantor (1970) für die Kommunen des letzten Jahrhunderts charakteristisch waren: Den charismatischen Anführer mit einer Ideologie, wie verzerrt und verbogen sie auch sein mochte, und die Regelung des sexuellen Verhaltens durch den Anführer. Bei Manson hatten die Mädchen keine oder so gut wie keine andere Wahl als sich den sexuellen Bedürfnissen ihres Anführers oder der übrigen Männer der Gruppe unterzuordnen.

Der Fall Manson war zweifellos eine entsetzliche und erschreckende Geschichte, aber wichtig ist, daß wir uns nicht täuschen lassen und über diesem Einzelfall nicht vergessen, daß Tausende von anderen Kommunen die Achtung und den Respekt ihrer Umgebung gewonnen haben. Sie suchen nach einer neuen Art zu leben, und ihr Zusammenleben ist von großem Idealismus gekennzeichnet und nicht von sadistischen und sinnlosen Morden. Ihr Verhalten mag für konservative Gemüter schockierend sein, aber es ist nicht antisozial, auch wenn es sich gegen das Establishment richtet. Bedauerlich ist, daß von ihrem Leben kaum jemand etwas erfährt, während die Berichte über Manson und seine Gruppe Woche für Woche die Schlagzeilen füllten.

Was ich selbst gelernt habe

Zum Abschluß dieses Kapitels möchte ich von dem sprechen, was ich gen Kommunemitgliedern gelernt habe. Ich bin überzeugt, daß diese seltsamen Sprößlinge unserer Kultur einen großen Einfluß auf Wirtschaft, Ökologie, Erziehung, Technik und Politik in unserem Land haben werden. Ich könnte diese Behauptung weiter ausführen, aber aus zwei Gründen möchte ich darauf verzichten. Erstens ginge es über den Rahmen dieses Buches weit hinaus und zweitens glaube ich, daß andere Leute mit mehr Erfahrung und größerem Wissen das weit besser können und getan haben als ich es könnte. Dennoch gibt es eine Reihe von Dingen, die ich gelernt habe und von denen ich berichten möchte.

So ist in meinen Augen das stete Wachsen der Kommunen und das zunehmende Interesse an ihnen nur ein Teil einer echten und wahren Revolution, einer stillen Revolution, die stattfindet innerhalb einer Gesellschaft, die sich der Technik und dem Erfolg verpflichtet fühlt, die zur Lösung von Problemen nur die Macht der Militärs, der Polizei oder der Kriminellen kennt, die die Herrschaft der Mächtigen und Einflußreichen über die Schwachen und Kleinen gutheißt, die die menschliche Würde in allen Bereichen von der Schule bis zum Wohlfahrtssystem leugnet und die vor allen Dingen überzeugt ist, daß sie nichts falsch machen kann.

Ihr gegenüber stehen diese Gruppen gewaltloser Menschen, die wenig Worte machen, nicht nach Macht streben, die oben erwähnten Werte ablehnen und versuchen, inmitten der alten Welt eine vollkommen neue Art von Gesellschaft zu schaffen. Mit Ausnahme der wenigen religiös gebundenen Gruppen versuchen sie nicht, uns zu irgend etwas zu überreden oder uns etwas zu »verkaufen«. Unser politisches System interessiert sie kaum noch, denn sie halten es für korrupt. Sie treten nicht als Reformer vor uns hin noch versuchen sie, etwas Gutes für uns zu tun.

Sie versuchen vielmehr etwas weitaus Schwierigeres: Sie versuchen, eine neue Gesellschaft zu *leben* und ein neues Wertsystem zu *sein*. Das erklärt den Anklang, den sie besonders bei jungen Menschen finden, die zutiefst entmutigt sind von einer Gesellschaft, die in zahllosen Bereichen das eine sagt und dann etwas tut, was nicht nur anders ist, sondern so entsetzlich anders, daß es die Menschen, die menschliche Würde und die Beziehungen zwischen den Menschen zerstört. Die jungen Leute fühlen sich deshalb zu denen hingezogen, die versuchen, etwas anderes zu schaffen und die trotz vieler Fehler und Niederlagen manches hervorgebracht haben, was Anlaß zu Hoffnung sein kann.

Die Kommunenbewegung hat, wie mir scheint, ihre eigenen Trends, und nach allem, was ich aus meiner begrenzten Erfahrung weiß, scheint sie in erster Linie zu Unbeständigkeit und Veränderung zu neigen. Eine Kommune entsteht und zerfällt oder verändert sich. Vielen älteren Menschen erscheint das wahrscheinlich als Schwäche, als Verwirrelen. Aber es ist die
Schwäche des Schößlings, nicht die des alten Baums. Ich habe Leute kennengelernt, die Kommunen verlassen haben und ins »normale« Leben zurückgekehrt sind, und ich bin überzeugt, daß dies kein Rückschritt war, sondern ein weiteres Fortschreiten. Auch wenn sie nicht mehr in Kommunen wohnen, leben sie nach ihren eigenen Werten. Sie sind nicht die Geschäftsleute, Verwaltungstechniker oder Politiker von morgen, oder wenn sie diese Berufe ergreifen, dann werden sie ihnen eine neue Form geben.

Die Tendenz geht offensichtlich zum Leben in kleinen Gruppen. Selbst die städtischen Kommunen sind nicht Teil der unpersönlichen Roboterwelt der Großstadt. In diesen kleinen Gruppen ist der Kontakt zu anderen, zur Natur, zu sich selbst und zum Kosmos möglich.

Die Tendenz heißt vielfach: Fort von radikalen Handlungen, von Gewalt und harten Drogen. Marihuana, ja. LSD gelegentlich, aber eigentlich immer weniger. Speed und Heroin, nein. Diese Gruppen berauschen sich an der Natur, an Meditationen, Zen, Yoga, an einem höheren Bewußtsein. Sie lernen, daß das Leben auch ohne Anregung durch die Droge wertvoll sein kann.

Ein Übergang

Eigentlich wollte ich das Buch mit diesem Kapitel über die Kommunen abschließen. Aber ich habe das Gefühl, daß viele junge Menschen – wahrscheinlich die große Mehrheit aller Jugendlichen – trotz ihres Interesses an Kommunen die Ehe als ihr Ziel betrachten.

Deshalb soll zum Abschluß noch von einer weiteren Ehe berichtet werden, die in ihrer Vielseitigkeit geradezu phantastisch ist. In ihr werden wir nicht nur allen Problemen begegnen, die wir bereits aus den Kommunen kennen, sondern darüber hinaus noch vielen anderen. Es ist eine Ehe, die ganz einfach das alte Sprichwort widerlegt, daß die menschliche Natur nicht zu verändern ist. In dieser Ehe begegnen wir zwei »Naturen«, die sich dermaßen verändert haben, daß ihr jetziges Wesen kaum noch Ähnlichkeit mit dem der Personen hat, die diese Ehe einmal eingingen. Ich hoffe, der nachstehende Bericht wird Sie in gleicher Weise faszinieren, wie er mich fasziniert hat.

8.

Radikale Veränderungen in einer fünfzehnjährigen Ehe

Das Interview mit Eric und Denise soll dieses Buch beschließen. Die beiden heirateten, als sie einundzwanzig und neunzehn Jahre alt waren. Fünf Jahre später hatte Denise einen »Nervenzusammenbruch«, und die Beziehung der beiden war außerordentlich kalt. Eine Therapie half Denise wieder zu sich zu finden, und zum ersten Mal begann sie in der Ehe zu kämpfen. Eric verwandelte sich unter dem Einfluß von Marihuana vom reinen Verstandesmenschen in jemand, der sein gesamtes Selbst mit allen Gefühlen akzeptierte, was der Ehe sehr gut bekam. Dennoch stand die Beziehung häufig kurz vor dem Zusammenbruch. Beide machten sexuelle Erfahrungen außerhalb der Ehe, was interessanterweise dazu führte, daß ihre Beziehung mit der Zeit immer monogamer wurde. Im Augenblick stehen sie kurz davor, in einem anderen Land ein völlig neues Leben zu beginnen.

Ich möchte noch kurz erwähnen, wie ich die beiden kennenlernte. Vor zehn Jahren begegnete ich ihnen zum ersten Mal, und damals hatte ich den Eindruck, daß ihre Ehe nicht gut war und vermutlich bald auseinandergehen würde.

Danach begegnete ich Eric gelegentlich im beruflichen Bereich, und einmal arbeiteten wir zusammen an den Vorbereitungen für eine Konferenz. Ich fand ihn sehr gescheit, vernünftig und zu Kompromissen bereit, und es war ein Vergnügen, mit ihm zu arbeiten.

In den letzten Jahren haben wir uns nur selten getroffen, aber jedesmal war ich von den Veränderungen sowohl bei Eric als auch bei Denise sehr beeindruckt. Zwischen unseren Begegnungen lag häufig ein ganzes Jahr, und mir kam es immer wieder so vor, als stünde ich gänzlich anderen Personen gegenüber. Dieser für mich überraschende Verwandlungsprozeß bewog mich auch, den beiden zu schreiben und sie um ein Interview zu bitten. Zu meiner Freude willigten sie ein, aber die Reichhaltigkeit des Materials, das sie im Laufe des Interviews von sich gaben, war dennoch eine Überraschung für mich.

In anderen Kapiteln habe ich das mir vorliegende Material nicht selten bearbeitet und Elemente aneinander gefügt, die zusammengehören, obwohl sie nicht gleichzeitig behandelt worden waren. Ich habe das Interview auch häufig unterbrochen, um selbst etwas zu sagen. Aber bei Eric und Denise war das anders. Bei ihnen reihte sich ein Aspekt ihrer Erfahrung ganz selbstverständlich an den anderen, so daß jede Bearbeitung überflüssig wurde. Ich habe lediglich Unterteilungen vorgenommen, um anzuzeigen, wann sich das Thema ändert und um es dem Leser leichter zu machen, innerhalb des gesamten Materials das zu finden, was für ihn wichtig ist. Und nun sollen Eric und Denise selbst zu Wort kommen. Meine persönlichen Anmerkungen finden sich im Anschluß an das Interview.

Unterwegs ins Unbekannte

Eric: Mir ist heute unterwegs eingefallen, daß dieses Gespräch fast genau an unserem fünfzehnten Hochzeitstag stattfindet, und gleichzeitig stehen wir kurz davor, die gesamte bisherige Struktur unserer Ehe aufzulösen. Wir verkaufen unser Haus, unseren gesamten Besitz, wir verlassen unsere Freunde, und geben unsere Jobs und unsere Stellungen auf – wir verlassen das Land, in dem wir geheiratet haben und beginnen noch einmal von vorne, nur wir zwei und unsere Kinder. Mir scheint einer der wichtigsten Aspekte unserer Ehe und der Art, in der sie sich bis zu diesem Punkt entwickelt hat die Tatsache zu sein, daß sie nicht von einer Gegend, von Besitz und Freundschaften und so weiter abhängig ist, daß wir im Gegenteil all das hinter uns lassen und etwas völlig Neues beginnen können.
Ich (zu Denise): Wie sind Ihre Reaktionen auf das, was Eric gesagt hat?
Denise: So habe ich es noch gar nicht betrachtet, aber was mir unter anderem an dieser Sache Angst macht ist die Tatsache, daß wir nur wir vier sein und sonst niemand haben werden, keine guten Freunde, die uns helfen könnten. Von daher gesehen und in bezug auf unsere Ehe ist das, was wir vorhaben, ein Sprung ins Ungewisse. Wir wissen nicht ganz, was uns bevorsteht.
Eric: Wir hatten nie eine ruhige Ehe. Wir haben immer viel gestritten. Es gab immer eine Menge Konflikte. Im Laufe der letzten Jahre haben wir gelernt, diese Tatsache als etwas Positives zu akzeptieren, als etwas, das unser Wachsen fördert, das uns die Langeweile erspart und uns davon abhält, einander als selbstverständlich zu betrachten. Die Konflikte, die früher sehr viel Bitterkeit mit sich brachten, werden heute mit Humor ausgetragen. Aber dieser Humor war nur möglich, weil wir immer wußten, daß es in unserem Leben viel mehr als nur die Ehebeziehung gibt. Wenn ich richtig wütend war auf Denise, dann ging ich für eine Woche einfach fort. Und Denise machte es genauso. Wir gingen zu Freunden oder Bekannten und beschäftigten uns mit etwas anderem.

In den letzten Monaten haben wir uns gesagt: »So, in ein paar Wochen ziehen wir fort, ans Ende der Welt, an einen Ort, an dem wir fern sind von allem, was wir kennen – wir werden nur noch uns und unsere Kinder haben.« Und wenn wir uns dann wegen etwas streiten, oder wenn Denise mich so ärgert, daß ich wütend auf sie werde, dann ist meine Reaktion jedesmal: »Mein Gott, will ich wirklich mit dieser Frau von hier fortgehen und irgendwo am Ende der Welt zusammenleben?«
In gewisser Weise bieten die Großstadt, der Beruf und die Freundschaften immer wieder eine Möglichkeit, vor dem Druck der Ehe zu fliehen. Und wenn einem klar wird, daß man diese Möglichkeit zumindest für einige Zeit nicht haben wird, weil man an einen Ort zieht, an dem man ein Fremder ist und in dem nur wenige Menschen leben, die ganz anders sind als die Menschen, die man kennt, dann rückt einem die Ehe plötzlich viel näher.
Es gibt zum Beispiel zwei Arten von Streit, die wir zumindest haben und die vermutlich die meisten Leute kennen. Bei dem einen wird man einfach richtig zornig und wütend auf den anderen und man haßt sich. Und der ganze Ärger, der sich wegen anderer Dinge angestaut hat, kommt plötzlich heraus. Die andere Art von Streit, die wir haben, führt dazu, daß einer von uns irgendwie so lebendig und so selbstbewußt wird, daß wir die Fassaden, die Unehrlichkeiten und all das nicht länger ertragen und sagen: »Ich will das und das haben, und mit weniger gebe ich mich nicht zufrieden.«
Und jetzt sieht es so aus, daß wir uns sagen: »Bei Gott, das muß in Ordnung kommen, oder es wird für uns beide tödlich. Das ist unsere letzte Chance – vielleicht etwas übertrieben –, um festzustellen, ob es zwischen uns Probleme gibt, die so gewaltig sind, daß wir nicht zusammen leben sollten. Denn wir werden wirklich zusammen leben müssen. In den nächsten zwei oder drei Jahren können wir mit der Ehe nicht spielen. Wir werden in einer Weise voneinander abhängig sein, wie wir es noch nie gewesen sind.
Ich (zu Denise): Was meinen Sie dazu?
Denise: Ich gebe ihm recht. Ich glaube, darüber habe ich so noch nicht nachgedacht. Einiges kommt mir bekannt vor, weil wir neulich einen Streit hatten und er einiges von dem sagte, was er eben erklärt hat. Aber ich habe darüber noch nicht nachgedacht. Ich glaube, dieser letzte Streit war für ihn der Anlaß, sich diese Gedanken zu machen. Ich bin gar nicht auf die Idee gekommen, daß diese Sache unserer Ehe etwas anhaben könnte oder daß sie sie mehr gefährden könnte als alles, was uns bisher widerfahren ist. Ich glaube nicht, daß diese Sache eine größere Gefahr für unsere Ehe

sein könnte als all die zahllosen Auseinandersetzungen und Schwierigkeiten, die hinter uns liegen.

Eric: Ich glaube eben, daß unser Weggang von hier für dich etwas anderes bedeutet als für mich. Du weißt ziemlich genau, was du willst und du weißt, daß du es dort finden wirst. Du wirst auf dem Land wohnen können, wirst töpfern können und all die Dinge tun können, von denen du immer geträumt hast und die alle einen Bezug zur Familie haben.

Bei mir sieht das alles etwas anders aus. Ich mag die Welt, in der wir hier leben, die Stadt, die Freunde und Kollegen, und all das werde ich dort nicht haben. Zumindest für einige Zeit werde ich mich in diesem fremden Land sehr einsam fühlen, im intellektuellen, beruflichen und gesellschaftlichen Sinne, meine ich. Ich glaube nicht, daß ich mit den Leuten dort sehr schnell warm werden kann. Ich glaube, es wird im Gegenteil sehr schwierig und langwierig sein, neue Freunde zu finden. Und das heißt, daß ich weitaus mehr Bedürfnisse zu Hause, bei dir und den Kindern werde befriedigen müssen als bisher. Deshalb denke ich manchmal: »Hoffentlich geht es gut. Denn wenn ich zu Hause mißmutig, frustriert und ärgerlich bin, dann wird es die Hölle.« Ich meine, ich kann dort nicht wie hier zu irgendwelchen anderen Leuten gehen. Ich bin auf die Familie angewiesen.

Drei Phasen dieser Ehe

Mir ist unterwegs noch etwas anderes eingefallen, und zwar kommt es mir so vor, als hätten wir in unserer Ehe drei bestimmte Phasen durchlaufen.

Ich weiß genau, daß wir in der ersten Zeit unserer Ehe unser Verhalten, unsere Erwartungen und die Art und Weise unserer Beziehung zueinander nach vorgegebenen gesellschaftlichen Normen ausgerichtet haben. Ich meine, als wir heirateten, hatten wir eine ganz bestimmte Vorstellung davon, wie wir miteinander umgehen, was wir füreinander fühlen und wie wir uns im sexuellen Bereich verhalten sollten. Das hatte man uns beigebracht. Nicht nur zu Hause oder in der Schule – die ganze Gesellschaft trug dazu bei, daß wir innerhalb dieser Struktur aus gesellschaftlichen Regeln und Vorschriften lebten, bis unsere Ehe nach fünf oder sechs Jahren zusammenbrach. Damals hatte Denise einen Nervenzusammenbruch, und ich konnte auch nicht mehr.

Danach versuchten wir es ganz anders. Ich meine, als wir uns von der Krise einigermaßen erholt hatten, setzten wir uns zusammen und sagten zueinander: »Diese Dinge, die, wie man uns erzählt hat, die Grundlage unserer Ehe sein sollen, stimmen nicht. Wir müssen etwas anderes finden.« Wir gingen in Encountergruppen, nahmen Beziehungen zu anderen Menschen auf und versuchten es mit Marihuana und LSD. Wir sagten uns: »Wir wollen anderes erleben, Beziehungen zu anderen Menschen haben und sehen, wieweit wir damit fertig werden.« In dieser Zeit lernten wir auf unsere Gefühle zu hören und das zu tun, was unsere Sinne, unsere Wahrnehmungen uns sagten.

Und heute haben wir, glaube ich, eine dritte Phase erreicht. Das sinnliche Leben ist das, wovon die Leute gewöhnlich sprechen, wenn sie über Sinnesbewußtsein reden oder über die Steigerung des Wahrnehmungsvermögens. Höheres Bewußtsein, höhere Empfindungsfähigkeit. Ich glaube, wir haben diese Phase hinter uns gelassen und leben jetzt mehr dem natürlichen und inneren Rhythmus unserer Körper entsprechend. Das heißt, daß wir zum Beispiel keinen festen Mahlzeiten folgen, sondern essen, wenn wir hungrig sind. Manchmal essen wir gar nichts, und dann wieder schlemmen wir den ganzen Tag. Und wenn wir miteinander schlafen, dann nicht, weil gerade Nacht ist und wir allein sind oder weil es schon drei Tage her ist, daß wir zuletzt miteinander geschlafen haben, sondern weil wir das Bedürfnis danach haben. Ich weiß nicht, wie es dazu gekommen ist. Ganz sicher ist es zum Teil auch auf Yoga und ähnliches zurückzuführen.

Denises Zusammenbruch

Ich (zu Denise): Ich hätte von Ihnen gerne etwas über die erste Phase der Ehe gehört, in der sie beide versuchten, den Erwartungen der Gesellschaft entsprechend zu leben.

Denise: Mein Zusammenbruch erfolgte an unserem fünften Hochzeitstag. Bis dahin lebte ich lange Zeit in einer Art Nebel. Ich begriff nicht, weshalb er manchmal unglücklich war, warum wir nicht miteinander auskamen, denn ich war mit dem, was war, meistens zufrieden. Diese ersten fünf Jahre liegen soweit zurück, daß ich sie kaum noch zurückholen kann. Aber ich erinnere mich noch an die Diskrepanz zwischen deiner und meiner Reaktion auf die Sache, die an unserem fünften Hochzeitstag passierte – und an die Gespräche, die wir in dieser Zeit führten. Ich hatte keine Ahnung, wie unglücklich du lange Zeit gewesen warst, weil ich seit dem zweiten Jahr unserer Ehe das Baby, Alan, hatte und damit war mein Leben ausgefüllt. Ich war zufrieden.

Aber was die gesellschaftlichen Normen betrifft, bin ich ganz deiner Meinung. Ich erinnere mich, daß ich Bücher las und erwartete, daß unser Leben genauso oder zumindest ähnlich verlief. Als Alan geboren war, las ich Dr. Spock und folgte ihm in allem. Ich glaubte, daß alles so sein sollte, wie es normal und durchschnittlich der Fall ist. Der Zusammenbruch war für mich das Ende einer Periode, und nach der Therapie begann etwas Neues.

Ich: Ich möchte Sie an dieser Stelle etwas fragen. Sie hatten damals das Gefühl, eine normale Ehe zu führen, in der es natürlich Probleme gab, die aber für Sie im großen und ganzen befriedigend war. Wie läßt sich das aber mit der Tatsache vereinbaren, daß Sie einen Zusammenbruch erlitten?

Denise (nach einer Pause): Ich hielt mich damals für reifer als ich es in Wirklichkeit war. Ich dachte, ich würde mit allem fertig. Bis ich merkte, daß das nicht stimmte. Ich war gar nicht so erwachsen wie ich dachte, und mit der Krise zwischen uns kam ich nicht zurecht. Ich kann mich nicht mehr erinnern, wie mir zumute war, als diese Krise in den ersten Jahren begann. Aber irgendwas ging in mir vor, denn an unserem fünften Hochzeitstag sagte ich zu Eric: »Gut, wenn du so unglücklich bist, dann solltest du dich von mir scheiden lassen.« Irgendwas hatte zu diesem Satz geführt, aber ich weiß nicht mehr, wie alles gekommen war.

Eric: Und ich erwiderte darauf: »Das ist eine großartige Idee!«

Denise: Aber es war nicht nur die Ehe. Es ging auch um die Religion, um eine religiöse Frage und darum, daß meine Eltern mich nicht verstanden. Das kam zu den Eheschwierigkeiten noch hinzu.

Eric: Ich glaube, es ging tatsächlich erst in zweiter Linie um die Ehe. Der Zusammenbruch wurde im Grunde durch dieses religiöse Problem ausgelöst.

Ich: Kamen Sie aus einer sehr konservativen Familie?

Eric: Ihre Familie nahm die Bibel wörtlich. Denise fühlte sich lange Zeit unbehaglich, weil sie unter meinem Einfluß begann, die Dinge anders zu sehen. Ich halte es nämlich nicht für eine Sünde, wenn man sich die Lippen schminkt und so weiter. Aber ihre Eltern sagten: »Wo ist dein Glaube geblieben? Eric hat keine einheitliche Lebensphilosophie« und ähnliches.

Irgendwann begann sie zu lesen und selbst ein wenig nachzudenken und sie lernte über diese Dinge zu sprechen. Und nach einiger Zeit sagte sie: »So, jetzt kann ich mit meinen Eltern reden, jetzt habe ich ihnen etwas zu sagen, das von mir selbst und aus mir kommt.« Als sie schließlich versuchte, sich mit den Eltern zu unterhalten, kam es zu einer Katastrophe. Es ging nämlich nicht.

Ich: Ich verstehe, was Sie über den religiösen Aspekt sagen, aber dennoch wüßte ich gerne mehr über den Zusammenhang zwischen Denises Satz: ›Dann solltest du dich von mir scheiden lassen‹ und Ihrer Antwort: ›Das ist eine großartige Idee‹ und ihrem Zusammenbruch.
Denise: Das alles geschah fast zur gleichen Zeit. Die Unterredung mit meinen Eltern fand einen Tag vor unserem Hochzeitstag statt. Aber ich wollte eigentlich noch auf das zu sprechen kommen, was uns beiden völlig klar ist – daß dieser Zusammenbruch für unsere Ehe die Rettung war. Er machte aus uns beiden zwei völlig andere Menschen – es war wirklich erstaunlich. Nachdem ich wieder zu mir gefunden hatte, war es, als hätten wir jetzt endlich wirklich eine Chance, aus unserer Ehe etwas zu machen. Ohne all das hätten wir es nicht geschafft, das steht fest.
Ich: Wer waren Sie vor dem Zusammenbruch?
Denise (lange Pause): Diese Frage hat mir noch nie jemand gestellt. Ganz sicher war ich ein gelungenes Werk meiner Eltern. Ich selbst hatte durchaus das Gefühl, daß ich ein guter Mensch war, aber – aber ich habe mich nicht geliebt. Ich war das Mädchen, das zu allem ja sagte, aber wer war ich wirklich? (Pause.) Das ist schwer zu sagen. Ich glaubte alles, was die Leute über mich sagten und deshalb fällt es mir schwer, diese Frage von einem anderen Standpunkt aus zu beantworten, weil ich *ihre* Vorstellung von mir für das hielt, was ich war. Zuerst die Vorstellung meiner Eltern und dann die von Eric.
Eric: Denise hatte abgesehen von dem, was andere Leute in ihr sahen, kaum eine Vorstellung von sich selbst. Ihre Eltern sahen sie so, und ich sah sie so, und beides waren solche Gegensätze, daß ein Konflikt gar nicht ausbleiben konnte.

Krisen als Rettung für die Ehe

Wissen Sie, unsere Ehe wurde immer wieder durch Krisen vor dem Zusammenbruch gerettet. In unserer Ehe sind alle nur möglichen destruktiven und entsetzlichen Dinge geschehen, aber das waren immer die Punkte, an denen wir den großen Durchbruch schafften und zu einer anderen Ebene des Zusammenseins gelangten. Irgendwie scheint es, als wäre man in kritischen Zeiten so lebendig, so energisch und so verzweifelt, daß einfach irgendwas geschieht. In der übrigen Zeit lebt man eher so dahin und paßt sich an.
Denise: Manchmal muß man den Dingen ins Auge sehen.
Eric: Als sie den Zusammenbruch hatte, war es mit der alten Ordnung

vorbei. Wir mußten mit allem von vorne anfangen. Die alten Voraussetzungen stimmten nicht, deshalb mußten wie neue finden. Als wir dann in der Phase waren, von der ich vorhin sprach und in der wir Beziehungen zu anderen Leuten aufnahmen, lernten wir ein anderes Paar kennen, und diese Beziehung entwickelte sich zu einer ungemein dramatischen und anspruchsvollen Sache, die uns zu einer neuen Ebene der Ehrlichkeit führte.
Ich: Und zu einer neuen Art von Krise.
Eric: Eine Krise war es ganz sicher. Eine Krise, die unsere Ehe zu zerstören drohte. Aber eben daraus erwuchs diese neue Ehrlichkeit zwischen uns. Wir begannen, alles miteinander zu teilen, unsere Phantasien, unsere Ängste, unsere Träume von anderen Leuten, unsere Liebesaffären und so weiter, und das veränderte die Grundlage unserer Beziehung vollständig. Und es kamen andere, weitere echte gkrisensituationen.
Denise: Ich glaube, diese Krisen entwickelten sich zu unserem Vorteil, weil wir im Grunde wirklich wollten, daß unsere Ehe geht. Wir haben dafür gearbeitet. Wir sind zusammengeblieben, auch in den härtesten Zeiten. Wir sind nicht davongelaufen, obwohl es häufig sehr leicht gewesen wäre. Eric war zum Beispiel nahe daran, alles aufzugeben, als ich den Zusammenbruch hatte. Das hat er mir später einmal erzählt. Und ich selbst bin ein paarmal davongelaufen, als er seine Affären hatte, von denen er erzählte. Ich bin vor dem Schmerz davongelaufen. Aber wenn man den Schmerz durchsteht, sieht man, daß es sich doch lohnt. Nur muß etwas sehr Starkes da sein, damit man ihn durchstehen kann. Etwas Starkes, das trotz allem da ist und beide zusammenhält.

Das Verbindende

Ich: Was, glauben Sie, ist die Erklärung für dieses unterschwellige Gefühl der Zusammengehörigkeit, von dem Sie eben sprachen? Warum arbeiten Sie an Ihrer Ehe, auch wenn an der Oberfläche alles zum Teufel zu sein scheint? Sie sagten doch, daß sie dafür gearbeitet haben, das hat mich beeindruckt – aber warum?
Denise (lachend): Das Karma. Ich bin überzeugt, daß das Karma uns verbindet. Daran zweifle ich nicht eine Sekunde. Ich weiß, das klingt vielleicht zu einfach. Aber wir verdanken einander sehr viel.
Eric: Ich glaube, einer der Gründe läßt sich ganz einfach erklären. Wir kommen beide aus bibelfesten und bibelgläubigen Familien, und eine Scheidung war in unserer Kindheit etwas Unvorstellbares.

Mit dieser Vorstellung sind wir aufgewachsen, und solche Sachen setzen sich fest.
Der zweite Grund ist, daß wir sexuell wirklich wie geschaffen sind füreinander. Wir haben beide ausreichende sexuelle Erfahrungen mit anderen Partnern, um zu wissen, daß unsere sexuelle Beziehung wirklich etwas Besonderes ist.
Und für mich ist noch etwas wichtig. Ich habe schon häufiger versucht, das zu erklären, aber es ist nicht so einfach. Ich bin viel mit sehr interessanten Leuten zusammen, mit Studenten, Kollegen und so weiter, aber irgendwann werden sie mir alle langweilig. Alle, ohne Ausnahme. Ich habe dann keine Lust mehr, mit ihnen zusammen zu sein und bleibe lieber allein. Mit Denise ist mir das noch nie passiert. Denise hat mich in all den Jahren noch nie gelangweilt. Ich war wütend auf sie, ich habe sie gehaßt, verstehen Sie, ich war der Meinung, daß sie böse ist und mich zerstört, aber gelangweilt habe ich mich mit ihr nie.
Es ist noch nie so gewesen, daß ich aus lauter Langeweile lieber überall sonst gewesen wäre als bei ihr. Manchmal wäre ich lieber woanders gewesen als bei ihr, weil ich wütend auf sie war oder so ähnlich, aber nie weil sie mich langweilte.
Außerdem glaube ich an das Karma, genau wie Denise. Ich glaube, daß es innerhalb unserer biologischen Struktur Dinge gibt, über die wir nur sehr wenig wissen. Und ich glaube, wenn zwei Leute durch Kinder miteinander verbunden sind, dann ist das eine sehr reale Verbindung, keine Abstraktion, kein gesellschaftliches Konzept, sondern etwas, das ganz real innerhalb ihres biologischen Systems geschieht. Einfach weil man über diese dritte Person in Beziehung zueinander steht, die eine Verbindung der Gene beider darstellt.
Denise: Du meinst also, wir sind heute anders als zu der Zeit als wir heirateten?
Eric: Entschieden anders. Und für mich gibt es noch einen weiteren Grund, daß wir zusammenbleiben; ich glaube nämlich, daß man wirklich einer Sache Gewalt antut, die tief verwurzelt ist mit der Art, wie man auf die Welt reagiert, wenn man eine Beziehung auflöst, in der Kinder gezeugt wurden.
Das war eine meiner Überlegungen, als wir das letztemal in einer wirklich ernsthaften Krise steckten und ich mich von Denise trennen wollte, weglaufen wollte. In dieser Zeit merkte ich, daß ich an diese Art der Verbindung nicht nur glaubte, sondern sie auch spürte. Und ich war nicht bereit, sie aus welchen Gründen auch immer zu zerreißen. Ich glaube übrigens, daß wir beide immer mehr zur Mystik

neigen, auch wenn die Richtungen, die wir dabei eingeschlagen haben, nicht ganz die gleichen sind. Mich zieht es mehr zu einer Art biologischem Mystizismus, während Denise eher zur Astralmystik neigt.

Denise findet ihre Persönlichkeit

Ich: Das klingt sehr faszinierend, aber ich würde gerne zu der Frage zurückkehren, die ich an Denise stellen wollte. (Zu *Denise:*) Sie waren, wie Sie sagten, in gewisser Weise das Werk anderer, bis Sie schließlich zusammenbrachen. Dann kamen Sie zur Therapie. Haben Sie nun auf diesem Weg zu einer eigenen Persönlichkeit gefunden oder arbeiteten Sie daran allein oder mit Ihrem Mann?
Denise: Es waren zunächst einmal verschiedenartige Therapien, aber das ist nicht die einzige Antwort. Ich war mehrere Jahre bei zwei verschiedenen Männern in direkter psychotherapeutischer Behandlung. Und dann kamen anderthalb Jahre ohne jede Therapie, bis ich schließlich bei dem zweiten Therapeuten eine bioenergetische Therapie begann. Diese sechsmonatige Therapie brachte die Wende. Sie ging tiefer und weiter als alles, was vorher war, und ich wurde wirklich ich selbst. Und dann habe ich Ihr Buch *»On Becoming a Person«* gelesen; ich glaube, das war kurz vor dieser Therapie, und zum erstenmal wurde mir klar, daß die Antwort nicht irgendwo außerhalb, sondern in mir liegt, und daß ich mir selbst vertrauen kann. Ich erinnere mich genau – das Buch hatte eine unwahrscheinliche Wirkung auf mich.
Unsere Ehe hat mir natürlich auch geholfen, aber eigentlich habe ich das alles eher alleine gemacht. Ich ging in die Therapie ohne Erics Zustimmung und ein paarmal sogar gegen seinen Wunsch – und das war etwas ganz anderes. Ich wußte plötzlich, daß ich zumindest auf einem Bein alleine stehen konnte und nicht mehr gänzlich auf seine Zustimmung angewiesen war, wenn etwas für *mich* wichtig war. Habe ich damit Ihre Frage einigermaßen beantwortet?
Ich: Zumindest teilweise, und wenn Ihnen dazu noch etwas einfällt, würde ich es gerne hören. Ich finde nämlich, es gibt nichts Faszinierendes als die Veränderung von einer Art »Un-Person«, die im Grunde das Werk anderer ist, in eine echte selbständige Persönlichkeit.
Eric: Ich möchte noch etwas zu Denises Therapie sagen. Ich habe den Eindruck, daß die erste mehrjährige Therapie bei Dr. G. Denise befähigte, mit der Welt zurechtzukommen; sie wurde in gewissem

Sinne der Welt angepaßt. Es regte sie alles nicht mehr so sehr auf, und sie konnte mit den Dingen fertig werden. Das gab ihr Ruhe, und sie konnte beginnen, das Leben zu genießen und glücklich zu sein. Wir konnten wieder miteinander lachen und Unsinn machen. Bis zu dieser Zeit hatte die Aufrechterhaltung ihrer kranken Charakterstruktur – so nannte es jemand – den größten Teil ihrer Energie verbraucht. Um das Abwehrsystem aufrechtzuerhalten, braucht man seine gesamte Energie, und so weiter.
Aber die zweite Phase mit Yoga und der bioenergetischen Therapie war etwas ganz anderes. Das hatte nichts mehr mit Anpassung oder Fertigwerden zu tun. Das war die Phase, in der sie wirklich Kräfte in sich entwickelte. Die erste Therapie hatte sie davor bewahrt, von der Welt allzusehr zerstört zu werden, aber mit der zweiten begann ein echter Entfaltungsprozeß. Die bioenergetische Therapie war der große Wendepunkt.

Die Episode mit Margaret

Aber wir haben noch nicht von der Episode mit Margaret gesprochen, die für alles, was später kam, eine entscheidende Bedeutung hatte.
Denise: Damals sagte ich zum ersten Mal »nein«. Ich hatte viele Male »ja« gesagt, aber noch nie »nein«. Das war vor drei Jahren. Ich hatte mit der bioenergetischen Therapie noch nicht angefangen. Wir hatten sie in einem Workshop kennengelernt und wußten einiges über sie, aber mehr nicht.
Eric verliebte sich im College in eine Studentin und hatte mehrere Monate lang ein Verhältnis mit ihr, ohne daß ich davon wußte. Ich war bei seinen Eltern gewesen, um die Kinder zurückzuholen, und als wir wieder zu Hause waren, erzählte er es mir. Er hatte immer wieder Beziehungen zu anderen Frauen, aber diese Liebe war stärker als alle früheren. Und es machte ihn völlig fertig, daß er – aber das sollte er selbst erzählen.
Ich: Erzählen Sie, wie Sie es empfunden haben.
Denise: Ich war absolut überrascht. Damit hatte ich überhaupt nicht gerechnet. Es war ein Schock für mich. Seit ungefähr anderthalb Jahren unterrichtete er an diesem College. Er war drei Tage in der Woche dort und kam dann nach Hause. Und ich war so stolz darauf, daß mein Mann diese Art von Freiheit hatte – daß ich ihm vertraute –, und als er mir dann alles erzählte, war das ein fürchterlicher Schock für mich.

Rückblickend glaube ich, daß es sehr dumm von mir war, mit so etwas nicht zu rechnen, aber ich habe wahrscheinlich einfach den Kopf in den Sand gesteckt.

Ich: Ich habe hier eine Frage. Offensichtlich waren Sie nicht so sehr schockiert, daß er mit dem Mädchen schlief. Das hatte es auch früher schon gegeben, wenn ich Sie richtig verstanden habe. Was Sie traf, war die Tatsache, daß er dieses Mädchen offenbar sehr liebte.

Denise: Ja, das stimmt. Aber ich wollte noch etwas hinzufügen. Für mich kam das alles so überraschend, weil wir seit einigen Jahren mit den sexuellen Experimenten aufgehört hatten und immer monogamer geworden waren. Ich hatte nicht gemerkt, daß er nicht so monogam geworden war wie ich. Und das war eine Überraschung. Diese Dinge hatten wir vor Jahren aufgegeben, weil es doch immer wieder sehr schmerzhaft war und sehr viel emotionale Energie verschlang. Man verbrauchte bei diesem Lebensstil sehr viel Kraft, und das wollten wir eigentlich nicht mehr.

Jedenfalls versuchte ich in dieser Krise mit der Vorstellung einer Dreierbeziehung fertig zu werden, und ich sagte ja dazu, soweit mir das möglich war. Aber es ging trotzdem nicht, und zwar weil Eric nicht wollte. Und ich konnte es nicht ertragen, daß er zwei Leben führte, eins mit ihr und das andere mit mir. Wenn alles zusammen geht, ist das eine Sache, aber daß er an zwei verschiedenen Orten mit zwei verschiedenen Frauen lebte, das war mir einfach unerträglich. Also sagte ich nein. Schluß. Und nie im Leben habe ich mich stärker gefühlt als in dieser Zeit.

Eric: Aber für mich war das genau das, was ich wollte. Es reizte mich ungeheuer, daß hier meine Familie und Denise waren, und in den drei übrigen Tagen hatte ich eine andere Frau, die ich sehr liebte, die mich in ganz anderer Weise erregte und die bereit war, dieses Leben zu akzeptieren. Das reizte mich so sehr, daß ich einfach darauf bestand. Ich sagte: »Ich will es so, das ist mein Wesen, das will ich, und ich kann es haben, und warum soll ich es nicht bekommen?«

Als Denise nein sagte, schien mir das nur ein Ausdruck der alten gesellschaftlichen Vorschriften und Verbote. Und ich sagte zu ihr: »Ich werde das alles nicht aufgeben, nur um diesen verdammten Regeln gerecht zu werden, die wir doch längst über Bord geworfen haben, und nur, damit du dich nicht bedroht fühlst. Du bist doch nur eifersüchtig.«

Was passierte, war, daß Denise wie eine Löwin wurde. Sie war plötzlich stark und forderte ihr Recht, und das, was sie wollte, und diese

Kraft und diese Bestimmtheit veränderten sie völlig. Sie war schön und stark – eine Persönlichkeit, und die Beziehung zwischen uns wurde so mächtig und intensiv, daß ich die andere Frau völlig vergaß. Ich meine, wenn ich Margaret drei oder vier Tage nicht gesehen hatte und sich plötzlich eine Gelegenheit bot, sie zu treffen, dann wollte ich gar nicht, ich wollte bei Denise bleiben und bei dem, was zwischen uns war. Diese Krise hatte Denise stark gemacht, sie war nicht wie in früheren Fällen zusammengebrochen, und das war etwas Neues.

Der erste Zusammenbruch vor vielen Jahren wiederholte sich noch ein paarmal, und lange Zeit litt ich unter der Vorstellung, daß Denise wieder zusammenbrechen würde, daß sie schwach war und daß ich vorsichtig sein mußte und nichts tun durfte, was sie bedrohte – daß ich auf ihre Krankheit Rücksicht nehmen mußte. Ich hatte Angst, mit anderen Frauen zu schlafen, ich wagte nicht, meine Schwächen zu zeigen, weil ich fürchtete, sie würde wieder umfallen. Es ist durchaus möglich, daß ich mich all dem endgültig entziehen wollte. Aber als ich es versuchte, zeigte es sich, daß Denise stark sein konnte, und daß ich diese Angst nicht mehr haben mußte. Ich war damals so weit, daß ich sie verlassen und mit Margaret leben wollte, aber die Stärke, mit der sie das forderte, was sie wollte, was sie von mir wollte, überwältigte mich einfach. So war das. Und sehen Sie, das meinte ich, als ich sagte, daß in unserer Ehe selbst die schrecklichsten Krisen zum Wachsen beitrugen.

»Ich habe die Wahl, krank zu sein!«

Ich: Sie sagten eben, daß Ihr Verhalten – noch vor der Geschichte mit Margaret – unter dem Einfluß von Denises Krankheit stand. Denise, ich möchte Sie etwas fragen. Waren Sie jemals krank?

Denise: Nun ja, ich habe meine Zweifel, ob dies das richtige Wort ist. Ich weiß nicht, wie ich die Frage beantworten soll. Aber eines möchte ich Ihnen noch erzählen. Es war gegen Ende der Episode mit Margaret, wir tranken abends sehr viel und versuchten verbittert, mit der Sache fertig zu werden. Es war, nachdem er sich entschlossen hatte, zu bleiben und Margaret aufzugeben, aber wir steckten immer noch mittendrin. Ich erinnere mich, daß ich im Schaukelstuhl saß, das Glas in der Hand hielt und dachte: »Mein Gott, ich kann es wollen. Ich könnte jetzt einfach zusammenbrechen und krank werden und eine Menge Schwierigkeiten verursachen. Ich habe die Wahl, ich kann das selbst entscheiden.« Es gab mir ein

Gefühl der Macht, daß ich es tun konnte oder auch nicht, und dann wurde mir klar, daß ich es nicht wollte. Am nächsten Tag war alles vorüber und ich war über den Berg. Aber diese Entdeckung, daß ich die Wahl hatte, war etwas Großartiges. Ich konnte die früheren Zusammenbrüche in einem ganz neuen Licht sehen, und mir wurde klar, daß ich nicht nur anderen, sondern auch mir selbst weh getan hatte. Aber ich glaube, es kommt auch eine Schwäche des Organismus hinzu – jedenfalls wird es dadurch leichter. Ich war so sehr ein Geschöpf meiner Umgebung, ich meine, die Leute konnten mich einfach so leicht beeindrucken, daß ich mir selbst leid tat, aber jetzt weiß ich darüber etwas mehr.

Eric und Denises »Krankheit«

Ich (zu Eric): Ich wollte das eigentlich erst am Schluß sagen, aber jetzt hätte ich doch gern gehört, was Sie dazu sagen. Als wir uns vor Jahren bei Pete kennenlernten, habe ich auf der Party kurz mit Ihnen, Eric, allein gesprochen. Ich war von Ihnen als Person sehr beeindruckt und gleichzeitig entsetzt über die Art, mit der Sie von Denise sprachen. Sie wußten, daß ich Psychologe bin und erzählten mir, wie die Diagnose bei Ihrer Frau ausgefallen war – ich weiß nicht mehr, was es war – und daß sie ständig irgendwelche Medikamente nehmen mußte. Aber es ging nicht um das, was Sie sagten, sondern wie Sie es sagten – es war, als sprächen Sie von einem höchst empfindlichen Gegenstand, auf den Sie ständig aufpassen müssen. Es klang nicht etwa lieblos, sondern nur schrecklich objektiv, und ich konnte mir einfach nicht vorstellen, daß das eine Ehe sein sollte. Das war mein Eindruck. Und jetzt wüßte ich gern, was Sie dazu sagen.
Eric: Ich erinnere mich an diese Zeit. Ich war damals sehr verbittert und gleichzeitig voller Verantwortungsbewußtsein. Ich liebte Denise nicht so, wie ich Liebe heute sehe. Ich hatte sie früher geliebt, als wir heirateten, weil sie mich erregte und wir alle möglichen romantischen Vorstellungen hatten. Nach dem ersten Zusammenbruch liebte ich sie einfach nicht mehr. Ich meine, sie war ein Problem geworden, und Probleme liebt man nicht. Sie war ein Fall. Sie brachte Angst und Einsamkeit und alle möglichen Probleme in mein Leben. Ich war verbittert und zornig, daran besteht kein Zweifel. Aber gleichzeitig wünschte ich mir auch verzweifelt, es wäre alles anders. Ich wünschte mir, sie wäre gesund und stark, ich wünschte, ich müßte keine Angst mehr haben. In den Jahren

nach dem ersten Zusammenbruch, in denen das gleiche ja noch zweimal passierte, hatte ich verdammt viel am Hals. Ich meine nicht nur den Alltag, sondern auch die Angst, daß ich mit zwei kleinen Kindern und einer verrückten Frau dasitzen würde. Wenn sie auch nicht in eine Irrenanstalt mußte, so bestand doch die Gefahr, daß sie zumindest unzurechnungsfähig wurde. Und ich kenne genügend Verrückte, um zu wissen, daß das die Hölle sein kann. Aber ich lief nicht davon, ich blieb bei ihr und versuchte zu tun, was ich nur tun konnte. Ich tat eine Menge blödsinniger Dinge, aber auch manches was wirklich gut war. Ich fand die richtige Hilfe für sie und versuchte nicht, mir vorzumachen, daß die Therapie Wunder wirken und alle Probleme lösen würde.

Die Nachwirkungen

Als dann schließlich deutlich wurde, daß Denise außer Gefahr war, brach ich selbst zusammen. Das war kurz nach der Sache mit Gilbert und Vera, mit denen wir eine Zeitlang eine Ehe zu viert versuchten. Ich fing an zu trinken. Ich betrank mich jeden Abend, und am nächsten Tag lief ich mit einem Kater herum, ein paarmal war ich absolut volltrunken und bekam seltsame Anfälle. Ich kroch unter das Bett oder wälzte mich auf dem Boden und schrie und heulte und klammerte mich an den Teppich. Ich weigerte mich schließlich, überhaupt etwas zu tun. Ich arbeitete nicht mehr, ich wollte keine Verantwortung – nichts. Und Denise hielt durch. Sie übernahm die Verantwortung.
Denise: Dazu möchte ich etwas sagen. Ich war in diesen letzten zwei oder drei Jahren zum erstenmal ein Erwachsener, was ihm die Möglichkeit gab, ein Kind zu sein. In den letzten Jahren war er in vieler Hinsicht wie ein Kind, während er vorher nie die Freiheit gehabt hatte, so zu sein. Das Blatt hat sich gewissermaßen gewendet. Ich habe oft die Mutterrolle gespielt, und er war das Kind, aber wenn er davon genug hat, sind wir beide wieder Erwachsene. Es war das erstemal in unserer Beziehung, daß er in diesen zwei, drei Jahren das Kind sein oder krank sein oder verrückt spielen konnte, wenn ihm danach zumute war, und ich glaube, jetzt ist er für immer von dem Gefühl befreit, für alles allein verantwortlich sein zu müssen.
Eric: Darüber habe ich noch nie nachgedacht, Denise. Ich meine, ich dachte immer, meine beruflichen Erfolge hätten es mir erlaubt, mich hin und wieder wie ein Kind zu fühlen, weil ich soviel Geld

verdiene, daß ich mir einige Freiheiten erlauben kann – ich kann spielen, ich kann zwei Wochen Urlaub machen, wenn ich Lust dazu habe und auf den Tennisplatz gehen statt zur Arbeit. Ich kann in vieler Weise wie ein Kind sein – spielerisch. Aber ich habe nie daran gedacht, daß du es mir erlaubt hast, ich meine, daß du mir in erster Linie die Freiheit gegeben hast, so zu sein, aber du hast recht, so ist es.
Denise (lachend): Na und?
Eric: Ich meine, in mancher Hinsicht bist du die Mutter. Du kümmerst dich um das Haus und schickst mich zum Spielen.
Ich: Vielleicht sollten wir an dieser Stelle eine kleine Pause machen.
Denise und Eric: Einverstanden.

Partner außerhalb der Ehe

Ich: Ich habe eben daran gedacht, daß doch viele junge Leute mit freien Beziehungen experimentieren, wie Sie sie offenbar auch versucht haben. Im Augenblick scheint diese Frage Sie nicht sonderlich zu beschäftigen, aber ich glaube, für viele junge Menschen wäre es sehr informativ, wenn Sie etwas über die Problematik dieser Versuche berichten und vielleicht erzählen könnten, warum Sie sie schließlich aufgaben.
Denise: Ich glaube, eine der wichtigsten Voraussetzungen ist, daß alle Beteiligten einander gern haben. Mit anderen Worten: als Eric in Pris verliebt war, waren sie und ich wie Schwestern. Und das war für mich sehr wichtig – ich meine, daß ich Erics Liebe teilen konnte. Wenn es jemand ist, von dem ich mich bedroht fühle oder dem ich mich unterlegen glaube, dann kann ich mir eine Dreierbeziehung mit diesem Menschen nicht einmal vorstellen. Für Eric wäre es genauso unmöglich. Er muß die Person, die ich liebe, respektieren und richtig gern haben können. Ich glaube immer noch, daß es unter dieser Voraussetzung zu machen ist und daß es eine wichtige Lebenserfahrung ist, aber ich finde, es wird zuviel damit gespielt. Wenn die Ehe selbst gut ist, dann kann eigentlich nichts schiefgehen, jedenfalls haben wir das festgestellt. Als wir es damals mit diesem anderen Paar versuchten, ging das wahrscheinlich deshalb nicht, weil die andere Ehe nicht so gut war. Aber im Grunde glaube ich, daß es eine sehr schöne Erfahrung sein kann. Nur ist es so schwer, zu wissen, wo die anderen stehen, ganz abgesehen von einem selbst. Aber ich glaube, daß wir letzten Endes doch imstande wären, es zu tun. Und mit mehr Erfolg als bisher. Ich spreche nicht

nur von Eric und mir, sondern ganz allgemein von Leuten, die verheiratet sind.

Ich: Sie sagen damit, daß ein Mensch – daß alle vier Menschen sehr erwachsen sein müssen, ehe so etwas überhaupt möglich ist.

Denise: Ja, das stimmt sicher. Ich glaube übrigens auch, daß eine Viererbeziehung einfacher ist als eine Dreierbeziehung. Es ist nur nicht so leicht, zwei Leute zu finden, die in einer guten Ehe leben. Eine alleinstehende Person findet sich schneller. Aber bei einer Dreierbeziehung taucht immer wieder das Problem auf, daß einer mehr oder weniger außerhalb steht.

Sex ist nur ein Spiel – oder?

Eric: Ich weiß nicht, Sie sagen, daß ein Mensch richtig erwachsen sein muß, um das zu tun – vielleicht muß er alles andere als erwachsen sein. Ich kenne ein paar Leute am College unter den Studenten. Gestern erzählten sie mir eine Geschichte, von einem Mädchen, das nur auf Orgien scharf ist. Zwei, drei Männer mit ihr oder zwei oder drei Frauen mit einem Mann. Sie geht herum und verkündet allen, das sei das einzig Wahre. Na ja, ich meine, wenn man Sex als Spiel betrachten will, gut. Aber für Denise und mich ist Sex viel mehr. Er ist vor allem eine wichtige Art der Kommunikation. Und soweit Sex echte Kommunikation ist, wird er durch Verwässerung herabgewürdigt. Ich glaube, so läßt es sich am besten ausdrücken.

Erics Eifersucht

Lassen Sie mich noch etwas zu unseren Beziehungen außerhalb der Ehe sagen. Ich hatte eigentlich immer eine Geliebte. Ich bin zwar nicht herumgelaufen und habe nach Frauen oder Affären gesucht, aber in den fünfzehn Jahren unserer Ehe hatte ich meistens eine Geliebte. Was meiner Ansicht nach nie etwas damit zu tun hatte, ob ich mit Denise gerade gut auskam oder nicht. Damit hatte das nichts zu tun. Wenn überhaupt, dann höchstens damit, daß zwischen uns alles sehr gut war. In solchen Zeiten bin ich nämlich glücklich, voller Energie, voller Liebe und Leben und so weiter. Und meine Liebesaffären waren fast ohne Ausnahme eine große und gute Erfahrung für mich. Nur in ganz wenigen Fällen hatte ich das Gefühl, daß sie meine Beziehung zu Denise gefährdeten. In manchen Fällen war es eine ganz große Sache, wie zum Beispiel mit Margaret.

Aber der Teufel soll mich holen, ich will nicht, daß Denise einen Liebhaber hat. Ich meine, ich will einfach nicht denken müssen, daß sie mit einem anderen schläft. Das Gefühl hatte ich immer. Ich meine die Eifersucht, wenn ich mir vorstellte, daß du mit Gus oder mit Ed zusammen bist. Das hat mich völlig fertiggemacht. Vor einiger Zeit haben wir uns lange damit auseinandergesetzt, und schließlich kamen wir überein, daß es vielleicht doch nützlich ist für unsere Ehe und unser Wachsen fördert, wenn ich eine Geliebte habe oder Denise einen Liebhaber hat und daß es nicht destruktiv sein muß, aber bestimmte Reaktionen lassen sich offenbar nicht so ohne weiteres abstellen, und dazu gehört die Eifersucht. Deshalb kamen wir vor ein paar Jahren zu dem Schluß, daß es für beide das beste ist, wir behalten es für uns, wenn wir uns verlieben und die Sache ernst wird. Wir sagten nicht, gut, leben wir eine Weile zu dritt oder nehmen wir jemand in unsere Ehe auf oder tun wir uns mit einem anderen Paar zusammen. Wenn einer von uns jemand kennenlernt, und es entwickelt sich daraus eine große Affäre, dann behalten wir das für uns, und wenn wir es nicht für uns behalten können, dann lassen wir es sein.
Ich (unterbreche): Sie meinen, sie halten es voreinander geheim?
Eric: Ja. Und das hieß in den meisten Fällen, daß es gar nicht dahin kam, denn keinem von uns fällt es leicht, vor dem anderen etwas zu verbergen. Und außerdem bedeutet das Geheimhalten automatisch, daß man gelegentlich gezwungen ist zu lügen, und das wirkt zerstörend. Aber ich glaube nicht, daß Offenheit die Lösung ist, wie Denise meint, weil ich glaube, daß wir damit auch nicht zurechtkommen. Es ist seltsam, aber diese gegenseitige Kontrolle der möglichen Liebesaffären des anderen ist die einzige Kontrolle, die wir einander gegenüber ausüben. Die meisten Ehepaare, die ich kenne, kontrollieren sich gegenseitig in vielen Bereichen – sie kontrollieren das gesellschaftliche Verhalten des anderen, seine Art, sich zu kleiden, seine Arbeitsweise und so weiter. Das ist bei uns nicht der Fall. Denise kann tun und lassen, was sie will, ich würde nie sagen, sie sollte es anders tun. Und sie ist mir gegenüber genauso. Ich könnte als nackter Prophet am Strand herumlaufen oder von morgens bis in die Nacht an meiner Arbeit sitzen, sie würde es akzeptieren, gleichgültig was ich mache.
Ich: Ich glaube, das hat auch unsere Ehe lebendig gehalten, ich meine, daß keiner von uns das Bedürfnis hatte, den anderen zu kontrollieren. Das macht sehr viel aus. Wenn ich den Wunsch habe, mich gehenzulassen, dann lasse ich mich gehen. Ich käme nie auf die Idee, daß Helen dagegen etwas einwenden könnte oder so.

Ich (zu Denise): Ich möchte Sie etwas fragen. Eric hat sehr offen darüber gesprochen, wie er sich fühlte, wenn Sie Affären mit anderen Männern hatten. Wie fühlten Sie sich vor der derzeitigen Übereinkunft, als Sie erfuhren, daß er Beziehungen zu anderen Frauen hatte?
Denise: Ich versuche, mich zu erinnern, wie mir zumute war, als ich zum erstenmal davon erfuhr, aber es fällt mir nicht mehr ein.
Ich: Erfuhren Sie es, weil er es Ihnen erzählte?
Denise: Von ihm habe ich es erfahren, aber vieles hat er mir erst Jahre später erzählt. Bis zu der Geschichte mit Margaret wußte ich das meiste nicht. Ich kannte die wichtigsten Fälle, weil sie entweder unsere Ehe bedrohten oder unsere Lebensweise beeinflußten. Ich weiß, ich war zutiefst verletzt, ich hatte das Gefühl, als sei mir etwas genommen worden, das ausschließlich mir gehört und mit Recht mir gehört. Aber dieses Gefühl wurde schwächer. Später versuchte ich zu erfahren, wie es ist, wenn man zwei Leute gleichzeitig liebt. Ich lernte einen Mann kennen und merkte, daß es tatsächlich möglich ist, zwei Menschen gleichzeitig, wenn auch ganz anders zu lieben. Und als ich das wußte, wußte ich auch, daß Erics Liebe zu mir durch seine Affären nicht geringer wurde, denn meine Liebe zu ihm verringerte sich trotz all meiner Liebe zu Ed nicht. Das half mir über den Schmerz hinweg. Das Schwierigste ist der sexuelle Aspekt. Wir gingen nie zu dritt ins Bett. Es war immer eine Zweierbeziehung. Deshalb war es auch für Eric schwierig, mit zwei Frauen gleichzeitig fertig zu werden. Ich dachte, es würde alles vereinfachen, wenn die andere Frau bei uns wohnen würde und vielleicht ein Kind von Eric hätte. In zwei Fällen war ich bereit und imstande dazu – bei Vera und bei Pris. Vielleicht auch bei Margaret, aber da warst du nicht bereit dazu.
Ich: Eines hätte ich noch gern gewußt. Sie sprachen vorhin davon, daß Sie zutiefst verletzt waren. Was für ein Schmerz war das und wie stellt er sich Ihnen dar, wenn Sie ihn genauer betrachten?
Denise: Eigentlich schäme ich mich, denn ich glaube, dieser Schmerz hängt sehr stark mit dem Bedürfnis, zu besitzen zusammen, und von dieser Possessivität versuche ich mich zu lösen. Auf der anderen Seite sagt Eric, daß ihm bei der Sache mit Margaret die Stärke, die aus meiner possessiven Einstellung erwuchs, imponiert habe. Ich bin mir über diese Sache noch nicht ganz klar, ich meine, ob und wieweit Possessivität ihr Gutes hat. Der Schmerz kommt, glaube ich, daher, daß man solche Sachen als Verletzung

des Ego empfindet, als würde einem etwas genommen, das einem mit Fug und Recht zusteht. Wenn man über diesen Punkt hinweg ist, scheint es mir, als ob . . .

Ich: Was wird einem weggenommen?

Denise: Ich glaube, das ist noch ein Überbleibsel der alten Vorstellungen, daß der Geschlechtsakt zwischen verheirateten Leuten etwas Heiliges ist, was an Reinheit verliert, wenn es mit einer außenstehenden Person geteilt wird. Und diese Vorstellung werde ich nicht ganz los.

Eric: Ich glaube nicht, daß es nur das ist. Wenn Denise und ich miteinander schlafen, wirklich miteinander schlafen, dann ist das so voller Zärtlichkeit und Vertrautheit und absoluter Offenheit, wie man es irgendwie mit mehr als einer Person gar nicht haben kann. Mit mehr als einem Menschen ist es etwas ganz anderes. Es ist nicht mehr echt. Die sexuelle Vereinigung ist etwas, das ausschließlich zwischen dir und mir stattfindet, und wenn diese Ausschließlichkeit fehlt, dann ist es anders, dann verändert sich alles. Ich weiß nicht, mir geht es jedenfalls so.

Denise: Ja, das ist genau das, was ich meine. Wenn man zwei verschiedene Leute liebt und mit beiden schläft, dann ist das irgendwie etwas anderes.

Das Paradoxon

Es ist paradox. Auf der einen Seite bin ich völlig mit dir vereint, wenn ich, wie letzte Nacht, mit dir schlafe. Ich will nur dich und sonst nichts. Angenommen, ich gehe jetzt heute abend weg und schlafe mit einer anderen Frau und habe bei ihr das gleiche Gefühl. Das ist doch sehr seltsam. Ich meine, eigentlich kann das gar nicht wahr sein. Aber das gibt es dennoch. Und das finde ich paradox. Ich habe es selbst erlebt, daß ich dieses Gefühl gleichzeitig bei zwei verschiedenen Frauen gehabt habe, daß ich zwei Frauen gleichzeitig sehr liebe. Und trotzdem scheint mir, daß irgend etwas dabei nicht stimmt. Aber ich habe keine Ahnung, was das ist.

Denise: Ich habe diese Erfahrung noch nie gemacht.

Eric: Ja, das ist interessant, und vielleicht sollte man es in diesem Zusammenhang doch auch erwähnen, daß Denises vier oder fünf außereheliche Beziehungen nie sonderlich gut waren, während meine fast ausschließlich glücklich waren. Ich weiß nicht, ob das ein Zufall ist oder was sonst. Aber sicherlich ist das ein Grund, weshalb unsere Einstellungen zu der ganzen Sache verschieden sind. Ich glaube, nein ich weiß, daß ich mit gelegentlichen außerehelichen

Beziehungen ganz glücklich und zufrieden wäre. Ich habe diese Beziehungen nicht, weil Denise sie nicht akzeptieren kann. Auf der anderen Seite könnte ich es nicht akzeptieren, wenn Denise einen Liebhaber hätte.

Was ist Possessivität?

Ich: Sie benutzten vorhin das Wort Possessivität. Was meinen Sie mit diesem Begriff?
Denise: Wenn man etwas besitzt, gehört es einem. Und Possessivität heißt – nun ja, daß es einem gehört.
Ich: Wie zum Beispiel ein Edelstein, den man zwar nicht beherrschen kann, der einem aber gehört. Oder meinen Sie Possessivität in dem Sinn, daß einem etwas gehört und man es demzufolge auch beherrschen kann?
Denise: Ja, lange Zeit wollte ich es sicher beherrschen, aber davon versuche ich freizukommen. Ich will Eric nicht beherrschen. Ich weiß nämlich, daß ich ihm kaum etwas Wertvolleres geben kann als seine Freiheit. Und darin liegt auch mein Wert, in der Fähigkeit, etwas zu teilen. Ich meine, daß ich imstande bin, die andere Frau zu lieben. Häufig waren die anderen Frauen ihrerseits possessiv und nicht imstande, Eric mit mir zu teilen.
Eric (unterbricht): Wer?
Denise: Pris. Sie konnte das nicht. Sie hat es mir selbst gesagt.
Eric: Ja, aber der Grund war, daß sie ein Baby wollte, und das hätte alle möglichen gesellschaftlichen Probleme mit sich gebracht.
Denise: Ich habe aber auch schon häufiger gehört, daß jemand zu mir sagte: »Wenn ich an deiner Stelle wäre – ich könnte das nicht.«

Drogen

Ich: Eine Frage hätte ich gern noch beantwortet. Sie erzählten, daß Sie beide Marihuana geraucht und LSD genommen haben. Glauben Sie, daß das Ihre Ehe in der einen oder anderen Weise beeinflußt hat?
Eric: Meiner Ansicht nach haben Marihuana und LSD eine größere Wirkung auf unsere Ehe gehabt als alles, was wir bisher erwähnt haben. Zum Teil, weil unsere Ehe in den ersten Jahren, abgesehen von den Problemen, die durch Denise entstanden, unter einem Problem litt, das mit mir zu tun hatte, und dieses Problem sich unter der Einwirkung von Haschisch sehr bald löste. Ich war

nämlich im Gefühlsbereich so gut wie tot. Für mich gab es nur den Intellekt. Ich war durch und durch rational, analytisch und streitsüchtig. Ich mochte keine Musik, ich liebte meinen Körper nicht, ich wußte nicht, wie man Dinge anfaßt und betrachtet, und ich war ständig sauer auf Denise, weil sie nicht analytisch und kritisch dachte, und weil sie den ganzen Tag Klavier spielen und mit den Kindern am Strand spazierengehen konnte, und in meinen Augen war das kein Leben.

Als ich anfing, Hasch zu rauchen, sagte ich mir: »Aha, Denise kennt Sachen, die mir völlig unbekannt sind.« Durch Hasch wurde ich ihr ähnlicher und begann ihre Art zu leben zu respektieren, wie ich es vorher nie respektiert hatte. Das LSD ist eine andere Sache. Das änderte meine Identität in einer Weise, die echt kompliziert ist. Aber Hasch war für unsere Ehe enorm wichtig. Denise raucht heute keines mehr, aber ich nehme sehr viel, fast jeden Tag etwas. Und das ist sehr angenehm. Wenn ich Hasch rauche, habe ich viel mehr als sonst das Bedürfnis, über alle möglichen Sachen zu reden und meine Vorstellungen und ähnliches mitzuteilen. Sonst bin ich viel ruhiger, viel zurückgezogener. Mit Hasch bin ich weitaus kommunikativer.

Denise: Seit er damals vor sieben Jahren anfing, LSD zu nehmen und Hasch zu rauchen, hat sich sein Verhalten und all das sehr verändert, selbst wenn er gerade nichts nimmt. Und deshalb braucht er es eigentlich gar nicht jeden Tag zu nehmen, um mit mir auf der gleichen Länge zu sein.

Eric: Viele meiner Vorlieben oder Neigungen haben sich mit dem Hasch entwickelt. Rock-Musik lernte ich zum Beispiel erst durch Hasch lieben. Es war nicht so, daß mir diese Musik vorher nicht gefiel, ich hörte sie einfach nicht richtig. Sie war mir nicht zugänglich. Jetzt liebe ich Rock. Und noch eine Menge anderer Dinge.

Ich: Lassen Sie mich noch eine Frage stellen, um sicher zu gehen, daß ich Sie richtig verstehe. Sie sagen, die Sache mit dem LSD sei eine komplizierte Geschichte, auf die Sie offenbar nicht näher eingehen möchten, aber es klingt so, als hätte das mehr mit Ihnen selbst zu tun als mit der Ehe, während Hasch Sie von einem reinen Kopfmenschen in jemand verwandelt hat, der sich seines ganzen Selbst und seiner Beziehungen zu anderen bewußt ist.

Eric: Vielleicht kann ich das an einem Beispiel erklären. Stellen Sie sich einen Propheten vor, der sich allein auf einen Berg zurückzieht, um über die Welt nachzudenken und der schließlich die Struktur des Kosmos begreift; und dann stellen Sie sich auf der anderen Seite eine Art Dionysos vor, der lernt, wie man singt und tanzt

und ißt und liebt. Mit dem LSD war es mehr wie bei dem Propheten auf dem Berg. Man sagt sich: »Aha, jetzt habe ich eine andere Vorstellung vom Kosmos und von mir selbst, von dem, was ich bedeute und von dem, was das bedeutet.« Hasch lehrt einen das andere, das Singen und Lieben. Es öffnet einen für neue Arten von zwischenmenschlichen und gefühlsmäßigen Erfahrungen.
Denise: Im Gegensatz zu Alkohol; der macht tot. Hasch macht lebendig. (Pause.)

Jugend und »Leute über dreißig«

Ich: Wie alt sind Sie beide eigentlich?
Denise: Ich bin vierunddreißig.
Eric: Und ich bin sechsunddreißig.
Denise: Wir waren neunzehn und einundzwanzig, als wir heirateten.
Eric: Ich bin übrigens ganz sicher, daß wir uns gegenseitig völlig unattraktiv finden würden, wenn ich Denise heute so kennenlernen würde, wie sie mit neunzehn war, oder wenn sie mich heute so kennenlernen würde, wie ich mit einundzwanzig war. Darüber haben wir uns schon häufig unterhalten. Die Leute sagen immer, wenn man sehr jung heiratet, dann wächst man auseinander. Wenn man in älteren Jahren heiratet, dann hätte man die größten Veränderungen hinter sich und damit eine bessere Grundlage für die Ehe. Uns ist es so gegangen, daß wir uns beide unwahrscheinlich verändert haben, aber diese Veränderungen verliefen parallel zueinander, verstehen Sie.
Ich: Ich verstehe das sehr gut, denn Helen und mir ist es genauso ergangen. Wenn wir so, wie wir heute sind, den anderen kennenlernen würden, wie er oder sie damals, als wir heirateten, war, dann würde uns diese Person nicht im geringsten interessieren. Und wenn Helen heute bestimmte Dinge ganz selbstverständlich sagt, dann denke ich: »Na, was hätten ihre Leute wohl früher dazu gesagt.«
Eric: Uns geht es heute genauso. Jeder von uns tut oder sagt täglich zwanzig Dinge, deretwegen ihn der andere vor zehn Jahren für verrückt erklärt hätte. Heute akzeptieren wir das als ganz normalen Teil unseres Lebens, weil wir unsere Definition dessen, was Leben ist, geändert haben.

Ehe als Prozeß

Ich glaube, die Leute betrachten die Ehe normalerweise als Institution oder als eine Struktur, aber das ist sie nicht. Die Ehe ist ein

Prozeß. Sie ist eine Folge von Prozessen, in die man sich einläßt, ohne jemals zu wissen, wohin sie einen führen. Und ich glaube, wenn man sich das klarmacht, daß die Ehe aus lauter Prozessen besteht, die man selbst in Gang setzt, dann ist das eine ganz andere und weitaus bessere Einstellung, als wenn man sich mit der Vorstellung von einer Institution zufriedengibt.
Ich: Mir fällt eigentlich nichts mehr ein, was ich Sie fragen könnte, aber es würde mich freuen, wenn Sie noch etwas erzählen würden.
Eric: Wenn wir über den Erfolg unserer Ehe sprechen, dann sollte man vielleicht doch erwähnen, daß wir auch in vielem einfach Glück hatten. Sicher, wir haben auch gute Entscheidungen getroffen, aber im großen und ganzen haben wir in vieler Hinsicht das Glück gehabt, daß die Umstände für uns günstig waren.
Denise: Gut, aber du darfst nicht vergessen, daß wir auch etwas dafür getan haben. Zum Beispiel die Therapie oder all die Dinge, die wir für unser beiderseitiges Wachsen getan haben. Das können wir uns durchaus als Verdienst anrechnen. Wie oft hätten wir uns vor allen Problemen drücken können!
Ich: Sie haben recht, Denise. Sie könnten mit einem verkniffenen Gesicht und schmalen Lippen herumlaufen, und Eric könnte immer noch der reine Kopfmensch sein, der er war, als Sie ihn kennenlernten. Aber nein, Sie haben sich beide ganz gewaltig verändert. Und das sollten Sie sich als Ihr Verdienst anrechnen. Sicher haben Sie auch Glück gehabt, Sie sind gesund und stark. Aber auf der anderen Seite wird eine Ehe nicht von selbst ein Erfolg. Man muß einiges dazu tun, auch wenn man in vielem Glück hat.
Eric: Ich möchte gern noch etwas über unsere Ehe sagen. Eine Art Bewertung oder Analyse. Wir beide, Denise und ich, sind in gesellschaftlicher und intellektueller Hinsicht ziemlich unkonventionell. Und der Grund, weshalb wir die Freiheit haben, so zu sein, liegt darin, daß wir zu Hause, unter uns und in unserer Ehe so viel Kraft finden. Ich glaube zum Beispiel, daß ein Mensch, der sehr konventionell ist, sehr ängstlich und unsicher und der immer darauf achtet, wie seine Umwelt ihn beurteilt – also ich möchte wetten, daß dieser Mensch keine sehr gute Ehe führt. Wenn es anders wäre, dann wäre er selbst auch anders. Dann könnte er seine Identität, seine Sicherheit und all das in seiner Ehe finden, und das übrige wäre nebensächlich, was es im Grunde ja auch ist.
Ich: Ich glaube, darin liegt sehr viel Wahres. Wer einen sicheren und soliden Ausgangspunkt hat, der kann mutig und selbstsicher auftreten. Wer diese Sicherheit nicht hat, muß viel vorsichtiger sein.
Eric: Es würde mir nichts ausmachen, wenn ich meinen Job verlöre.

Meine Identität hat nichts mit meiner Stellung zu tun. Sie hängt ausschließlich von meiner Frau und meinen Kindern ab, die mir wichtiger sind als alles andere.

Ich: Das findet man nur sehr selten. (Pause.)

Kommentar: Diese einmalige Ehe hat verschiedene anstrengende Stadien durchlaufen, und dabei haben diese beiden Menschen eine Weisheit erlangt, von der wir einiges lernen können.

Ich möchte einige Elemente dieser Ehe hervorheben, die einen besonderen Eindruck auf mich gemacht haben, auch wenn die Reaktionen und Einsichten des Lesers ganz anders ausgefallen sind. Ich werde zu jeder meiner Anmerkungen das betreffende Unterkapitel angeben, damit der Leser sich bei Bedarf ein Urteil über meine Gedanken machen kann.

Eric und Denise haben sich in ungewöhnlichem Umfang eine eigene Welt um ihre Ehe gebaut, statt die gesellschaftliche Umgebung zu fragen, wie sie sein und sich verhalten sollen. Sie haben ihre Ehe weder nach den Erwartungen einer Gemeinschaft ausgerichtet noch Schutz im Kreis langjähriger Freunde gesucht. Sie lauschen dem inneren Rhythmus ihrer eigenen Organismen und entscheiden von dieser Basis aus, wie sie ihr Verhalten und ihre Beziehung gestalten. Diese Art zu leben ist nicht ungefährlich (was beiden bewußt ist), und manch einer hätte nicht den Mut zu dieser Haltung. Die beiden sehen jedoch ganz deutlich, daß Freundschaften und die Geborgenheit in einer großen Gemeinschaft zur Flucht vor der Ehe dienen können, und diese Fluchtmöglichkeit wollen sie nicht nutzen. *(Unterwegs ins Unbekannte. Drei Phasen dieser Ehe.)*

Sie haben am eigenen Leibe erfahren, welche unseligen Folgen der Versuch hat, den Erwartungen der Eltern und der Gesellschaft entsprechend zu leben. Obwohl Denise fünf Jahre lang »zufrieden« war mit Ehe, Heim und einem sehr konventionellen Leben, blieb der »Nervenzusammenbruch« nicht aus. *(Denises Zusammenbruch.)*

Ihre Ehe verdeutlicht sehr gut die Tatsache, daß fast alle jungen Paare ihre psychologische Reife überschätzen und ihre kindlichen und jugendlichen Merkmale unterschätzen. Das ist nur zu natürlich. Wichtig ist, *wie* sie mit diesem Nichtgerüstetsein für eine dauerhafte Beziehung umgehen.

Denises Leben macht deutlich, zu welchen Konflikten unterschiedliche Wertauffassungen führen können, besonders wenn es um religiöse Werte geht. Dazu kommt die echte Unfähigkeit zu freier und offener Kommunikation, sobald die religiösen Anschauungen strikt vertreten werden, wie im Fall ihrer Eltern.

Ihre Erkenntnis, daß Krisen häufig die Ehe retteten, hat mich besonders stark beeindruckt. Man beachte, daß es nie die Krise selbst war, die die Ehe rettete, sondern die Tatsache, daß sie die Krise als Gelegenheit zum Wachsen nutzten. In diesen kritischen Zeiten wurden die beiden, ob bewußt oder unbewußt, viel offener zueinander und differenzierten sich mehr vom anderen, was ihnen die Möglichkeit gab, auf neuen Ebenen Beziehungen zueinander aufzunehmen und zusammen zu sein. Die Beschreibung der beiden Arten von Auseinandersetzungen, die sie miteinander führen, zeigt deutlich den Unterschied zwischen einem Streit als Ausdruck von Bitterkeit und einem Streit, der ein erster Schritt zu weiterem Wachsen ist. *(Krisen als Rettung für die Ehe.)*

Wie in so vielen anderen Ehen, die wir betrachtet haben, zeigt sich auch hier, wie wichtig es ist, das eigene Selbst zu werden, das sich in seinen Handlungen nicht nach dem Urteil anderer richtet, sondern ausschließlich der eigenen Erfahrung folgt.

Ein Punkt ist sicher auch manchem Leser unklar geblieben. Woher bezogen die beiden den *Wunsch*, die Krisen durchzustehen, statt aufzugeben oder davonzulaufen? War es die religiöse Erziehung, die gesellschaftliche Konditionierung oder eine natürliche Kraft und Stärke?

Mir selbst erscheinen die Erklärungen, die die beiden dafür geben, etwas schwach und nicht selten widersprüchlich. Denise glaubt, daß ein mystisches Karma sie verbindet. Eric ist der Ansicht, daß das Aufwachsen in einer Umgebung, für die eine Scheidung etwas Unvorstellbares war, sie beide stark geprägt hat. Er glaubt aber auch, daß ihr Wunsch, die Ehe zu halten und mit den Problemen fertig zu werden, aus der sehr guten sexuellen Beziehung zwischen Denise und ihm erwächst. An anderer Stelle spricht er von einer etwas mystischen biologischen Verbindung, die durch das Zeugen von Kindern und die Verantwortlichkeit für diese Kinder entsteht. Dann wieder bietet er als Erklärung die Tatsache, daß Denise der einzige Mensch ist, der ihn nie gelangweilt hat – auch wenn er gelegentlich wütend auf sie ist. Das alles erklärt mir aber immer noch nicht zufriedenstellend die Tatsache, daß beide den *Wunsch* hatten und haben, aus ihrer Ehe etwas zu machen, und bereit waren, Konflikte und Schmerzen auf sich zu nehmen. *(Das Verbindende.)*

Der Prozeß der Veränderung innerhalb ihrer sexuellen und Liebesbeziehungen außerhalb der Ehe ist faszinierend. Denise entdeckte für sich selbst, daß es möglich ist, zwei Männer gleichzeitig zu lieben. Dennoch ist ihre Bereitschaft, Erics »Affären« zu akzeptieren, so ungewöhnlich wie ihr Wunsch nach Wärme und Freundlichkeit den anderen Frauen gegenüber, mit denen sie ihren Mann (zeitweise) teilt. Aber als ihre eigene Unabhängigkeit wuchs, merkte sie, daß sie es nicht ertragen konnte, daß Eric zwei verschiedene Leben führte, daß er Margaret genauso liebte wie sie. Sie wurde wie eine Löwin, und in dieser Kraft, in ihrer Fähigkeit, »Nein!« zu sagen, fand er plötzlich die freie, unabhängige Person, die er sich immer gewünscht hatte, den Menschen, der nicht länger potentiell

»krank« ist, sondern imstande ist, als vollwertiger Partner mit ihm zu leben. Er entschied sich für diesen Menschen und gegen das Doppelleben, das ihm vorher so faszinierend erschienen war. *(Die Episode mit Margaret. Partner außerhalb der Ehe.)*

Bemerkenswert ist auch, daß beide den Versuch, ein sexuell freies Leben mit anderen Partnern zu führen, als psychisch zu anstrengend empfanden. Sie haben aber beide immer noch das Gefühl, daß es sich trotz aller Schwierigkeiten lohnen würde, eine solche Beziehung, ähnlich den Gruppenehen einiger Kommunen, anzustreben.

Jeder von ihnen ist zwar bereit, dem anderen eine Liebesbeziehung außerhalb der Ehe zuzugestehen, aber es wird doch sehr deutlich, daß diese Bereitschaft nur aus dem Verstand kommt. Eric ist ganz einfach eifersüchtig, wenn Denise sexuelle Beziehungen zu einem anderen Mann hat. Und Denise ist, obwohl sie sich ihrer Gefühle schämt, zutiefst verletzt, daß er sexuelle Beziehungen zu anderen Frauen hat. Sie hat das Gefühl, daß ihr dadurch nicht nur etwas genommen wird, das ihr allein gehört, sondern glaubt auch, daß die Reinheit ihrer sexuellen Liebe darunter leidet. Eric gibt ihr recht. Aber er sieht auch das Paradoxe, denn er weiß, daß er das, was er bei Denise empfindet, auch bei anderen Frauen erleben kann. *(Erics Eifersucht. Denises Bedürfnis, zu besitzen, und ihre Verletzbarkeit. Das Paradoxon.)*

So kamen sie zu einer etwas ungewöhnlichen Übereinkunft. Wenn einer von ihnen sich so zu einer anderen Person hingezogen fühlt, daß er oder sie die sexuelle Vereinigung mit dieser Person wünscht, dann soll es so sein. Aber diese Dinge wollen sie voreinander fernhalten, ganz einfach weil Offenheit zu schmerzlich und zu verletzend wäre. Da sie jedoch ein erstaunliches Maß an Offenheit einander gegenüber gewohnt sind, fällt ihnen dieses Geheimhalten nicht leicht, und das Resultat ist, daß sie monogamer geworden sind.

Sie haben inzwischen den Punkt erreicht, an dem sie nach vielerlei Erfahrung und langem Nachdenken beschlossen, sich nur in einer Hinsicht zu kontrollieren: »Wir wollen keine Liebesaffären mit anderen Leuten eingehen.« Ihren Bemerkungen ist zu entnehmen, daß selbst diese Kontrolle nur sehr locker gehandhabt wird, aber ihr Ziel ist klar. Ich vermute, daß sie selbst die ersten wären, die dies als Lösung für sich bezeichnen würden. Sie versuchen nicht, anderen zu sagen, was sie tun sollen. In jeder anderen Hinsicht gewähren sie einander fast absolute Freiheit, so zu sein, wie sie sein möchten. Ihre Ehe kennt Streit, aber keine Nörgelei. Was an Possessivität in ihrer Beziehung existiert, versuchen sie zu überwinden, nicht aber beizubehalten. *(Was ist Possessivität?)*

Ich möchte noch kurz auf eine andere wichtige Folge von Bemerkungen zurückkommen. Eric beschreibt sehr deutlich die Falle, in die jemand gerät, der versucht, für das psychische Leben der Person, mit der er zusammenlebt, direkt verantwortlich zu sein. Er kann Denises »Krankheit« nicht aufhalten und nicht beeinflussen, aber er fühlt sich direkt verantwortlich dafür und kann dieses oder jenes nicht tun, weil es Denises Zustand verschlimmern könnte. Ob sie ihn unbewußt durch ihr Verhalten kontrolliert hat? Das können wir nicht mit Sicherheit sagen. Viele Eltern machen mit ihren Kindern das gleiche durch wie Eric. Sich absolut verantwortlich zu fühlen, ohne die Macht oder die Kontrolle zu haben, die die natürlichen Begleiterscheinungen von Verantwortung sind – das ist eine Situation, die wie geschaffen ist, um Leid hervorzubringen *(Eric und Denises »Krankheit«).*

Eric litt unter diesem Gefangensein im gleichen Maße, in dem er zusammenbrach, als Denise ihre Unabhängigkeit und ihre Kraft wiedergefunden hatte. Er wurde tatsächlich selbst halb verrückt und ließ Denise die Verantwortung für ihn übernehmen.

Das volle Ausmaß der Persönlichkeit, die Denise geworden ist, zeigt sich darin, daß sie jetzt nicht nur Erics Gefährtin im weitesten Sinne des Wortes sein kann, sondern auch seine Mutter in den Zeiten, in denen er sich kindisch oder verrückt oder schwach fühlt. Gleichzeitig kann sie ihn jederzeit zum Erwachsenen-Status zurückkehren lassen. Diese Denise ist kaum noch zu vergleichen mit der Denise von früher. *(Die Nachwirkungen.)*

Auch wenn es wie eine Abschweifung wirkt, möchte ich dennoch kurz darauf hinweisen, daß ein »Nervenzusammenbruch«, »Geisteskrankheit«, »Schizophrenie« und ähnliches nur in den seltensten Fällen Krankheiten sind. Die Umstände können so überwältigend, die Konflikte so groß oder das Selbst so unbekannt und so schwach sein, daß sich ein bizarres Verhalten als einzige Möglichkeit zum Umgang mit der Welt anbietet. Aber das ist etwas ganz anderes als eine physische Krankheit. Denises Versuch, als von den Eltern geschaffene Person zu leben, der Konflikt zwischen dieser Person und der, die Eric akzeptieren könnte, ihr »Nervenzusammenbruch«, ihr allmähliches Entdecken des eigenen Selbst und die Entwicklung dieses Selbst zu einer starken, energischen und vitalen Frau ist dafür ein klassisches Beispiel. *(Ich habe die Wahl, krank zu sein.)*

Als nächstes möchte ich mich einem heiklen Gebiet zuwenden, auf dem ich in keiner Weise Experte bin. Eric und Denise sind davon überzeugt, daß Eric mit Hilfe von Marihuana zu einer vollwertigen Person wurde und die emotionalen Aspekte von Denises Lebensweise erkennen und akzeptieren konnte. Beide sagen, daß Drogen in der einen oder anderen Form ihre Ehe in vieler Hinsicht bereichert haben. Ich kenne andere Leute, die ähnliches berichten. Für Eric scheint der Genuß von

LSD eine überzeugende Erfahrung gewesen zu sein. Aus dem rationalen, intellektuellen, kühlen und sachlichen Eric, den ich vor vielen Jahren kennenlernte, ist ganz sicher eine warme, einfühlungsfähige Person geworden, und wenn Marihuana in irgendeiner Weise dazu beigetragen hat, dann hat es sicherlich sowohl der Ehe als auch Eric selbst geholfen. *(Drogen.)*

Bezeichnend für die Veränderungen und das Wachsen in dieser Ehe ist die Überlegung, daß sie sich vermutlich gegenseitig völlig unattraktiv finden würden, wenn sie sich jetzt so kennenlernen würden, wie sie mit neunzehn und einundzwanzig waren. Ich glaube, das sollte für jede Ehe zutreffen, in der beide Partner sich weiterentwickeln. *(Jugend und »Leute über dreißig«.)*

Eric bezeichnet die Ehe zum Schluß als einen Prozeß im Gegensatz zu der weitverbreiteten Auffassung von der Ehe als einer Institution. Ich kann dieser Feststellung nichts hinzufügen außer einem aus tiefstem Herzen kommenden »Amen!« und dem Rat, diese wenigen Zeilen noch einmal zu lesen.

Genauso geht es mir mit seiner letzten Bemerkung. Eine Ehe, die sich aufgrund der Entwicklung beider Partner ständig verändert, ist ohne Zweifel eine der größten Sicherheiten, die der Mensch kennt. Von ihr aus kann er Gefahren auf sich nehmen und frei an einer Veränderung seiner Welt arbeiten, denn er weiß, daß er jederzeit zu dieser sicheren Beziehung zurückkehren kann, obwohl auch diese Sicherheit nichts Statisches ist, sondern sich immer wieder verändert. *(Ehe als Prozeß.)*

9.

Beständigkeit und Bereicherung

Die Beschäftigung mit dem Material, das mir Eric und Denise, Dick und Gail, Roy und Sylvia, Irene, Hal und all die anderen zur Verfügung stellten, hat mir deutlich gemacht, daß manche Partnerschaften »gehen« und andere nicht, obwohl es bisweilen die gleichen Leute betraf. Ich habe mir deshalb überlegt, ob es bestimmte Merkmale gibt, die die eine Partnerschaft von der anderen unterscheiden, und ob ich in einer bestimmten Beziehung Elemente finden konnte, die darauf schließen lassen, daß eine Partnerschaft für beide von Bedeutung und vermutlich auch von Dauer sein würde, oder ob andere Elemente auf das gegenteilige Ergebnis schließen lassen. Diese Überlegungen möchte ich gerne mitteilen, und zwar in einer Weise, die dem Leser ermöglicht, seine eigenen Schlußfolgerungen zu ziehen.

I. Hingabe? Bindung?

Das erste Merkmal, das mir auffällt, hat etwas mit den beiden Begriffen Hingabe und Bindung zu tun, obwohl die Fragezeichen in der Überschrift zeigen, daß ich mit beiden nicht ganz zufrieden bin.

»Ich liebe dich«; »Wir lieben uns.« Wir haben in diesem Buch viele Beispiele dafür gefunden, daß diese Feststellungen als Garantien für eine befriedigende oder dauerhafte Partnerschaft absolut bedeutungslos sind, auch wenn sie zutreffende Beschreibungen der Einstellungen in einer vorübergehenden Beziehung sein mögen. Es ist nicht so, daß die Feststellungen an sich bedeutungslos sind – sie können durchaus die absolute momentane Wahrheit sein. Aber wir haben beispielsweise bei Irene im 5. Kapitel gesehen, wie leicht sich diese Aussagen in ein »Ich *dachte*, ich würde dich lieben« verwandeln.

»Ich gebe mich ganz dir und deinem Wohle hin.«. »Ich beschäftige mich mehr mit dir als mit mir.« Noble Gefühle. Aber Jennifers Ehe mit Jay (1. Kapitel) und Hals angestrengte Bemühungen, die Dinge zu tun, die seiner Frau gefallen (6. Kapitel), haben uns gezeigt, wohin das führt. So schön diese Einstellung im Augenblick auch sein mag, sie kann sehr schnell zu einer Unterdrückung des Selbst führen, die für die Partnerschaft fatal ist.

»Wir wollen an unserer Ehe hart arbeiten.« Auch das ist eine edle Absicht, aber sie ist zu vage und enthält allzuviel Feststehendes. Etwas davon erfahren wir im letzten Teil des Berichts von Dick und Gail (2. Kapitel), aber es überzeugt nicht ganz. Die beiden meinen allzu häufig nur: »Wir wollen alles tun, um aus diesem Käfig einen schönen Käfig zu machen.« Und das ist *nicht* genug.

»Die Institution der Ehe ist uns heilig und wird uns heilig sein.« »Wir geloben einander zu lieben bis der Tod uns scheidet.« Es bedarf nur eines Blickes auf die Scheidungsziffern, um zu sehen, daß kein Paar diesen Eid befolgen kann, wenn seine Ehe nicht befriedigend ist. Ist die Ehe nicht befriedigend, dann zerstören sie sich entweder selbst oder gegenseitig oder sie lösen die Verbindung – und manchmal tun sie alles zusammen.

»Wir sind füreinander bestimmt; wir sind aufgrund der Kinder, die wir miteinander haben, durch tiefe biologische Bande gebunden; wir sind aufgrund unserer Erziehung entschlossen, uns nicht scheiden zu lassen.« So oder ähnlich drückten sich Eric und Denise aus (8. Kapitel), aber ich bezweifle dennoch, daß dies die Gründe sind, weshalb ihre Ehe von Dauer ist. Viele Individuen haben diese Ansichten mit der gleichen Intensität vertreten und dennoch scheiterte ihre Beziehung.

»Ich will an dem Prozeß unserer Beziehung arbeiten, die mir sehr viel bedeutet.« Damit kommen wir meiner Auffassung nach dem Kern dessen, was Hingabe bedeutet, näher. Wer so denkt, der sieht in einer Partnerschaft keinen Kontrakt, sondern einen fortlaufenden Prozeß. Die Arbeit, die geleistet wird, dient der persönlichen wie der gegenseitigen Befriedigung. Ich glaube, wir sehen das am deutlichsten in Irenes dritter Ehe (5. Kapitel), in der Joe sich ruhig und beständig dem Prozeß ihrer Beziehung widmet, obwohl Irene sich zunächst entschieden weigert, dies zu akzeptieren. Er hört sich ihre »Gruselgeschichten« – die Berichte über ihre tragische Vergangenheit – nicht mehr als einmal an. Er konzentriert sich auf den Prozeß ihrer gegenwärtigen Beziehung, und allmählich findet auch sie zu dieser Auffassung. Von diesem Punkt an ist ihre Beziehung ein Prozeß des Wachsens, der bereits in Gang gesetzt ist, bevor die beiden irgendwelche Schwüre ablegen oder ihre Beziehung legalisieren.

Etwas Ähnliches finden wir auch bei Becky (6. Kapitel), obwohl wir leider nichts über ihre persönlichen Wahrnehmungen wissen. Sie arbeitet an dem Prozeß ihrer Beziehung, weil sie Hal liebt, und nach und nach dringt dies zu ihm durch, trotz all der Widerstände, die er gegen eine Ehe zwischen einem Farbigen und einer Weißen befürchten mußte.

Nach und nach bin ich so zu einer Feststellung gelangt, die mich befriedigt – für den Augenblick. Sie ist ein Versuch, in – viel zu viele – Worte zu fassen, was ein Begriff wie Hingabe in bezug auf Partnerschaften wirklich bedeutet. Diese Feststellung beschreibt, glaube ich, eines der Merkmale für Bereicherung in einer länger währenden Beziehung. Hier ist sie. Jedes Wort ist überlegt und für mich von Gewicht:

»Wir beide verpflichten uns zu gemeinsamer Arbeit an dem wechselnden Prozeß unserer derzeitigen Beziehung, weil diese Beziehung unsere Liebe und unser Leben bereichert und wir möchten, daß sie wächst.«

Damit ist alles gesagt, soweit es mich betrifft. Vielleicht ist jede Erklärung überflüssig, aber ich möchte dennoch einiges dazu sagen. Die Verpflichtung ist individuell, aber die beständige, schwierige und riskante Arbeit – die ich später beschreiben werde – ist notwendigerweise eine Arbeit, die gemeinsam geleistet werden muß. Sie geht davon aus, daß eine Beziehung nur dauerhaft ist, wenn dieses dauerhafte Moment in der Gegenwart vorliegt. Sie macht nicht den Versuch, vergangene oder zukünftige Schwierigkeiten zu klären, außer in dem Maße, in dem diese Schwierigkeiten das beiderseitige und derzeitige Leben erschweren. Sie sieht die Beziehung als fließenden Strom, nicht als statische Struktur, die als selbstverständlich hingenommen werden kann. Sie bezieht sich nicht in erster Linie auf die eigene Person oder auf das andere Individuum, sondern auf die unmittelbare Beziehung, die zwischen beiden besteht.

Wenn Hingabe und Verpflichtung so definiert werden, dann stellen sie, glaube ich, die Wiege dar, in der eine echte Partnerschaft wachsen kann.

II. Kommunikation

Was für eine Vielfalt von ungleichen und widersprüchlichen Elementen sind in diesem Wort enthalten. Es trifft auf alles mögliche zu. »Gib mir die Butter.« Das ist Kommunikation. »Meine Mutter hat schon immer gesagt, du seist nichts wert, und du bist auch nichts wert.« Auch das ist Kommunikation, und derartige Anschuldigungen, Urteile und Bewertungen schaden einer Partnerschaft mehr als alle anderen Faktoren, die ich kenne. Als Sylvia ihr langes Haar über Roys Rücken fallen ließ, ohne ein Wort zu sagen, war das Kommunikation, genauso wie ein stummer Blick, oder der Ausdruck von Haß auf einem Gesicht oder die Abwehr, die Hals erste Frau zeigte, als er sie küssen wollte. Nichtverbale Kommunikation kann tatsächlich sehr wirksam sein.

Die Feststellung, daß eine Partnerschaft kommunikativ sein sollte, besagt also eigentlich gar nichts. Alle Ehen sind kommunikativ, verbal oder nichtverbal, im guten wie im schlechten Sinne. Aber irgendwo in diesem Dickicht von Bedeutungen sehe ich ein Element, das die Chancen für Glück und Dauerhaftigkeit vergrößert. Ich will versuchen, es anhand negativer wie positiver Beispiele zu definieren.

In gewissem Sinne ist Verpflichtung zu dem Prozeß, den ich eben versucht habe zu beschreiben, eine Voraussetzung für optimale Kommunikation. Aber Kommunikation hat viele Elemente.

Das beständige Gefühl. Lassen Sie mich ein sehr allgemeines Beispiel anführen. Ein Ehemann ärgert sich über den morgendlichen Anblick seiner Frau, die im Morgenrock und ungekämmt zum Frühstück erscheint. Wenn er diesen Ärger immer wieder herunterschluckt, wird er *irgendwann* in einer explosiven Anschuldigung zutage treten. »Warum siehst du morgens immer aus wie eine Schlampe?« Aber wenn der Mann sich seiner inneren Gefühle ausreichend bewußt ist, kann er seinen Ärger als etwas, das in *ihm* ist, Ausdruck geben und sagen: »Weißt du, ich merke, daß ich mich über deinen morgendlichen Anblick ärgere.« Darauf wird er zweifellos eine Antwort erhalten und die nachfolgende Kommunikation wird sicher nicht erfreulich sein, aber jeder von beiden wird eine Menge über den anderen erfahren, wenn beide imstande sind, nur ihre Gefühle auszudrücken und den anderen nicht anklagen. Dies ist weder ein Trick noch eine Technik, denn als solche würde es völlig daneben gehen. Diese Art der Kommunikation basiert auf der Einstellung: »Ich möchte meine Gefühle mit dir teilen, selbst wenn diese nicht immer positiv sind.«

Gefahr. Derartige Kommunikation birgt immer ein Risiko. Man zeigt dem anderen eine bis dahin unbekannte und daher verletzliche Facette des eigenen Selbst. Wenn eine Frau tief Luft holt und zu ihrem Partner sagt: »Ich weiß nicht weshalb, aber unsere sexuelle Beziehung ist für mich nicht sonderlich befriedigend; ich weiß nicht, ob es an mir liegt oder an dir«, dann tut sie zwei Dinge. Sie riskiert um des Wachstumsprozesses willen die gesamte Beziehung. Und sie teilt mit ihrem Partner einen verborgenen und ängstlichen Teil ihres Selbst, der falsch verstanden, zurückgewiesen oder als Anschuldigung verstanden werden kann.

Wir haben ähnliches bei Dick und Gail erlebt, die sich in vielen Dingen gegenseitig beschuldigten, im sexuellen Bereich jedoch ihre *eigenen Gefühle* ausdrückten und bei ihrem Partner Verständnis und Mitgefühl fanden (2. Kapitel). Irene versuchte verzweifelt und auf alle möglichen Arten ein falsches Bild von sich mitzuteilen, zu dem auch eine falsche Vorstellung von ihrer Sexualität gehörte, und als sie schließlich all die schrecklichen Bilder, die sie von sich hatte, mitteilen konnte, erhielt sie Joes Liebe (5. Kapitel).

Diese tief verletzbare Kommunikation hat eine Wirkung, die die meisten Leute nicht glauben, solange sie es nicht versucht haben: Das Teilen und Mitteilen der tiefsten Empfindungen, die man in sich selbst finden kann, führt fast unausweichlich zu einem ähnlichen Teilen und Mitteilen auf seiten des anderen. Als Peg (1. Kapitel) ihrem Mann alles über ihr »schreckliches Selbst« mitteilt, was sie denkt und fühlt, reagiert er darauf mit seinen Gefühlen in bezug auf sich selbst, und sie merkt, daß auch er unter seinen Gefühlen gelitten hat.

Eine der besten Seiten dieser Art der Kommunikation ist die Tatsache, daß sie von *einem* Mitglied der Partnerschaft begonnen werden kann. Sicher braucht es Mut und Überwindung, aber es geht.

Ich will nun versuchen, die verschiedenen Aspekte dieses zweiten wichtigen Merkmals einer dauerhaften und glücklichen Partnerschaft kurz zusammenzufassen. Auch dieser Versuch ist mehr als eine beiläufige Feststellung.

»Ich will den Versuch riskieren, meinem Partner jedes positive oder negative Gefühl soweit mitzuteilen, wie ich selbst es in mir verstehe als lebendigen und gegenwärtigen Teil meines Ich. Ich will ferner versuchen, seine oder ihre Reaktion mit aller mir zur Verfügung stehenden Einfühlungskraft zu verstehen, gleichgültig, ob diese Reaktion anklagend und kritisch oder teilend und selbstdarstellend ist.«

Ich glaube, daß die Aussichten auf eine dauerhafte und glückliche Beziehung sehr groß sind, wenn sich diese Art der Kommunikation auch nur teilweise verwirklichen läßt. Besonders deutlich wird das in Irenes dritter Ehe und in der Beziehung zwischen Eric und Denise, es läßt sich darüber hinaus aber auch bei allen Partnerschaften beobachten, deren Beziehung sich in einem stets wandelnden Prozeß befindet und nichts Statisches ist. Je weniger in der augenblicklichen Beziehung verborgen wird, desto fruchtbarer wirkt sich das auf Wachsen, Veränderung und Entwicklung der Partnerschaft aus. Ein Partner genügt, um den Ball ins Rollen zu bringen, doch wenn die Kommunikation ständig einseitig bleibt, dann verschlechtern sich die Aussichten auf Entwicklung und Wachsen.

III. Die Aufhebung der Rollen

Ein Element, das wir je nach Standort als positiv oder negativ erlebt haben, sind die Erwartungen, die aus der Kultur oder der Subkultur aufsteigen. Den Rollenerwartungen entsprechend zu leben scheint einer Ehe, die sich weiterentwickelt und Prozesse durchläuft, zu widersprechen. Ob wir die Frau aus Tepoztlán nehmen, die sich ihrem Mann unterordnet, weil das von ihr erwartet wird, oder Joan, die heiratet, weil alle ihre Freundinnen und ihre Eltern erwarten, daß sie Max heiratet, immer wieder ist es eine Beziehung, die stehenbleibt oder mit der es abwärts geht.

In den Ehen, die für beide Partner befriedigend zu sein scheinen, spielen die Rollen eine immer geringere Bedeutung, bis die Erwartungen praktisch völlig verschwinden, wie im Fall von Eric und Denise. Den Erwartungen der Eltern, der Religion oder der Gesellschaft entsprechend zu leben, stört und schadet dem vielfältigen Prozeß einer sich entwickelnden Ehe.

Das heißt jedoch nicht, daß all diese Erwartungen an sich »schlecht« sind. Eine Person kann nach reiflichem Nachdenken durchaus den Weg einschlagen, den ihre Eltern auch für gut und richtig halten, aber nur, wenn diese Person sich selbst für diesen Weg entschieden hat und nicht den Erwartungen der Eltern folgt. Hier wird die Sache jedoch schwierig. Geht man diesen Weg, weil die eigenen Gefühle, der eigene natürliche Rhythmus diesem Weg entsprechen oder betrügt man sich selbst, wenn man sich sagt, daß man diesen Weg gewählt hat? Die eigenen Gefühle zu kennen ist nicht leicht. Aber in dem Maße, in dem man auf den eigenen Organismus hören und in die Richtungen gehen kann, die einem ein gutes Gefühl geben, entfernt man sich von dem Verhalten, das durch Rollenerwartungen bestimmt wird. Und dies scheint mir ein weiteres Merkmal für dauerhafte und befriedigende, sich entwickelnde und wachsende Partnerschaften zu sein. »Wir wollen entsprechend unseren eigenen Empfindungen leben und uns nicht von den Wünschen, den Vorschriften und Erwartungen anderer formen lassen.«

IV. Eine selbständige Person werden

Einer der wichtigsten Faktoren für eine wirklich wachsende und sich weiterentwickelnde Beziehung mag zunächst paradox erscheinen. Es ist die Tatsache, daß die Partnerschaft reicher und besser wird, wenn jeder Partner in zunehmendem Maße er selbst wird. Man könnte fast sagen, je selbständiger beide werden, desto größer ist die Chance für eine starke Bindung. Natürlich kann das auch zu einem Bruch der Beziehung führen. Aber fast alle Fälle in diesem Buch beweisen das Gegenteil. Eine lebendige Partnerschaft besteht aus zwei Menschen, von denen jeder sein eigenes Selbst besitzt, respektiert und entwickelt. Das zeigt sich am besten im Fall von Eric und Denise. Als Denise aufhört, das Geschöpf zu sein, das nur ein Werk ihrer Eltern und ihres Mannes ist, beginnt die Ehe zu wachsen. Je stärker und unabhängiger sie im Laufe der Zeit wird, desto besser wird ihre Beziehung zu Eric. Aber was heißt es, eine selbständige Person zu werden? Ich will versuchen, zu erklären, was es für mich bedeutet.

Die Entdeckung des eigenen Selbst. Es bedeutet in erster Linie, daß eine Person fortwährend versucht, ihren inneren Gefühlen näherzukommen. Joan ist dafür ein gutes Beispiel. Sie lernte – wenn auch zu spät für die erste Ehe –, daß sie Gefühle hat und diesen Gefühlen trauen kann (1. Kapitel). Jedes Individuum merkt, daß das, was es im Innern erfährt, komplex und vielfältig ist und von wilden, »verrückten« bis zu starken, gesellschaftlich anerkannten Reaktionen reicht.

Akzeptierung des Selbst. Es lernt, all diese unterschiedlichen Reaktionen als echten Teil seiner selbst zu akzeptieren, dessen es sich nicht zu schämen braucht. Es beginnt, sich selbst zu *besitzen,* und je mehr es sich selbst besitzt, desto mehr kann es es selbst sein. Ich habe diesen Prozeß in der Therapie oder bei Encountergruppen sehr häufig beobachtet, aber er könnte ebensogut in unserer Erziehung stattfinden, wenn nur erkannt würde, daß es viel wichtiger ist, Menschen zu helfen, *Personen* und Persönlichkeiten zu sein, als ihnen zu helfen, daß sie Mathematiker oder Historiker werden.

Wenn eine Person in einer Partnerschaft alle verrückten und schrecklichen, zärtlichen und schönen Aspekte ihres Selbst akzeptiert, dann wird es leichter, mit ihnen zu leben. Irene und Joe (5. Kapitel) sind dafür ein klassisches Beispiel. Die langsamen Fortschritte bei Denise (8. Kapitel) oder bei Roy und Sylvia (3. Kapitel) zeigen jedoch. wie schwierig und langwierig dieser Prozeß ist.

Die Masken fallen lassen. Es ist fast selbstverständlich, daß sich das Individuum in diesem Prozeß von allen Fassaden, allen Masken und falschen Vorspiegelungen entfernt. Es ist kein ängstliches, unreifes Kind, das sich hinter irgendwelchen übernommenen Verhaltensweisen versteckt, sondern das, was es wirklich ist, nämlich stark in der einen und schwach in der anderen Situation, mal abhängig und mal unabhängig. Ich habe den Leuten häufig den Rat gegeben, freundlich und zärtlich und liebevoll zu dem Kind zu sein, das jeder von uns in sich trägt. Und wenn meine Gefährtin auch meinen Jungen lieben kann, dann fällt es mir viel leichter, der Mann zu sein, der ich, wie ich weiß, bin.

Erfahrungswerte. All dies bedeutet, daß jeder Partner in sich das entwickelt, was ich gerne als »Inneren Ort der Bewertung« bezeichne. Damit meine ich, daß der Wert, die Bedeutung, die eine Erfahrung für einen Menschen hat, nicht durch das bestimmt wird, was seine Eltern dazu sagen oder wie die Kirche dazu steht oder was seine Umwelt dazu meint, sondern durch das, was er bei dieser Erfahrung im Innersten »empfindet«. So können zum Beispiel alle außerhalb stehenden Instanzen, die ich eben erwähnte, eine bestimmte Erfahrung im sexuellen Bereich einer Ehe als richtig und anständig und legal betrachten. Und dennoch kann es sein, daß man selbst im Innersten weiß, daß dies nichts mit Liebe zu tun hatte und Betrug war, daß eine Person lediglich von einer anderen Person benutzt worden ist. Wenn man ein inneres Bewertungszentrum hat, dann verläßt man sich auf diese zweite Beurteilung und bestimmt sein zukünftiges Verhalten nach ihr. Das bedeutet auch, daß man nicht beherrscht und gelenkt wird von dem »du sollst« und »du mußt«, mit denen unsere Gesellschaft in allen Bereichen und jederzeit aufwartet.

Wenn eine Person Fortschritte in der Entwicklung zu einer selbständigen Persönlichkeit macht, dann ist sie ein guter und wertvoller Partner, kein Sklave oder Sklavenbesitzer, kein Schatten und kein Echo, und wie Eric sagte, niemals langweilig.

Wachsen für beide. Wer sich selbst in dem Prozeß befindet, er selbst zu werden, der wird seinen Partner fast unausweichlich in die gleiche Richtung führen und jeden seiner Schritte freudig begrüßen. Es macht nämlich Spaß, zusammen zu wachsen.

Ich sollte vielleicht noch hinzufügen, daß es durchaus negative Folgen für eine Beziehung haben kann, wenn dieses Wachsen nur bei einem Partner stattfindet und bei dem anderen nicht. Dadurch kann eine zunehmende Entfremdung eintreten, und wenn kein Wunder geschieht, ist das der Anfang vom Ende einer Partnerschaft.

»Vielleicht.« Ich möchte auch dieses letzte, komplizierte Merkmal in einigen kurzen, doch nicht leichtfertig gewählten Worten zusammenfassen.

»Vielleicht kann ich das, was ich tief im Innern wirklich bin, entdecken und ihm näherkommen. Manchmal bin ich zornig und wütend, manchmal zärtlich und liebevoll, und gelegentlich bin ich schön und stark oder wild und schrecklich – vielleicht kann ich mich als diese vielschichtige Person, die ich bin, akzeptieren. Vielleicht kann ich ganz offen diese Person sein. Wenn mir das gelingt, dann kann ich meinen eigenen, selbst erfahrenen Werten entsprechend leben, obwohl mir bewußt ist, was die Gesellschaft von mir erwartet. Vielleicht kann ich dann ein wirklicher Partner sein, weil ich dabei bin, eine wirkliche Person zu werden. Vielleicht gelingt es mir auch, meinem Partner Mut zu machen, seinem Weg zu einer eigenständigen Persönlichkeit zu folgen.«

10.

Was läßt sich tun?

Lassen Sie mich kurz von der Ehe und ihren verschiedenen Alternativen abweichen und das Problem von einem neuen Blickwinkel aus betrachten.

Das Versuchslabor ist eines der Kernelemente der amerikanischen Gesellschaft. Zahlreiche Ärzte und ihre Kollegen von der Technik geben hohe Summen aus, um die Ursachen für das vielfältige Versagen des menschlichen Organismus zu erforschen. Pharmazeutische Fabriken stellen Millionen bereit, um neue Wege zur Kontrollierung von Krankheiten durch Medikamente zu finden und die Gründe für die erschrekkenden Auswirkungen einiger ihrer Präparate zu erforschen. Dazu ist es gekommen, weil wir eine Seuche oder eine um sich greifende Krankheit nicht mehr als Beweis für Gottes unerforschlichen Willen ansehen.

Wir haben Raumfahrtlabors, die sich mit den Problemen des Lebens im Weltall befassen, und Billionen von Dollars reichen nicht aus, um diese Forschungsunternehmen zu bezahlen, deren Resultate niemand vorhersagen kann.

»Die Autoindustrie unterhält Forschungsstätten, die jedes Wagenteil zu verbessern und das ganze Fahrzeug sicherer zu machen versuchen. Manchmal werden Tausende von Fahrzeugen, die eventuell Fehler aufweisen könnten, aus dem Verkehr gezogen, obwohl dieser Fehler nur in einem von tausend Fällen auftritt.

Jeder Industriebetrieb wird auch nach dem Umfang seiner Forschungstätigkeit bewertet. Man weiß, daß keine Fabrik auf die Dauer existieren kann, wenn sie nicht frühere Fehler auszumerzen versucht oder neue Möglichkeiten und neue Materialien für ihre Produktion erforscht.

Ich möchte mich über diese Dinge nicht noch weiter auslassen. Experimente sind die Grundlage unseres technischen Fortschritts, gleichgültig, was dabei an Tradition verlorengeht. Veränderung heißt das Spiel, und so gut wie jeder weiß das und akzeptiert es.

Kehren wir zum Thema dieses Buches zurück. Ehe und Kleinfamilie sind nicht funktionierende Institutionen, und niemand könnte das Gegenteil beweisen. Was wir brauchen, sind Forschungsstätten und Experimente, um eine Wiederholung der alten Fehler zu vermeiden und neue Ansätze zu finden.

Ich glaube, aus diesem Buch ersehen wir, was unsere jungen Leute in diesem Sinne alles geleistet haben. Sie forschen und experimentieren und suchen nach neuen Wegen und neuen Arten der Partnerschaft, sie lernen aus Fehlern und profitieren von Erfolgen. Sie finden Alternativen und neue Möglichkeiten für die Institution innerhalb unserer Gesellschaft, die die meisten Mängel aufweist: die Ehe und die Kleinfamilie. Also unterstützt die Regierung diese Forschungsstätten mit ihren Billionen, und werden die jungen Leute für ihre Experimente mit neuen Werten und neuen Verhaltensweisen respektiert und geehrt? Und wird diese unblutige Revolution von der Öffentlichkeit unterstützt? Nichts davon geschieht. Jeder weiß, daß genau das Gegenteil der Fall ist. Wir haben in diesem Bereich eine derartige Angst vor Veränderungen, daß wir unter jedem Bett einen Feind sehen – nein, *in* jedem Bett wäre zutreffender. Wir erlassen Gesetze und Verordnungen, um diese vielversprechenden Forschungsstätten zu verbieten. Wir tun alles, um jeden zu entmutigen, der die Unverschämtheit besitzt, mit einer Einrichtung wie der Ehe zu experimentieren. Wir befinden uns in diesem Bereich wieder im Mittelalter, das Wissenschaftler für neue Entdeckungen bestrafte und sie – wie Galilei – zwang, ihre Erkenntnisse zu widerrufen. Wir sind immer noch der Auffassung, daß Traditionen und aus der Vergangenheit übernommene Moralvorstellungen nicht angetastet werden dürfen, und wehe dem, der mit seinen Werten, seinen Entdeckungen und seiner Lebensweise diese Dinge gefährdet.

Mir scheint, es ist höchste Zeit, daß wir auch in diesem Bereich beginnen, im zwanzigsten Jahrhundert zu leben. Es ist höchste Zeit, daß wir die Tatsache erkennen und anerkennen, daß unblutig revolutionäre wie evolutionäre Experimente ein positiver und kein negativer Aspekt unseres gesellschaftlichen Lebens sind. Können wir es akzeptieren, daß auch hier Veränderung der Name des Spiels ist und daß wir dringendst eine ähnliche Revolution im Bereich von Partnerschaft und Familie brauchen, wie sie in der Industrie, in der Landwirtschaft, in der Luft- und Weltraumfahrt und in allen übrigen Lebensbereichen stattgefunden hat? Können wir unsere Forscher respektieren? Das ist die große Frage. Und wenn wir sie mit ja beantworten, was würden wir dann tun?

Freiheit zum Experimentieren in Partnerschaften

Mich fasziniert bei der Betrachtung der Liste von Leuten, die zu diesem Buch Beträchtliches beigetragen haben, daß die meisten von ihnen sich in ihrem Kampf um bessere Partnerschaften auf Dinge eingelassen haben, die nach staatlichen oder Bundesgesetzen als illegal gelten. Sie führen, um es altmodisch zu umschreiben »ein Leben in Sünde«, sie »begehen Ehebruch«, sie »treiben Unzucht«, sie sind »homosexuell« und nehmen Drogen, obwohl das verboten ist. All das geschieht auf diesen Seiten, aber wenn es Handlungen sind, die Individuen begehen, um eine neue Form der Partnerschaft zu finden, dann sind diese altmodischen Begriffe einfach nur lächerlich.

Wir, die Gesellschaft, könnten zumindest eines tun, um diese ungemein wertvollen Forschungsunternehmen zu unterstützen: wir könnten sie von dem stets gegenwärtigen Schatten des moralischen Anspruchs und dem Vorwurf der kriminellen Handlung befreien.

Wenn wir es nur wagen würden zu sagen »Wir mischen uns nicht ein«, dann wäre dies bereits ein gewaltiger Schritt nach vorn. Angenommen, wir erließen ein Gesetz, nach dem jede Form der Partnerschaft, zu der sich erwachsene Menschen bereit finden, erlaubt ist, vorausgesetzt, diese Partnerschaft fügt keiner anderen Person ein Unrecht zu, dann könnten diese Experimente zur Erforschung neuer Möglichkeiten zur Partnerschaft in aller Offenheit stattfinden. Aber ich bin mir nicht sicher, ob wir als Gesellschaft dazu imstande wären. Veränderung und Freiheit sind Begriffe, die – wenn sie ehrlich gemeint sind – unsere amerikanische Gesellschaft in ihren Fugen erzittern lassen. Wir scheinen uns nur höchst ungern der Tatsache zu erinnern, daß unsere Nation das Werk blutiger wie unblutiger Revolutionen ist. Deshalb haben wir vermutlich viel zu viel Angst, den Mitgliedern neuartiger Partnerschaften zu sagen: »Ihr seid frei; wir akzeptieren das Unvermeidliche und die überragenden Vorteile einer *Veränderung.*« Aber ich glaube, wenn wir alle zusammen den Mut aufbrächten, das zu sagen, dann wäre der Weg geebnet für eine Revolution der Partnerschaften, eine Revolution der Beziehungen zwischen Mann und Frau.

Erziehung zur Interaktion und Kommunikation

Bei vielen der hier beschriebenen Ehen und bei vielen anderen Ehen, die mir bekannt sind, ist mir aufgefallen, daß junge Leute ihre Beziehungen beginnen, ohne das geringste über menschliche und persönliche Interaktion und Kommunikation zu wissen. Manchmal habe ich das Gefühl, als sei es das oberste Ziel unserer Erziehung, die Menschen auf ein Leben in Isolierzellen vorzubereiten. Ich frage mich dann, ob es wirklich zuviel verlangt ist, von unserem Erziehungssystem zu fordern, daß es den alten Zielen ein neues hinzufügt, und nicht nur glaubt, sondern durch Handlungen beweist, daß es auch Ziel der Erziehung sein muß, den jungen Menschen zu lehren, als Person mit anderen Personen zu leben.

Diese Forderung scheint mir bescheiden, denn es bedarf zu ihrer Erfüllung weder neuer Gebäude noch zusätzlicher Lehrkräfte. Voraussetzung wäre lediglich eine veränderte Einstellung der Lehrer, ein anderes Klassenklima und eine neue Einstellung der Schulverwaltung, wobei letzteres wahrscheinlich am schwierigsten zu erreichen wäre.

Wenn das gesamte Personal aller Volksschulen, aller High Schools und Colleges die Tatsache erkennen und akzeptieren könnte, daß sie fehlbare Menschen sind, die mit fehlbaren Menschen umgehen, dann wäre unser Erziehungssystem binnen kurzem ein anderes. Wenn sie erkennen und einsehen könnten, daß menschliche Interaktion etwas ist, das in ihrem gesamten Leben und im gesamten Leben ihrer Schüler eine wichtige Rolle spielt, dann wären sie wahrscheinlich bereit, eine echte und offene Kommunikation als Teil der erzieherischen Erfahrung anzuerkennen. Das wäre ein gewaltiger Fortschritt und der Beginn einer echten Vorbereitung auf das Leben in der Welt der Menschen.

Doch selbst dieser Vorschlag erweckt häufig bei Lehrern und Schulbehörden nichts als Angst. Der Lehrer, der seinen Schülern als Person gegenübertritt, wird verwundbar; er hat Launen, Gefühle und macht Fehler, und die Maske der Unfehlbarkeit – der höchste Besitz fast aller Lehrer – wäre gefallen.

In den letzten Jahren ist von mir und anderen viel über dieses Problem geschrieben worden, und ich möchte mich hier nicht wiederholen. Wenn das Thema Sie interessiert, lesen Sie Rogers (1969), Lyon (1970), Leonard (1968), Herndon (1968) und die zahlreichen anderen Autoren, die in diesen Büchern erwähnt werden.

Ich möchte mich einer neuen Möglichkeit zuwenden, die, soweit ich weiß, noch nicht aufgegriffen worden ist. Wenn eine Gruppe ernst zu nehmender Eltern eine »Lernstätte« für ihre Kinder errichten will, warum gibt man ihnen dann nicht die Erlaubnis dazu? Wenn es die Bürokraten beruhigt, könnte man das Experiment zeitlich begrenzen, die Eltern aber ansonsten von allen Vorschriften in bezug auf Lehrstoff, Lehrmittel, Benotung und Zeugnisse befreien. Was spräche gegen ein solches Experiment? Wenn wir den Eltern nicht zutrauen, daß sie für ihre Kinder nur das Beste wollen, wären wir dagegen. Wenn wir als Bürokraten Angst davor hätten, daß dieses Experiment »Schule« macht und unsere Stellung gefährdet, wären wir ebenfalls dagegen. Aber sonst? Kinder lernen immer, und die Eltern würden aus einem solchen Experiment ganz sicher ebenfalls vieles lernen. Ich hoffe, wir haben nicht Angst vor der emotionalen Entwicklung, vor dem ehrlichen Ausdruck von Gefühlen und dem sinnvollen Lernen, das das Ergebnis solcher Experimente sein könnte.

Erziehung zur Partnerschaft

Großes Aufsehen erregt heute die sexuelle Erziehung an den Schulen, und wo sie stattfindet, sollte sie in freien und ehrlichen Diskussionen zwischen wirklichen Personen stattfinden.

Aber mir scheint, noch wichtiger ist es, zu lernen, Partner zu sein. Ein Individuum kann heute seinen College-Abschluß machen, ohne jemals etwas darüber erfahren zu haben, wie man kommuniziert, wie man Konflikte löst und wie man mit Wut oder anderen negativen Gefühlen umgeht, und ohne zu wissen, daß jeder Mann auch feminin, abhängig und kindlich sein und jede Frau auch stark, unabhängig und reif sein kann.

Man kann dieses Buch nicht lesen, ohne zu erkennen, daß auch heute noch die meisten Menschen eine Ehe ohne jede Vorbereitung auf die Partnerschaftsfunktion eingehen. Wieviel Angst, Verzweiflung und Reue ließen sich vermeiden, wenn die Menschen wenigstens etwas über diese Dinge wüßten, bevor sie heiraten.

Wiederum kann man die Frage stellen: »Was läßt sich tun?«, und wiederum finde ich, daß eine Gesellschaft, die vielleicht sogar Fortschritte im Umgang mit dem Smog macht, ganz sicher *etwas* tun könnte, um den Smog zu lichten, der den Beginn einer Partnerschaft umgibt. Wenn zum Beispiel Encountergruppen für Lehrer und Studenten unter der Leitung von Leuten, die keine psychischen Schäden verursachen (und davon verstehen wir heute etwas), als Teil des Lernprozesses anerkannt würden, dann wäre schon vieles erreicht. Die Kommunikation echter Gefühle, positiver wie negativer, die Lösung von Konflikten und Widersprüchen und die Entwicklung zu einer sich selbst akzeptierenden Persönlichkeit – all das wäre zumindest teilweise erreichbar (Rogers, 1970).

Aber dies ist nur ein Weg – und es müßte viele geben. Grundlegend wichtig erscheint mir, daß experimentell gelernt wird. Erziehung »vom Hals an aufwärts« reicht für eine lebendige und wachsende Partnerschaft *nicht* aus.

Paare und Familien

Die Erziehung zur Partnerschaft müßte nicht nur innerhalb unseres Schulsystems stattfinden. Es gäbe auch andere Möglichkeiten.

Eine der interessantesten ist die Gruppe für junge Leute, die heiraten wollen, verlobt sind oder zusammen leben möchten. In einer solchen Gruppe können die jungen Leute offen ihre unterschiedlichen Erwartungen in bezug auf den anderen und die Partnerschaft erforschen und über ihre Wünsche und Ziele, ihre Stärken und Schwächen reden.

Ich denke gerade an ein Paar in einer solchen, von mir geleiteten Gruppe. Der junge Mann fand, seine Freundin sei ihm beträchtlich unterlegen, was für das Mädchen ein großer Schock war. Beide stellten fest, daß sie sehr unterschiedliche Erwartungen in bezug auf die Ehe hatten. Sie kannten sich seit geraumer Zeit und hatten bereits länger zusammen gelebt, aber keiner von beiden hatte dem anderen jemals etwas über sein innerstes Selbst mitgeteilt. Ich war damals der Auffassung, daß dieses gegenseitige Mitteilen ihrer höchst unterschiedlichen Gefühle in jedem Fall etwas Positives war. Entweder würden sie danach beschließen, daß sie nicht zueinander passen und sich trennen, bevor größeres Unheil angerichtet wurde, oder sie würden weiterhin diese schwierigen Probleme offen miteinander besprechen. Aus Briefen und einer Einladung zur Hochzeit entnahm ich, daß sie sich für die zweite Möglichkeit entschieden hatten.

Gruppen dieser Art, die jungen Leuten die Gelegenheit bieten, offen über ihre Gefühle und Erwartungen zu sprechen, sind ganz sicher ein wichtiger Weg zu dauerhaften Partnerschaften.

Das gleiche gilt für die immer zahlreicher werdenden Gruppen für Ehepaare. Auch hier kann die Gruppenerfahrung zur Trennung oder zur Scheidung führen, aber in den meisten Fällen ist das Ergebnis eine größere Bereitschaft, echte Gefühle auszudrücken und Konflikte zu lösen.

Ein weiterer Ansatz ist die Familiengruppe, die regelmäßig stattfindet und jedem das Recht gibt, offen seine Klagen und seine positiven Gefühle in bezug auf die einzelnen Familienmitglieder vorzubringen. Allerdings muß zumindest ein Elternteil imstande sein, die vorgebrachten Gefühle zu verstehen und zu akzeptieren, wenn dieser Ansatz Erfolg haben soll. Aber wenn das der Fall ist, dann lernen nicht nur die Eltern – häufig zum ersten Mal – die tieferen Gefühle ihrer Kinder ihnen gegenüber kennen, auch die Kinder erfahren, was die Eltern fühlen. Sie erkennen – auch dies häufig zum ersten Mal – daß ihre Eltern menschlich sind, daß sie Fehler machen, Launen haben und nicht nur »Erwachsene« sind, das heißt Wesen, die die Kinder unmöglich begreifen können.

In einem ganz anderen Bereich könnten meiner Überzeugung nach ebenfalls positivere Schritte unternommen werden. Ich spreche von dem Dilemma, in dem sich Kinder aus geschiedenen Ehen befinden. Die Art und Weise, in der wir sie heute behandeln, ist legalistisch und mittelalterlich, und häufig läuft sie darauf hinaus, daß das Kind geteilt wird und beide Eltern eine Hälfte erhalten. Dabei sind diese Kinder zu keiner anderen Zeit ihres Lebens so sehr auf Liebe und eine liebevolle Umgebung angewiesen, und um ihnen das geben zu können, sollte nichts unversucht bleiben. Ich glaube auch nicht, daß es uns in dieser Frage an Phantasie fehlt. Was uns fehlt, ist der gute Wille und die Überzeugung, daß die Entwicklung eines Kindes zu einer wahrhaft eigenständigen, ihrer selbst sicheren, expressiven und kreativen Person auch die größten geistigen und finanziellen Anstrengungen wert ist.

Eine abschließende Bemerkung

Dieses Kapitel verfolgt nur eine Absicht: Die Menschen sollen darüber nachdenken, wie sich eine nicht funktionierende Institution ihrer Gesellschaft – nämlich die Ehe und ihre Alternativen – verändern und verbessern lassen.

Zu dem Konzept von der Partnerschaft – ob verheiratet oder nicht – als vielversprechendem Experiment bin ich aufgrund dessen gelangt, was ich von den Paaren in diesem Buch gelernt habe (die mir repräsentativ erscheinen für die Gesellschaft von heute). Ich habe das Buch in keiner Weise mit dieser Vorstellung begonnen, und erst allmählich erkannt, daß hier rings um uns ein gewaltiges Forschungsexperiment im Gange ist. Wie stellen wir uns dazu?

Was mich betrifft, so kann ich nur sagen, daß meine Erfahrung mit diesen Leuten nur dazu geführt hat, daß mein Vertrauen in ihre Fähigkeit, Lösungen für die Probleme des Zusammenlebens zu finden, noch größer geworden ist. Wir müssen ihnen nur eine Chance geben. Diese jungen Leute sind eine große Möglichkeit für unser Land und seine Zukunft, wenn es uns gelingt, die Revolution zu akzeptieren, die sie im Bereich von Ehe und Partnerschaft begonnen haben.

7 – 1 – 6 – 3 – 5